JN268831

経営システム工学ライブラリー 5

企業経営の財務と会計

蜂谷豊彦・中村博之 著

朝倉書店

編集者

森　雅夫　　　圓川隆夫
東京工業大学教授　東京工業大学教授

はじめに

　21世紀を迎え，企業を取り巻く環境の変化はますますそのスピードを上げている．世界中の企業が，その変化のスピードに追いつこうとダイナミックに変貌を遂げている．しかし，日本企業だけは，バブル崩壊の負の遺産，既得権益，時代遅れの法規制に縛られ，その動きに取り残されてしまっているかのようである．この危機的状況を打開しようとさまざまな試行錯誤が繰り返され，成果をあげている企業も徐々に増えつつあるが，全体としてはいまだ暗中模索の状態といっていいだろう．

　この状況を打開するカギの1つは，「積極的にリスクをとるアニマル・スピリット」にあるのではないだろうか．これは，ベンチャーを起業することだけを意味するわけではない．日常的な業務においても，昨日とは異なるやり方をとることによって，より高い成果を目指そうとすることはできるはずである．人によってリスクの許容度や選好度は異なるが，「革新しようとする前向きな姿勢」「革新を善とする企業風土」が現在求められている．

　しかし，リスクをとることによって得られる見返り（リターン）が全く認識・測定できなければ，誰もリスクをとろうとはしないだろう．また，多くの人がリスクをとるようにするには，リスクを削減するような仕組みが必要になる．すなわち，アニマル・スピリットと同時に，冷徹に経済合理性を見つめるクールな眼が必要なのである．しかし，徒手空拳では経済合理性を捉えることはできない．リスクに立ち向かえる「武器」を提供することが，本書のねらいである．

　「どれくらいの成果をあげているか，あるいはあげられるか」「儲けるためにはどれくらいのコストにしなければならないか」「将来のためにどれくらい投資すべきか」「資金は足りているか」「どのように資金を調達すべきか」「得られるリターンはリスクに見合っているか」…．企業経営において適切に意思決定を行い，適切に業務を遂行していくためには，これらの問題を解決していかなければ

ならない．これらに答えるには，企業経営における財務活動の役割と会計の仕組みを理解する必要がある．

　本書は，企業経営における財務と会計の基本的な考え方や理論的な枠組みをできるだけわかりやすく解説すると同時に，基本的な計算技法や手続きを紹介している．またそれらのエッセンスを図に集約し，それを多用することによって直観的に理解できるように努めている．高度な財務テクニックやすぐに役立つコスト・マネジメント手法を求めている方には，本書は物足りないかもしれないが，それらも本書に書かれているビルディング・ブロックの積み重ねであり，本質的な考え方を再確認することがそれらを理解する近道であろう．なお最近の話題についてはコラムを用いて補うようにした．

　本書の最大の特徴は「財務と会計の融合」にある．企業経営において財務と会計を完全に縦割りにして別個のものとして扱うことは難しいであろうし，無意味である．したがって，会計を学ぶ場合には財務を理解する必要があるし，財務を学ぶ場合には会計を理解する必要がある．また学問上も最先端の領域ではこれらの境界は全くなくなっている．本書の構成には，会計あるいは財務にわずかでも関心のある方には，財務と会計の両方を学び理解してほしいという筆者たちの願いも込められている．

　本書を書くにあたって，筆者たちは打ち合わせを繰り返し，メールを交換し，原稿を互いに読み合い，激論を交わしながら何とか完成にこぎ着けた．このコラボレーションが成功しているかどうかは読者のみなさんの判断にゆだねざるを得ないが，筆者たちはコラボレーションの楽しさと同時に難しさを知った．これをさらなる成長への糧としたい．またこの過程で横浜国立大学大学院中村ゼミ，東京工業大学蜂谷研究室の大学院生・学生にも原稿を読んでもらった．誤りが減り，読みやすくなっているのは，彼・彼女たちの貢献である．

　本書の出版にあたり，筆者それぞれの大学院の指導教官である一橋大学名誉教授・岡本清先生および一橋大学大学院商学研究科教授・伊藤邦雄先生には変わらぬ御指導に衷心より御礼を申し上げるのみである．本書に対する御指導・御鞭撻を何よりも心待ちにしている．さらに，中村にあっては，大学時代より御指導いただく横浜国立大学教授・吉川武男先生をはじめとする同大学経営学部，大学院国際社会科学研究科経営系の諸先生，蜂谷にあっては本ライブラリーの編集者である東京工業大学大学院理工学研究科教授・圓川隆夫先生，森雅夫先生をはじめ

とする同大学の諸先生方に多大なるお世話になったことに御礼申し上げたい．もちろん，多くの先学の研究や友人による激励や刺激なくして本書が世に出ることはなかったであろう．このことにも，あらためて謝意を表したい．

　最後に，私事ではあるが，筆者たちの不規則な研究・教育生活の支えとなっている家族に心から感謝し，本書を捧げたい．

　2001年9月

蜂 谷 豊 彦
中 村 博 之

目　　次

1. 企業経営における財務と会計 ―――――――――――――――1
   1.1 企業活動のフレームワーク　1
      経営プロセスと経営活動・財務活動　1
      企業会計と利害関係者　3
      価値創造と価値連鎖　4
   1.2 財務活動の意義と役割　7
   1.3 経営管理と会計　9

2. 財務諸表とキャッシュ・フロー ―――――――――――――12
   2.1 企業会計の役割とプロセス　12
      企業会計の役割　12
      企業会計のプロセス　14
   2.2 連結財務諸表　15
      会計ビッグバンと連結財務諸表　15
      連結貸借対照表　17
      連結損益計算書　19
      株主資本等変動計算書　20
   2.3 財務諸表分析　20
      財務分析の手法　21
      収益性の分析　22
      効率性および生産性の分析　23
      安全性の分析　24
      成長性の分析　26
      株式価値の分析　27
   2.4 資金サイクルとキャッシュ・フロー　27

　　　　　　資金サイクル　27
　　　　　　連結キャッシュ・フロー計算書　29
　　　　　　フリー・キャッシュ・フロー　30

3. コストの概念と計算 ──────────── 32
3.1 製造業とコスト　32
　　　　原価とは？　32
　　　　原価計算の目的　33
3.2 原価計算の基本手続き　36
　　　　原価の分類　36
　　　　原価の流れ　37
　　　　原価計算の形態　38
　　　　原価計算と基礎的勘定システム　39
3.3 原価の費目別計算　42
　　　　材料費の計算　42
　　　　労務費の計算　43
　　　　経費の計算　45
3.4 原価の部門別計算　46
　　　　製造間接費の配賦　46
　　　　部門別計算の手続き　47
3.5 原価の製品別計算　53
　　　　総合原価計算の基本的な仕組み　53
　　　　総合原価計算　55
　　　　総合原価計算の類型　59

4. リスク-リターンの概念と計算 ──────────── 60
4.1 資金の時間価値　60
　　　　将来価値　60
　　　　現在価値　62
　　　　資金の時間価値の決定要因　64
4.2 リスクとリターン　66
　　　　1資産のリスクとリターン　66

ポートフォリオのリスクとリターン　69
最適なポートフォリオ選択　72
4.3 資本資産評価モデル（CAPM）　73
資本市場線（CML）　73
資本資産評価モデル（CAPM）　74
4.4 資本コスト　77
加重平均資本コスト　78
負債コスト　79
優先株式コスト　79
株主資本コスト　80
ウエイト　80
4.5 リスク・マネジメント　81
リスク・マネジメントによる企業価値の創造　82
金融リスクの推計および評価　83
金融リスク・マネジメント　85
先渡取引と先物取引　85
オプション　86
スワップ　87

5. プランニングとコントロール ―――――90

5.1 短期利益計画の概要　91
5.2 損益分岐分析　92
損益分岐分析の計算手続き　93
CVP分析のための原価分析　95
CVP分析の計算公式　96
CVP分析の限界　100
営業レバレッジ　100
5.3 直接原価計算　102
全部原価計算の問題点と直接原価計算の意義　103
直接原価計算の機能　106
5.4 予算管理　109
予算の意義　110

予算の基本構造　110

6. コスト・マネジメント ─────────────────112
6.1 コスト管理と経営環境の変化　113
6.2 標準原価計算　113
標準原価計算の実施手続き　114
原価標準の設定　115
標準原価計算における原価差異計算方法　117
原価差異の原因分析　121
6.3 ABC　122
「伝統的原価計算」の問題点　122
ABCの特徴　123
ABCの計算手続き　124
ABCとサービス・コスト計算　130
ABM　131
6.4 原 価 企 画　132
原価企画の意義　133
原価企画の手続き　133

7. 戦略的投資の評価と決定 ─────────────136
7.1 投資プロジェクトの特徴と分類　136
投資プロジェクトの分類　137
7.2 投資プロジェクトの評価方法　139
回収期間法　140
会計的利益率法　141
正味現在価値法　142
収益性指数法　143
内部利益率法　144
7.3 投資プロジェクト評価の課題　146
差額原価収益分析　146
資 本 制 約　148
寿命の異なるプロジェクトの比較　149

7.4 期待キャッシュ・フローの予測　150
　　　投資時点のキャッシュ・フロー　150
　　　各期の営業活動によるキャッシュ・フロー　151
　　　プロジェクト終了時のキャッシュ・フロー　152

8. 企業および事業の評価とコントロール ―― 155
8.1 業績評価とマネジメント・コントロール　155
　　　マネジメント・コントロールと業務コントロール　155
　　　責任センター　157
8.2 業績評価基準　159
　　　ROI　159
　　　残余利益　160
　　　EVA™　161
　　　バランス・スコア・カード　162
8.3 業績評価の課題　164
　　　業績測定システムの設計　164
　　　業績測定における課題　165
8.4 企業評価の方法　167
　　　市場価値法　168
　　　資産価値法　168
　　　乗数法　169
　　　割引キャッシュ・フロー法　169
　　　オプション評価法　170
8.5 企業価値の創造　170
　　　価値分析フレームワーク　171
　　　戦略へのインプリケーション　172
　　　企業価値創造のメカニズム　173

9. 資金の調達と管理 ―― 176
9.1 資金調達・管理の重要性　176
　　　資金調達の方法　177
9.2 短期資金管理　178

調達のタイミング　179
　　　　　流動資産の保有水準　179
　　　　　調達期間のマッチング　180
　9.3　長期資金調達　182
　　　　　株式と負債　182
　　　　　資本コスト　183
　　　　　営業・財務リスクと資金調達　184
　9.4　資本構成の理論　185
　　　　　財務レバレッジ　186
　　　　　MMの無関連命題　187
　　　　　負債の節税効果と倒産コスト　188
　　　　　情報の非対称性に伴うコスト　189
　　　　　ペッキング・オーダー理論　191
　9.5　配当政策　194
　　　　　配当のタイプ　194
　　　　　配当政策の類型　195
　　　　　配当と企業価値　196

おわりに　198
付表　終価・現価係数　202
索　引　205

Column
　1　環境会計　6
　2　品質原価　35
　3　逆選抜とモラル・ハザード　88
　4　制約条件の理論とスループット会計　108
　5　ライフサイクル・コスティング　134
　6　リアル・オプション　145
　7　M＆A　174
　8　財務リストラと証券化・流動化　193

1 企業経営における財務と会計

　企業活動は多種多様であり，複雑に絡み合い，しかもダイナミックに動いている．このような企業活動を描写するのは容易なことではないが，ここでは本質を失わない範囲で大胆に抽象化し，次章以降にみなさんが道に迷わないよう鳥瞰図を提供しよう．本章を通して，企業経営における財務活動と会計の意義と役割を理解してほしい．

1.1　企業活動のフレームワーク

　ここではまず，企業活動のフレームワークを提示して，財務と会計がそのなかでどのように位置づけられるのかをみていくことにしよう．

経営プロセスと経営活動・財務活動

　企業の経営プロセスを単純化して描くと次のようになる．企業を創立してその活動を続けるには，まず資金を調達し，その資金を投資して設備などの資産を取得する必要がある．企業は，その資産を活用して開発・生産・販売などの活動を行い，資金を回収し，また新たな資金を調達して投資を行う．このように，資金→(投資)→資産→(開発・生産・販売)→資金→… と繰り返される経営プロセスを通して，企業は利益を生み出し，価値を創造しなければならない．そうでなければ，企業活動を継続・発展させることはできないし，また企業自体の存続・成長をはかることができないからである．

　この経営プロセスは，資金を調達・回収し，それにより投資を行うまでの部分とその投資から開発・生産・販売活動を行うまでの部分に大別することができる．前者が財務活動，後者が経営活動あるいは営業活動である．以下では，これらの活動をもう少し詳細にみていくことにしよう．

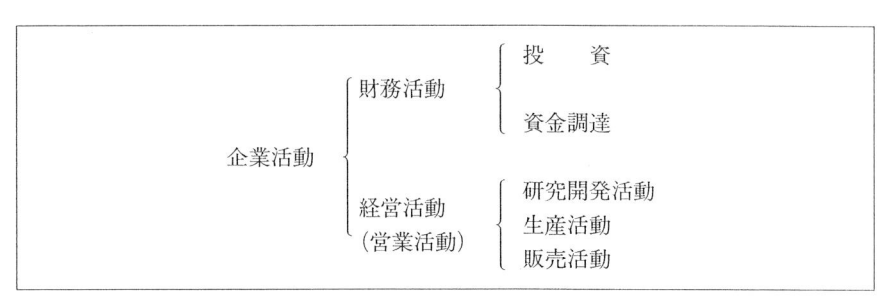

```
                    ┌ 財務活動   ┌ 投  資
                    │           └ 資金調達
企業活動  ┤
                    │ 経営活動   ┌ 研究開発活動
                    └ (営業活動) ┤ 生産活動
                                └ 販売活動
```

　財務活動の主な目的の1つは，企業活動が円滑に継続できるように，必要な資金を調達することにある．小規模な企業の場合には，経営者自身や知人からの拠出によって必要な資金を賄えることもあるが，大規模な企業の場合には，数多くの出資者（株式会社の場合には株主）から資金を集めるほか，社債を発行したり，銀行から借入を行うなど，さまざまな手段を用いて資金を調達している．企業は，このようにして調達された資金を，開発・生産・販売のための設備の購入，工場の建設，原材料や部品の購入，従業員の雇用，広告宣伝，企業の買収，子会社や関連会社への出資，将来の支払に備えた金融資産の取得など，さまざまな使途に用いている．これらの支出は多額にのぼり，資金の回収に時間がかかる場合も多いので，その水準やタイミングを適切に管理し，効率的に運用をはかる必要がある．以上のような資金の調達と運用に関わる活動が財務活動ということになる．

　これに対し，投資によって取得した資産を活用して，さまざまな製品・サービスを開発し，それらを生産・販売する一連の活動を経営活動あるいは営業活動と

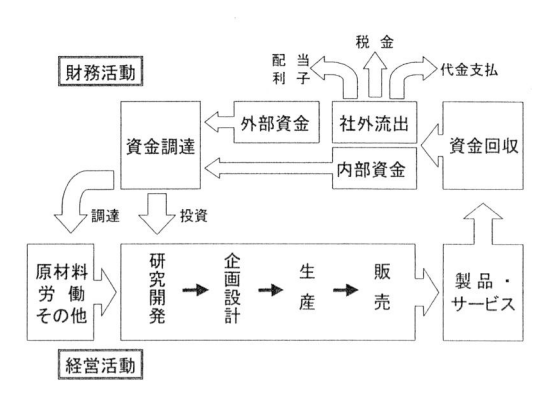

図 1.1　企業の経営プロセス

いう．顧客のニーズを的確に捉えた製品・サービスを開発し，それらをより効率的に生産し，適切なチャネルを通して適切な価格で販売することによって，企業は利益を獲得することができる．そればかりでなく，企業は，将来の成長機会を創出するための研究開発活動，製品の差別化やコスト優位性を確立するための製品の企画・設計，生産・販売体制の確立などにも努めている．これらの経営活動から生み出される利益が営業利益であり，企業価値の源泉になる．図1.1には，これらの財務活動と経営活動が示されている．

企業会計と利害関係者

　企業が，その活動を通して利益を獲得し，価値を創造するには，上述した財務活動および経営活動の各プロセスで，適切な意思決定が行われなければならない．また，企業は，閉じられた組織体ではなく，経営資源や製品・サービスを外部と取引することによって成り立っているオープン・システムである．したがって，企業と取引する外部者が，その取引にあたって適切な意思決定を行わなければ，その企業の財務活動および経営活動も円滑に遂行できない．企業と何らかの取引を行っており，その企業の業績や存続に関心をもっている経済主体を利害関係者（stakeholder）という．代表的な利害関係者と，それら利害関係者と企業との取引関係を示したのが図1.2である．

　これらの利害関係者が適切な意思決定を行うためには，そのための判断材料が

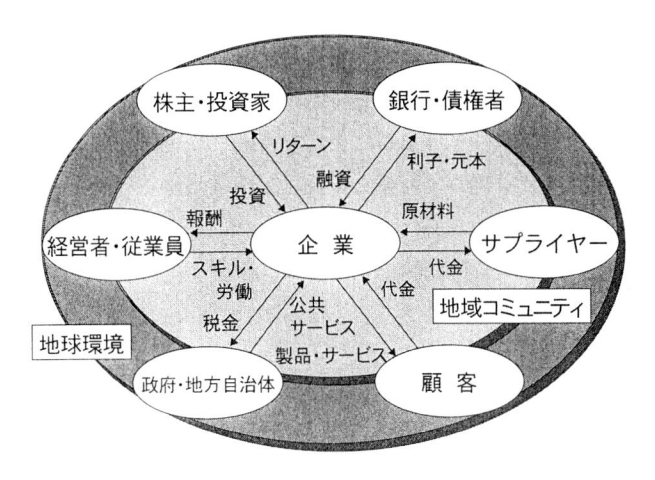

図 1.2　企業を取り巻く利害関係者

必要である．また，その意思決定がどのような成果をあげるか，その対価がどれくらいになるかなどに関する情報も必要である．それを提供するのが企業会計である．企業会計とは，企業の経済的活動や事象を主に貨幣額で測定・伝達するシステムである．企業会計によって生成される情報によって，企業の利害関係者は適切な意思決定を行うことができ，「効率的な資金運用」「効率的な生産」「適切な価格」「適切な経営資源の取得」などが可能になるのである．

　企業会計によって生成される情報はどのように提供されているのだろうか．図1.2に示した利害関係者のうち，株主や債権者などに対しては，企業会計原則をはじめとする会計基準や商法の規定に沿った一定の様式の会計情報が提供されている．その代表例が毎期の決算資料である貸借対照表や損益計算書である（第2章参照）．このような制度に基づく外部者のための会計は財務会計と呼ばれている．これに対し，経営者，事業責任者，従業員などの利害関係者は，経営戦略および事業戦略の策定，それに基づく戦略経営計画や行動指針の策定，それらのプランニングの適切な遂行およびコントロール，さらには経営環境の急激な変化などによって生じる問題の解決など特定の目的のために作成した会計情報が必要である．このような企業内部者の情報ニーズを満たす会計情報を提供するのが管理会計である．

価値創造と価値連鎖

　上述したさまざまな企業活動が有機的に結合されてはじめて，企業は利益を獲得し，企業価値を創造することができる．しかし，それだけでは十分ではない．企業は，製品・サービスの市場で激しい競争にさらされており，競合する企業よりも優位な競争ポジションを構築し，それを持続させると同時に，将来の成長機会を創出しなければ，継続的に利益を獲得し，企業価値を創出することはできない．

　こうした環境で，企業が持続的な競争優位を構築するにはどうすればよいのだろうか．近年注目されている考え方が「中核能力（core competence）」である．プラハラッド=ハメルは，企業の中核能力を特定する条件として，① さまざまな市場への参入を可能にすること，② 最終製品が消費者の利益に貢献すること，③ 競争相手が模倣しにくいことを挙げている．具体的には，これらの条件を満たす企業の技術，スキルおよび資源，組織文化などが挙げられる．企業が中核能

力を構築するには，既存の能力のなかから特定の能力を選択して，事業の推進力として機能するように強化し続けることが必要である．「選択と集中」がまさに必要なのである．同時に，これらが継続的に行われるようにする仕組みあるいはシステムを構築する能力も必要である．

企業が特定の能力を選択し集中するということは，選択しなかった能力については，それらの能力を中核能力として構築している企業と連携することによって補完するということになる．戦略的提携（strategic alliance），アウトソーシング（outsourcing），サード・パーティ・ロジスティクス（third party logistics）などは，こうした流れのなかに位置づけることができる．

これらは，バリュー・チェーン（value chain; VC）の連鎖として捉えられる．VCとは，ポーターがその著書『競争優位の戦略』において，競争優位の源泉を分析するツールとして提案した概念である．これにより，原材料や素材から最終ユーザーが手にする製品までの間で，価値の創造がどのように行われているか，価値を創造する活動がどのように結びついているかを分析することができる．VCでは，図1.3のように，研究開発，設計，製造，販売，マーケティング，流通，顧客サービスなどの経営活動が主活動として，調達，技術開発，人的資源管理，財務管理などが支援活動として識別され，これらの活動が1つの連鎖として，どのように価値を創造しているかを捉える．

VCは，これまで1つの企業内における価値活動を分析の対象とすることが多かったが，現在では企業間にも拡張され，1つの製品についてまさに「ゆりかご

図 1.3 バリュー・チェーン

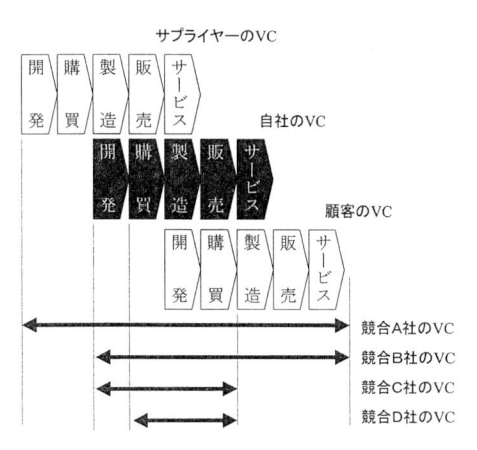

図 1.4 バリュー・チェーンの連鎖

から墓場まで」の連鎖が分析されるようになってきた．最終ユーザーに製品を提供するまでの価値の連鎖を分析する際には，少なくとも次のような2つの点に注意を払う必要がある．また，これらは企業の財務・会計に大きな影響を与えるという点でも重要である．

1つは，その連鎖全体のなかで自社が関わっているのはどの部分であり，その活動はどれだけの価値を創造しているか，また，その活動は価値の創造という視点からみてどのように位置づけられるのか，ということである．これを分析するためには，その価値活動の競合関係，前後の連鎖との力関係などを把握する必要がある．こうした分析を行ってはじめて，どの活動に特化すべきか，どの活動と統合すべきか，どの活動を切り離すべきかを決定することができる．

もう1つは，これらすべてのVCの連鎖，すなわち連鎖全体として高いパフォーマンスを達成しなければ，競合他社より優れた製品・サービスを顧客に提供することはできないという点である．高品質の製品，低コストの製品，差別化された製品など，他社とは違った模倣されにくい特徴をもつ製品を顧客に提供するためには，競争優位をもった価値活動を連鎖させると同時に，明らかに競争劣位のある価値活動をなくさなければならない．

Column 1

環境会計

企業にとって，地球も重要な利害関係者の1つとして認識されつつある．1990年代から，日本企業はISO 14001の認証取得を中心に地球環境対策を行い，環境マネジメントシステムを構築してきた．そして現在，企業は，環境保全対策のコストと効果を定量的に把握し，より効率的にマネジメントする段階に入りつつある．地球環境に対する意識の高まりや規制の強化を背景に，企業は日常的な業務活動や，提供する製品・サービスに環境保全対策を組み込む必要が生じ，そのコストが将来的に増大すると考えられるからである．これは，環境への負荷を削減するだけでなく，その活動の経済的影響，すなわち企業の利益や価値への影響を同時に考えざるをえない段階にきていることを意味する．

このような状況のなかで，環境会計は，環境保全を効果的かつ効率的に推進するための有力な手段になると考えられるようになった．特に環境庁（現環境省）が1999年3月に「環境保全コストの把握および公表に関するガイドライ

ン（中間とりまとめ）」を公表し，それを踏まえて2000年3月に「環境会計システムの確立に向けて（2000年報告）」を公表したことにより，環境保全対策の評価手法として導入する企業が増えつつある．

環境会計は，企業外部に環境関連情報を公表するための外部環境会計と，企業内部の経営管理に資する内部環境会計に大別される．

外部環境会計は，株主・投資家，銀行・債権者，顧客などの主要な利害関係者に，環境保全コスト，環境保全効果などに関する情報を提供するシステムである．最近では，金融機関が融資審査の一部に環境情報を加えたり，投資信託としてエコファンドがつくられるなど，環境保全への取り組みが資金調達や企業価値に影響を与える可能性がでてきている．

内部環境会計は，環境保全対策のための投資やコストとその効果を定量的に把握して，より適切な対策の策定や管理に役立てるためのシステムである．現在のところ，廃棄物や省エネ，公害防止などの個別テーマについて，目標の策定，対策の立案・見直し，成果の測定などが行われることが多い．これまで，環境保全コストは間接費として把握されてきたが，今後はコストの増大に伴って，製品原価レベルで把握される必要がでてくるだろう．環境と経済性をともに満たす製品・サービスを提供するためには，環境会計は不可欠といえる．

1.2 財務活動の意義と役割

企業は，製品・サービスを開発し，必要な設備を取得し原材料を購入してそれらを生産し，それを適切な価格で適切なチャネルを通して販売するという経営活動を行っている．上述したように，このプロセスのなかで資金を必要なときに必要なだけ供給し，経営活動が滞りなく行われるようにするのが財務活動である．財務活動の意義と役割を考察するため，企業の経営プロセスを資金の流れという視点からみてみよう．これを示したのが図1.5である．

企業はまず資本市場における株式や社債の発行，銀行借入などによって資金を調達する．次に，調達した資金を経営活動に必要な資産に投入する．この投資活動を通して，より優位な競争ポジションを構築すると同時に成長機会を創出し，経営活動を展開する．これは，キャッシュ・フロー（cash flow）を生み出す一方，将来生み出される期待キャッシュ・フローにも影響を与える．これらは，資本市場における評価や期待形成，具体的には株価水準，社債の格付け，金融機関による評価の主要な要因となり，企業の外部資金調達を左右する．現実に生み出

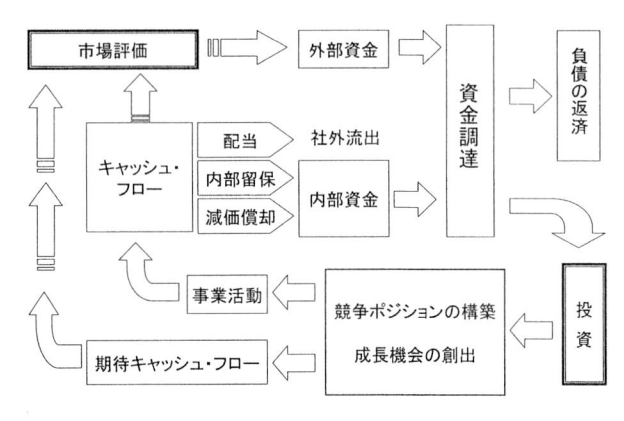

図 1.5 資金の流れからみた経営プロセス

されたキャッシュ・フローは，社内に留保されて内部資金として蓄積され，再投資されるが，一部は配当として社外に流出する．これが1つの経営プロセスである．

企業は，この経営プロセスのなかで，さらに優位な競争ポジションを構築すると同時に，さらに大きい成長機会を創出し，より高水準のキャッシュ・フローおよび期待キャッシュ・フローを生み出すことによって，企業価値を創造する．すなわち，この経営プロセスを螺旋状に上方へシフトさせることで，価値創造サイクルという好循環を生み出すことができる．逆に，下方へシフトすれば，価値破壊サイクルという悪循環に陥ることになる．

このプロセスにおいて，企業はさまざまな財務上の意思決定の問題に直面する．主な問題を列挙すると，次のようになる．

- ◆ どのような資金の源泉から，どういうタイミングで，どれくらいの金額を調達するか．
- ◆ 調達した資金を，投資や負債の返済などにどのように配分するか．
- ◆ 投資にあたって，投資プロジェクトの経済性・採算性をどのように評価するか．
- ◆ 株価などの証券価格は企業価値を反映しているか．反映していないとすれば，どうすればよいか．
- ◆ フリー・キャッシュ・フローをどのような基準で配当と内部留保に配分

するか．
- ◆ どのような資本構成を目標とすべきか．またそれを達成するために，どのような手段を用いればよいか．
- ◆ 資本コストはどれくらいか．資本コストを引き下げるにはどうすればよいか．
- ◆ 企業がどのようなリスクに直面しており，それを測定し，さらに削減あるいは排除するにはどうすればよいか．

企業は，これらの問題を解決しなければ，企業価値を創造することはできない．そのためには，企業会計によって生成される情報の特徴や価値の概念と計算方法を身につけたうえで，投資プロジェクトの評価，企業および事業価値の評価，資金の調達と管理，リスク・マネジメントの基本的な考え方を理解する必要がある．

1.3 経営管理と会計

企業の目的は価値を創造することにあり，その最も重要な源泉が利益である．ここで，利益とは売上高とコスト，すなわち原価との差額を指す．したがって，利益を獲得するには，売上高の絶えざる拡大を目指しつつ，それをできるだけ少ないコストで達成することが望ましいということになる．そのためには，企業の全体のみならず，それを構成する各事業，各部課がそこでの活動に，どれくらいのコストがかかっているか，あるいはかかる見込みがあるかを知る必要がある．その際に，大きな役割を果たすのが企業会計である．この企業会計によって生成された情報に基づいて，価値連鎖におけるさまざまな活動のうち，どの活動にどのくらいのコストがかかっているのかを計算することができる．また，各活動の合計したコストと顧客から得られるであろう売上高とを比較することによって，どれだけの利益を達成できるのか，どれだけの価値を創造しているのかを検討することもできるのである．

企業では，望ましい水準の利益を獲得し，企業価値を創造するために，経営管理，すなわちマネジメントが実行されている．この経営管理のために，企業における基本的な管理の枠組みとして中心的に行われているのが，計画設定と統制，

すなわちプランニングとコントロールである．このプランニングとコントロールでは，予定と実績の比較，そしてそれに基づく評価が行われ，望ましい水準の利益を獲得するための業務の遂行および修正が継続的に行われている．その際，各事業，各部課あるいは各個人の評価が並行して行われる．したがって，企業会計システムは業績評価会計としての機能も果たしているということになる．また企業では，新工場の設置案の採否から部品の購入先の選択まで，規模の大小を問わず，さまざまな意思決定が行われている．その場合にも，企業会計によって生成された情報が重要な判断材料として利用されている．これは，企業会計システムが意思決定会計としての機能を有していることを意味する．このように，業績評価，意思決定といういずれの問題についても，管理会計がその課題や問題を解決するための各種の技法を提供している．

業績評価会計は，短期の経営計画と統制のための会計である．ここでいう短期とは，新たな生産能力の拡大を予定せず，経営基盤が一定と仮定できる期間を指す．通常は向こう1年間の計画と統制が対象となる．業績評価における課題とそれに対応するための計算について，これらの計算の基礎となる企業の決算に用いる，制度としての原価計算とともに，本書では以下のとおり扱っている．

① 来期の目標利益の設定 —— CVP分析
② 来期の部門目標数値の設定と統制 —— 予算管理
③ 企業の各部門評価の枠組み —— 直接原価計算
④ 原価管理の方法 —— 標準原価計算，ABC（Activity-Based Costing）
⑤ 原価計画の方法 —— 原価企画

意思決定会計とは，企業の経営において生じる，たとえば5年先，10年先という長期にわたる課題解決のための会計である．このような課題は，企業が将来の絶えざる経営環境の変化を見越して製品や技術などを開発し，将来も利益を獲得して成長を遂げようとすることから生じる．企業は，現状と全く同じ方法で，生産や販売を行い利益を獲得し続けることは不可能である．たとえば，製造プロセスをみても，かつては手作業で行っていた加工作業が現在では機械が加工するという生産自動化に取って代わるなど，その技術進歩は目を見張るものがある．このような技術進歩のなかで，企業には生産方法や設備の選択肢が数多く存在する．それらのなかで，どのような技術あるいは設備による生産が企業にとって経

済的に最も望ましいかを決定する必要が生じる．新工場の建設，新製品の開発，海外への進出なども，意思決定当初には巨額の投資支出が生じ，将来において莫大な利益が期待できるという点で，同様の性質をもっている．意思決定会計では，設備投資，研究開発投資，企業の買収などのさまざまな資本支出計画を，投資プロジェクトという形でとりまとめ，その経済合理性を評価することによって，それを採用するか却下するかを決定する．この場合にも，企業会計によって生成される情報が利用され，どのプロジェクトの採択が最も企業に利益をもたらすかが判断され，適切な意思決定が行われるのである．

2　財務諸表とキャッシュ・フロー

　企業会計は，企業の活動やその成果に関する情報を伝達する主要な手段である．そのため「事業の言語」とも呼ばれている．言語を習得しなければ，十分にコミュニケーションをとることができないのと同様に，事業の言語である企業会計を習得しなければ，ビジネスを深く理解することはできない．

　また，日本語が，外来語を吸収したりさまざまなコミュニケーション手段の発達などによって変化するのと同様に，企業会計のルールも企業活動のグローバル化や情報技術の発展，国際会計基準などの影響を受けてダイナミックに変化している．逆に，企業会計のルールが変化することによって，企業活動の変革が促されるという側面もある．このようなダイナミックな相互作用が展開されるビジネスという世界の扉を開くカギをまず見つけることにしよう．

2.1　企業会計の役割とプロセス

　企業会計とは，企業あるいは企業グループの経済的活動や事象を主に貨幣額によって測定・伝達するシステムである．それによって生成された情報は，どのように利用され，どのような機能を果たしているのだろうか．また，企業あるいは企業グループの経済的活動や事象は膨大かつ複雑である．それらは，どのようなプロセスを通して会計情報に抽象化され要約されるのだろうか．

企業会計の役割

　企業会計の主要な機能は，① 委託・受託関係における責任の解明，② 企業内外における対立の調停，③ 意思決定の基準に大別できる（図 2.1）．

　第 1 の主要な機能は，企業社会だけでなく広く一般にみられる委託・受託関係において，会計情報が責任の解明メカニズムになるというものである．一般に，

2.1 企業会計の役割とプロセス

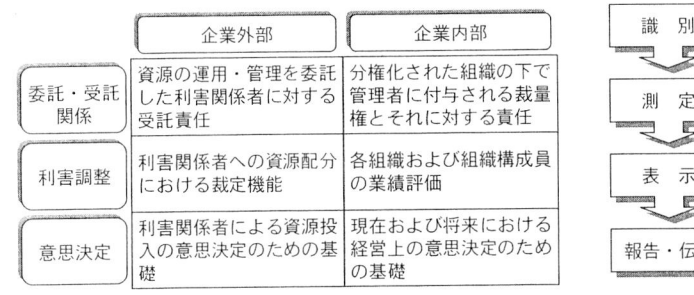

	企業外部	企業内部
委託・受託関係	資源の運用・管理を委託した利害関係者に対する受託責任	分権化された組織の下で管理者に付与される裁量権とそれに対する責任
利害調整	利害関係者への資源配分における裁定機能	各組織および組織構成員の業績評価
意思決定	利害関係者による資源投入の意思決定のための基礎	現在および将来における経営上の意思決定のための基礎

図 2.1 企業会計の役割

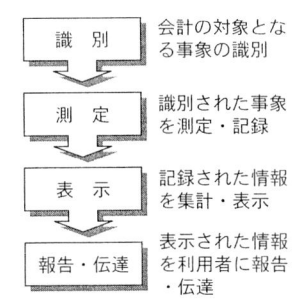

識別	会計の対象となる事象の識別
測定	識別された事象を測定・記録
表示	記録された情報を集計・表示
報告・伝達	表示された情報を利用者に報告・伝達

図 2.2 企業会計のプロセス

資源の運用を受託した側は，その運用成果に責任をもち，その原因を説明する必要がある．企業においても，経営者は資金提供者に対してこのような責任をもつ．企業会計は，受託した資源の運用プロセスを記録・測定・表示するという意味で，受託責任を解明するメカニズムとして機能するのである．

企業内部においても，経営者-中間管理者-従業員の間にそれぞれ委託・受託関係がみられる．より下位の組織レベルでは，委譲された権限の範囲で裁量的に業務上の意思決定を行ってそれを執行し，その結果あるいは業績に対する責任を負う．その際，企業会計は，原価，収益および利益に関する情報を提供するため，業績評価や業務活動のコントロールにおいて重要な役割を果たす．

第2の主要な機能は，会計情報が企業内外でしばしば生じる利害対立を調停するメカニズムとなるというものである．企業はさまざまな組織や個人と取引を行っており，これらの組織や個人はそれぞれ固有の利害をもっている．これらの利害は必ずしも一致するわけではなく，対立することが多い．こうしたなかで，企業会計は，利害関係者間で分け合うパイの大きさと各利害関係者の取り分を決定するシステムとして機能しているのである．また会計情報によって，取引の履行状況を確認することができることは，利害対立の緩和に寄与すると考えられる．

利害対立は，企業内部の組織や個人間でも生じる．業績測度の選択，本社費や共通費の配賦，移転価格（振替価格）の設定などによって，各事業部門の業績は大きく左右され，事業責任者の給与・ボーナスおよび評価，事業部門への資源配分や予算などに影響を与える．

第3の主要な機能は，企業内外の利害関係者が何らかの意思決定をする際に，会計情報がその判断材料として大きな役割を果たすというものである．企業と取

引を行っている，あるいは行おうと検討している各利害関係者は，その取引を行うか，どういう条件・タイミングで行うか，取引を継続するか，中止するかなど，数多くの意思決定を行う．これらの意思決定を行ううえで，会計情報は有力な判断材料になる．企業会計から生成される情報により，不確実性を引き下げることができ，利害関係者はより適切な意思決定を行うことができる．もちろん企業内部でも，各事業への資源配分，各事業における投資プロジェクトの選択や実行などをはじめとしてさまざまな意思決定が行われている．これらの意思決定は，各事業や投資プロジェクトの実績や将来性などを考慮して行われるが，会計情報はこれらを判断するうえで重要な役割を果たしている．

企業会計がこれら3つの機能を十分に果たすためには，企業会計というシステムから生成される情報が，目的適合性をもち，測定可能で，信頼性が高く，検証可能でなければならない．

企業会計のプロセス

企業会計は，ある経済主体に関する膨大な活動や事象を，一定のルールに基づいて処理し要約する一連の手続きである．具体的には，次のような4つのステップから構成される（図2.2）．

Step 1： ある経済主体に関するさまざまな活動や事象のなかから，会計の対象となるものを識別する．企業はさまざまな組織や個人と取引を行っているが，一般に取引と呼ばれているものと会計において取引と認識されるものとの間には違いがある．たとえば，災害などで企業が損害を受けた場合に，一般にこれを取引という人はいないが，会計上では資産の減少という取引として認識される．逆に，不動産の賃貸契約をすることは一般に取引と考えられるが，会計上はその時点で資金や資産の移転を伴わない限り，取引とは認識されない．

Step 2： 識別した活動や事象を測定し記録する．ここでは，活動や事象の測定に関して，複数の会計処理方法が認められていることに注意する必要がある．たとえば，固定資産の減価償却方法としては，定額法（耐用期間中，毎期均等額を償却する），定率法（耐用期間中，毎期期首未償却残高の一定比率を償却する），級数法（耐用期間中，毎期一定額を算術級数的に逓減した額を償却する），生産高比例法（耐用期間中，当該資産による生産の度合いに比例して償却する）という4つの代替的な方法が認められている．

Step 3: 記録された情報を集計して表示する．表示に関しても，科目をどの程度集約するか，財務諸表に記載するか，注記に記載するか，セグメント情報における事業区分や所在地域区分をどのように設定するかなどについて，それぞれ程度の差はあるが裁量の余地が残されている．したがって，これらの情報がどれくらい詳細に表示されているかをみることは，投資家にとっては企業の開示姿勢を知るうえで重要な手がかりになる．また企業にとってはその開示姿勢を問われることになるだろう．

Step 4: 表示された情報を利用者に報告・伝達する．会計情報の報告・伝達に関しては，情報の質や範囲とともに，そのタイミングと入手可能性に注意を払う必要がある．タイミングとは開示の速さやインタバルの長さを，入手可能性とは会計情報のアクセスの容易さやそのコストを指している．近年，情報技術の発展を背景にして，開示（ディスクロージャー；disclosure）のタイミングや入手可能性は改善されつつあるが，決算発表の集中化が進行するなどの問題も指摘されている．

2.2 連結財務諸表

上述した企業会計のプロセスから作成されるのが財務諸表（financial statements）である．財務諸表は，企業や企業グループの活動や事象に関する膨大な経済データを，一定のルールに基づいて抽象化し要約して，簡潔に表示したものといえる．ここでは，各財務諸表が，どういう視点から企業を写しとったものなのか，また，そこに記載されたデータから何を読みとることができるかをみることにしよう．

会計ビッグバンと連結財務諸表

わが国の会計制度は現在，大きな転換期に直面しており，次々に改革案が提示され実行に移されている．それらは，企業経営に多大の影響を及ぼしており，まさに「会計ビッグバン」と呼ぶにふさわしい様相を呈している（表2.1）．

1990年代以降に実現された改革としては，連結決算中心主義，税効果会計，研究開発費等の一括費用処理，金融商品の時価評価，年金債務のオンバランス化，外貨建て取引の時価評価，減損会計，企業結合会計などが挙げられる．これ

表 2.1　会計ビッグバン

1999年	連結財務諸表制度の見直し	連結中心, 支配力基準, 連結キャッシュフロー計算書
	税効果会計基準の設定	法人税等の適切な期間配分, 繰延税金資産・負債の計上
	研究開発費の処理	発生時費用処理
2000年	中間連結財務諸表の導入	実績主義に基づく作成
	退職給付会計の導入	退職給付額の現在価値
	金融商品会計基準の設定	公正な評価額の測定
	外貨建取引会計処理基準の設定	決算時の為替レートで換算, ヘッジ会計の適用
2005年	減損会計基準の設定	固定資産の減損処理
2006年	企業結合会計基準の設定	持分プーリング法の適用要件
2007年	監査の品質管理基準	監査の品質管理の具体化・厳格化
	リスク・アプローチの拡充	事業上のリスクを考慮
2008年	内部統制報告制度	財務報告に係る内部統制の評価及び監査基準
	四半期レビュー基準の設定	目的, 実施基準, 報告基準の策定

らの改革はいずれも，証券・金融市場のグローバル化，企業経営の多角化・グローバル化，研究開発費や年金給付コストの増大などの経営環境の急速な変化を背景にしている．それと同時に，国際会計基準（IAS）の策定や，アメリカ財務会計基準審議会（FASB）における会計基準の策定などの国際的な動向を踏まえて，改革が進められていることにも注意する必要がある．

　以上のような改革の1つとして，わが国では，2000年3月期から，従来の個別情報を中心とする開示から連結情報を中心とする開示へ転換され，同時に連結ベースの情報の充実化がはかられることとなった．連結情報の充実化としては，資金収支の状況を表す連結キャッシュ・フロー計算書の導入を第1に挙げることができるが，それ以外にも従来個別ベースで記載されてきた「営業の状況」「設備の状況」「リスク情報」などが連結ベースで記載するよう求められている．この連結決算中心主義への移行により，連結ベースで作成される貸借対照表，損益計算書，剰余金計算書，キャッシュ・フロー計算書が中核と位置づけられるようになった．その後，2006年に施行された会社法に基づいて，連結剰余金計算書に代わり，株主資本等変動計算書の作成・開示が義務づけられることとなった．この結果，現在では図2.3に示されるような財務諸表の体系になっている．

　このように，個別企業の財務状態や業績ではなく，企業グループ全体の経営状

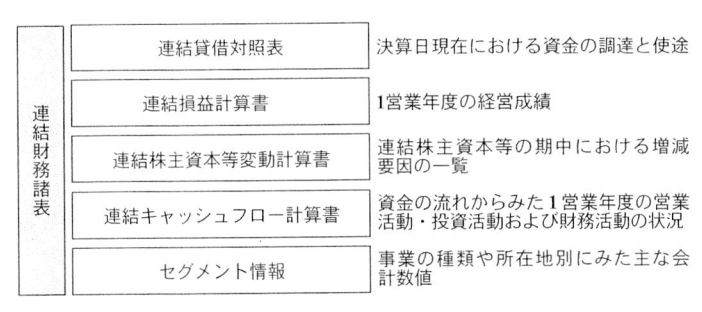

連結財務諸表	連結貸借対照表	決算日現在における資金の調達と使途
	連結損益計算書	1営業年度の経営成績
	連結株主資本等変動計算書	連結株主資本等の期中における増減要因の一覧
	連結キャッシュフロー計算書	資金の流れからみた1営業年度の営業活動・投資活動および財務活動の状況
	セグメント情報	事業の種類や所在地別にみた主な会計数値

図 2.3 連結財務諸表の体系

態に関する情報の開示が進められるようになった背景には，企業活動のグローバリゼーションや多角化が進行し，個別企業の情報だけでは，利害関係者が適切な意思決定や利害調整を行うことが困難になってきたことが挙げられる．

原則的に，連結財務諸表（consolidated financial statements）は，親会社と子会社の個別財務諸表を合算することによって作成される．ただし，個別企業を1つの経営主体と考える場合と，企業グループ全体を1つの経営主体とみなす場合とでは，企業内部と外部を分ける境界が異なってくる．たとえば，従来は企業外部への売上高として計上されていたものでも，企業グループに属する企業への売上高は内部取引ということになるのである．そのため，いくつかの調整が必要になる．代表的な調整項目としては，① 親会社の子会社への投資と子会社の資本勘定の相殺消去，② 連結会社間の債券債務の相殺消去，③ 連結会社間の取引高の相殺消去，④ 利益配当の消去，⑤ 親会社以外の株主持分を表す少数株主持分（minority interests）とそれに関連する損益などが挙げられる．

連結貸借対照表

貸借対照表（balance sheet；B/S）は，ある時点において企業の所有しているすべての資産（assets），負債（liabilities），純資産（shareholders' equity）を写したスナップショットである．すなわち，貸借対照表はある1時点における企業のストックの状態を表している．そして，資産，負債，純資産の三者間には，「資産－負債＝純資産」あるいは「資産＝負債＋純資産」という等式が常に成り立つ．

貸借対照表の資産の部は，流動資産（current assets），固定資産（fixed assets），繰延資産（deferred assets）という3つの部分から構成されるが，こ

れらは企業が所有している資産の一覧である．すなわち，企業が調達した資金の使途を表している（図2.4）．これに対して負債の部と純資産の部は，企業がどのように資金を調達したかを表している（図2.5）．負債の部は流動負債（current liabilities）と固定負債（fixed liabilities），資本の部は資本金（common stock），資本剰余金（additional paid-in capital），利益準備金（retained earnings），金庫株として保有される自己株式（treasury stock）などから成る株主資本のほか，少数株主持分，評価・換算差額等，新株予約権から構成される．負債の部に含まれる各項目については第9章を参照してほしい．

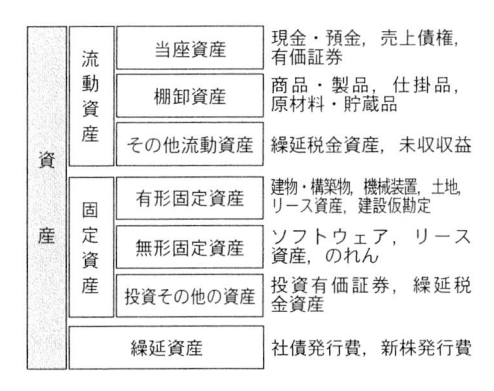

資産	流動資産	当座資産	現金・預金，売上債権，有価証券
		棚卸資産	商品・製品，仕掛品，原材料・貯蔵品
		その他流動資産	繰延税金資産，未収収益
	固定資産	有形固定資産	建物・構築物，機械装置，土地，リース資産，建設仮勘定
		無形固定資産	ソフトウェア，リース資産，のれん
		投資その他の資産	投資有価証券，繰延税金資産
	繰延資産		社債発行費，新株発行費

図 2.4　連結貸借対照表（借方）

負債	流動負債	営業債務	買掛金，支払手形
		営業外債務	短期借入金，コマーシャルペーパー，未払金
		その他流動負債	未払法人税等，繰延税金負債，引当金
	固定負債	長期借入金	金融機関からの借入
		社債	普通社債，新株予約権付社債
		その他固定負債	リース債務，引当金
純資産		株主資本	資本金，資本剰余金，利益剰余金
		評価・換算差額等	有価証券評価差額，為替換算調整勘定
		新株予約権	
		少数株主持分	

図 2.5　連結貸借対照表（貸方）

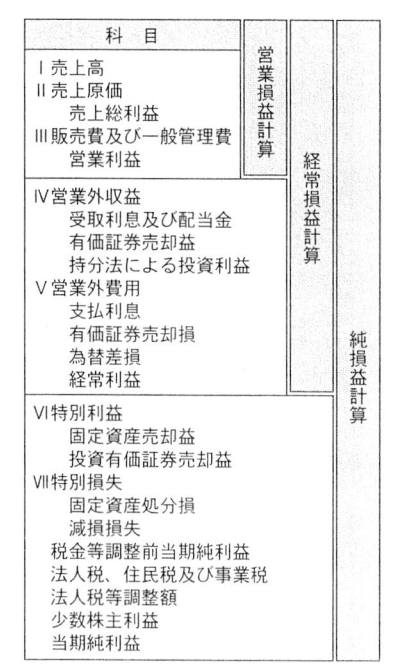

科　目	
Ⅰ 売上高	営業損益計算
Ⅱ 売上原価	
売上総利益	
Ⅲ 販売費及び一般管理費	
営業利益	
Ⅳ 営業外収益	経常損益計算
受取利息及び配当金	
有価証券売却益	
持分法による投資利益	
Ⅴ 営業外費用	
支払利息	
有価証券売却損	
為替差損	
経常利益	
Ⅵ 特別利益	純損益計算
固定資産売却益	
投資有価証券売却益	
Ⅶ 特別損失	
固定資産処分損	
減損損失	
税金等調整前当期純利益	
法人税，住民税及び事業税	
法人税等調整額	
少数株主利益	
当期純利益	

図 2.6　連結損益計算書

貸借対照表の各項目は一般に流動性（liquidity）に基づいて配列される．資産の部は企業が現金に転換するのに要する時間の長さを含むコストの大きさに従って，負債の部は企業が支払わなければならない順に配列される．

連結貸借対照表の作成あるいは解釈に当たっては，次のような点が個別貸借対象表と異なることに注意しなければならない．第1に，親会社の子会社に対する投資と子会社の資本とが相殺消去される．このとき，差額が生じる場合には連結調整勘定として計上される．第2に，連結会社相互間の債券と債務が相殺消去される．第3に，税効果会計の適用によって繰延税金勘定が生じることがある．わが国では，個別財務諸表上での税引前当期純利益が課税所得計算の基礎になっているため，連結した場合に税金等調整前当期純利益と課税所得との間に一時的差異が生じることがある．また一時的差異の発生原因には，子会社の繰延欠損金など連結財務諸表に固有の要因もある．第4に，非連結子会社および連結会社への投資には持分法が適用される．これらの会社が利益をあげた（損失をだした）ときには，持株比率を掛けた金額を投資利益（損失）として認識し，同額だけ投資勘定を増やす（減らす）という手続きがとられる．

連結損益計算書

損益計算書（income statement）は，一定期間における企業の経営成績を表示したものである．すなわち，損益計算書は企業のフローの状態を表している．一定期間に生み出される収益から，その収益を生み出すために用いられた費用を引くことによって，利益が計算される．

損益計算書では，企業の経営成績をより的確に捉えることができるように，損益計算が区分表示される（図2.6）．まず，営業損益計算では，その企業の営業活動から生じる収益（revenues）と費用（expenses）を対応させて，営業利益（損失）(operating income/loss) が計算される．次に，経常損益計算では，営業活動以外の副次的な活動に伴う収益と費用が加減され，経常利益（損失）が計算される．さらに，純損益計算では，前期損益修正，固定資産の売却，災害による損失といった非経常的な損益が加減されて税金等調整前当期純利益（損失）(income/loss before income taxes and minority interests) が計算され，これから法人税等および少数株主損益が差し引かれて当期純利益（損失）(net income/loss) が計算される．このように企業の活動の性質や頻度に従って損益計算が区

分されることによって，企業の活動実態がわかりやすくなる．

連結損益計算書（consolidated income statement）は個別損益計算書と次のような点で異なることに注意する必要がある．第1に，連結会社相互間の取引は内部取引になるため相殺消去される．第2に，連結会社相互間の取引によって取得した棚卸資産や固定資産などに含まれる未実現利益が消去される．第3に，連結貸借対照表上の連結調整勘定のうち，資産の部に計上された連結調整勘定の償却額は，販売費および一般管理費に区分される．これに対し，負債の部に計上された連結調整勘定の償却額は営業外収益に含まれる．

株主資本等変動計算書

連結貸借対照表に示される純資産の部に区分される各項目のうち，主に株主に帰属する株主資本の各項目の増減を示しているのが，株主資本等変動計算書（consolidated statements of changes in stockholders' equity）である．この計算書では，各項目が前期末残高，当期変動額，当期末残高に区分されて表示される．

従来，剰余金の配当，役員賞与をはじめとする資本の部に含まれる各項目は，利益処分あるいは損失処理という形で，決算の確定手続きとして行われていた．しかし，2005年に公布され，2006年に施行された会社法では，これらの事項が決算の確定手続きとは切り離して行うことができるようになった．このため，剰余金計算書が廃止されて，株主資本等の変動を集約して表示する計算書の開示が義務づけられることとなったのである．

2.3 財務諸表分析

財務諸表分析（financial statement analysis）は，意思決定に有用な情報や利害調整に必要な情報を獲得するうえで，きわめて重要な位置を占めている．しかし，財務諸表は，企業の経営活動を集約して簡潔に表すため，そのプロセスで多くの情報を捨象している．また，数量化が困難な情報を反映することができない．しかし，企業の経営実態を把握し予測するためには，捨象された情報や定性的な情報も欠かせない．したがって，財務諸表分析を行う際には，入手可能なさまざまな情報を用いて補足する必要がある．

表 2.2 連結株主資本等変動計算書

	株主資本				
	資本金	資本剰余金	利益剰余金	自己株式	株主資本合計
前期末残高	×××	×××	×××	△×××	×××
当期変動額					
新株の発行	×××	×××			×××
剰余金の配当					
当期純利益					
自己株式の取得					
自己株式の処分					
当期変動額合計	×				
当期末残高	×				

	評価・換算差額等			少数株主持分	純資産合計
	その他有価証券評価差額金	為替換算調整勘定	評価・換算差額等合計		
前期末残高	×××	×××	×××	×××	×××
当期変動額					
新株の発行					×××
剰余金の配当					×××
当期純利益					×××
自己株式の取得					×××
自己株式の処分					×××
株主資本以外の項目の当期変動額（純額）	×××	×××	×××	×××	×××
当期変動額合計	×××	×××	×××	×××	×××
当期末残高	×××	×××	×××	×××	×××

財務分析の手法

　財務諸表の諸項目から算出された数値それ自体はほとんど意味をもたない．それは，何らかの評価基準あるいは判断基準に基づいて評価あるいは判断されてはじめて意味をもつ．通常，その評価あるいは判断は比較によって行われる．その比較の方法には，横断分析（cross-section analysis）と時系列分析（time series analysis）がある．

　横断分析は，時点あるいは期間をそろえて，企業間や産業間の比較分析を行う方法である．横断分析では，同業他社，同規模会社，産業平均，製造業・非製造業平均などが比較対象として選ばれることが多い．これによって，産業や規模に基づく特殊性や相違を排除できるが，企業ごとに会計処理方法や企業構造が異なることがあるため，分析や評価に際しては注意しなければならない．

　時系列分析は，同一企業，同一企業グループ，同一産業について時間軸に沿って比較分析する方法である．時系列分析の場合，比較する時点や期間が異なるため，景気局面，経済構造や産業構造の変化，貨幣価値の変化などの影響を考慮する必要がある．また，会計処理方法や表示方法の変更のために，厳密には数値の連続性が損なわれていることもある．とりわけ，会社法施行後は，連結貸借対照表における純資産の部の表示が大きく変更されたため，株主資本に関連する事項の分析には注意が必要である．

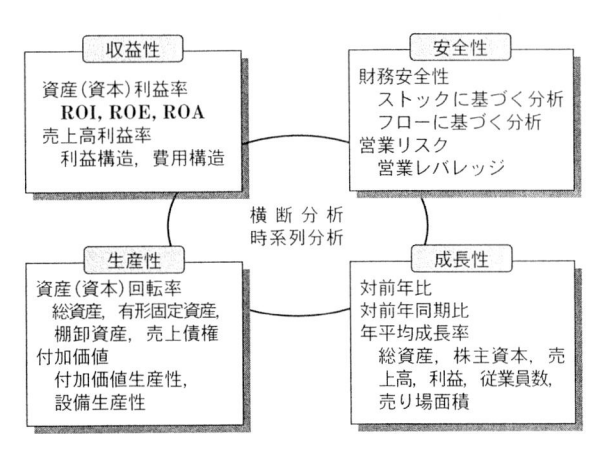

```
┌─ 収益性 ─────────────┐      ┌─ 安全性 ─────────────┐
│ 資産（資本）利益率    │      │ 財務安全性            │
│   ROI, ROE, ROA      │      │   ストックに基づく分析│
│ 売上高利益率          │      │   フローに基づく分析  │
│   利益構造，費用構造  │      │ 営業リスク            │
│                      │      │ 営業レバレッジ        │
└──────────────────────┘      └──────────────────────┘
           \         横断分析          /
            \       時系列分析        /
┌─ 生産性 ─────────────┐      ┌─ 成長性 ─────────────┐
│ 資産（資本）回転率    │      │ 対前年比              │
│   総資産，有形固定資産，│    │ 対前年同期比          │
│   棚卸資産，売上債権  │      │ 年平均成長率          │
│ 付加価値              │      │   総資産，株主資本，売│
│   付加価値生産性，    │      │   上高，利益，従業員数，│
│   設備生産性          │      │   売り場面積          │
└──────────────────────┘      └──────────────────────┘
```

図 2.7　財務諸表分析の手法

　財務諸表分析の手法は，実数同士を加減したり実数間の関数関係を利用して分析する実数分析と，構成比率，関係比率，変化率を計算して分析する比率分析に大別できるが，財務諸表分析の中心は比率分析である．ここでは，主な比率を収益性（profitability），効率性（efficiency）および生産性（productivity），安全性（liquidity and capital structure），成長性（growth）の4つのカテゴリーに分けて説明する（図2.7）．なお，各比率の計算式は表2.3（25ページ）を参照してほしい．

収益性の分析

　企業は資金を調達して資産を取得し，営業活動を行って，最終的に利益をあげることを目標の1つとしている．そのため，調達した資本，取得した資産，営業活動から生まれた売上高それぞれに対比して，どれだけの利益をあげたかを測定することによって，収益性を捉えることができる．このとき注意しなければいけないことは，分母となる資本や資産と，分子となる利益との対応関係である．利益を表す項目は数多く，資本や資産との対応関係を考慮しないと全く意味のない利益率を計算してしまうことになる．

　企業の収益性を最も包括的に示す指標が，総資産事業利益率（return on assets；ROA）または総資本事業利益率（return on investment；ROI）である．これは，企業が使用しているすべての資産，あるいは株主資本と負債を区別しないで使用しているすべての資本からどれだけの利益をあげているか，すなわ

ち企業全体の経営成果を示す指標である．総資産（総資本）に対応する利益としては，営業活動からの利益と財務活動からの利益を合わせた事業利益（＝営業利益＋受取利息・配当等＝経常利益＋支払利息等）を用いるのが適切だろう．

企業本来の営業活動からどれくらいの利益をあげているかを示す指標としては，経営資本営業利益率（return on operating capital）が挙げられる．営業活動からの利益である営業利益を分子に用い，分母には営業活動に利用されている資産を対応させた指標である．この分母は，総資産から投資その他の資産と建設仮勘定，繰延資産を差し引いて計算される．

すべての資本のうち株主から調達した資本に対してどれくらいの利益をあげたかを示す指標が株主資本利益率（return on equity；ROE）である．株主資本に対する収益性を捉えるには，最終的に株主に帰属する利益を対応させなければならない．したがって，分子には債権者に対する支払利息や税金等を控除した税引後当期純利益が用いられる．株主資本利益率は，売上高利益率，総資産回転率，株主資本比率の逆数の3つに分解することができ，どの要因によって株主資本利益率が変化したかを捉えることができる．

企業の収益性を捉えるには，売上高利益率（profit margin on sales；利益/売上高）も重要である．売上高利益率としては，分子に損益計算書で計算されるさまざまな利益が用いられ，売上高総利益率，売上高営業利益率，売上高経常利益率，売上高税引前利益率，売上高当期純利益率などの比率が計算される．これらの比率はそれ自体の推移をみるだけでなく，各比率間の差をとることによって損益の発生やその変動原因がどの段階で生じているかを知ることができる．したがって，企業の損益構造や費用構造を把握するうえで非常に重要な指標といえる．また売上高利益率を用いて横断分析を行う場合には，業種や生産形態の違いに注意する必要がある．

効率性および生産性の分析

効率性とは，資産あるいは資本がどれくらい効率的に活用されているかを示すものである．代表的な指標として総資産回転率（total asset turnover）または総資本回転率（turnover of capital）が挙げられる．これは，資産（資本）がどれだけ効率的に売上高に結びついているかを示す指標である．資産（資本）利益率を売上高利益率と資産（資本）回転率に分解できることからもわかるように，

企業の収益性は資産（資本）をいかに効率的に活用するかに依存している．

このほかに，分子に売上高，分母にさまざまな資産（資本）を用いることによって，個々の資産（資本）ごとの回転率を求めることができる．固定資産，有形固定資産，棚卸資産，売上債権，買入債務，現金・預金などが分析対象として取り上げられ，それらの資産の活用度を知ることができる．また個々の資産については，回転率の逆数である回転期間で表されることが多い．その場合，回転期間は分母になる売上高を 12 で割ると月数で，365 で割ると日数で表される．これらの数値の悪化は，それぞれ在庫水準の上昇，資金回収の遅れなどを表すシグナルになる．

生産活動の能率，すなわち生産性の分析には，企業がその営業活動を通して生み出した付加価値（value added）が用いられる．付加価値とは，外部から購入した財・サービスの価値にその企業が新たに付加した価値を指す．これは，企業が生産・販売した金額から，その生産・販売のために外部から購入した価値を控除すれば計算できる．このように付加価値額を求めるのは難しいため，通常は人件費，賃借料，租税公課，減価償却費，営業利益を加算して求めることが多い．代表的な生産性の指標としては，労働生産性（付加価値生産性），設備生産性などが挙げられる．

安全性の分析

安全性の分析は，企業の直面する財務リスク（financial risk）と営業リスク（operating risk）を評価・測定するものである．まず，財務リスクを評価・測定する財務安全性の分析からみていくことにしよう．

財務安全性の分析では，支払義務のある負債を遅滞なく返済できる可能性，すなわち企業の支払能力（solvency）を評価する．企業の支払能力についての分析は短期と長期に分けられ，短期支払能力の分析は流動性分析，長期支払能力の分析は財務安定性分析とも呼ばれる．また，財務安全性の分析には，貸借対照表を用いるストック面の分析と，損益計算書を用いるフロー面の分析がある．

企業の支払能力をストック面から分析する場合には，返済義務のある資本に対応する資産が十分あるかどうかという点と，資本と資産とがどれくらい適切に期間的な対応をしているかという点に焦点が当てられる．短期支払能力の分析に用いられる代表的な比率が，流動資産と流動負債との比率を示す流動比率（cur-

表 2.3 財務諸表分析

◆収益性

総資産（総資本）事業利益率（％）＝ $\dfrac{\text{事業利益}}{\text{総資産（総資本）}} \times 100$

経営資本営業利益率（％）
＝ $\dfrac{\text{営業利益}}{\text{総資産－投資その他の資産－建設仮勘定－繰延資産}} \times 100$

株主資本利益率（％）＝ $\dfrac{\text{当期純利益}}{\text{株主資本}} \times 100$

◆安全性

流動比率（％）＝ $\dfrac{\text{流動資産}}{\text{流動負債}} \times 100$

当座比率（％）＝ $\dfrac{\text{当座資産}}{\text{流動負債}} \times 100$

株主資本比率（％）＝ $\dfrac{\text{株主資本}}{\text{負債・資本合計}} \times 100$

負債比率（％）＝ $\dfrac{\text{負債}}{\text{株主資本}} \times 100$

固定比率（％）＝ $\dfrac{\text{固定資産}}{\text{株主資本}} \times 100$

固定長期適合比率（％）＝ $\dfrac{\text{固定資産}}{\text{株主資本＋固定負債}} \times 100$

インタレスト・カバレッジ・レシオ（倍）＝ $\dfrac{\text{事業利益}}{\text{支払利息・割引料}}$

キャッシュ・フロー金融費用比率（倍）＝ $\dfrac{\text{キャッシュ・フロー}}{\text{支払利息・割引料}}$

◆効率性・生産性

総資産（総資本）回転率（回）＝ $\dfrac{\text{売上高}}{\text{総資産（総資本）}}$

固定資産回転率（回）＝ $\dfrac{\text{売上高}}{\text{固定資産}}$

売上債権回転期間（月・日）＝ $\dfrac{\text{売上債権}}{\text{売上高}/12(365)}$

棚卸資産回転期間（月・日）＝ $\dfrac{\text{棚卸資産}}{\text{売上高}/12(365)}$

労働生産性（円）＝ $\dfrac{\text{付加価値}}{\text{従業員数}}$

設備生産性（％）＝ $\dfrac{\text{付加価値}}{\text{有形固定資産}} \times 100$

労働分配率（％）＝ $\dfrac{\text{人件費}}{\text{付加価値}} \times 100$

◆成長性

対前年比（％）＝ $\dfrac{\text{当年－前年}}{\text{前年}} \times 100$

対前年同期比（％）＝ $\dfrac{\text{当年当該期－前年同期}}{\text{前年同期}} \times 100$

0期から n 期の年平均伸び率（％）＝ $\left(\dfrac{n\text{期}}{0\text{期}}\right)^{1/n} - 1$

rent ratio）と，流動資産から比較的現金化が難しい棚卸資産を控除した当座資産と流動負債との比率を示す当座比率（quick ratio）である．これらはいずれも，1年以内に返済しなければならない負債に対して，短期的に充当可能な資産をどれだけもっているかを示す比率である．

長期支払能力の分析には，株主資本比率（ratio of equity to total capital）や負債比率（debt-equity ratio）が用いられることが多い．有利子負債の比率が低いことは，企業の資産が返済義務のない資本である株主資本に支持されており，債務負担能力に余裕があることを意味する．また固定比率や固定長期適合比率による分析も欠かせない．長期にわたって固定され短期的には回収できない固定資産は，返済の必要のない株主資本や長期的に返済される長期の負債で賄われるのが望ましいと考えられるからである．

しかし，企業が負債を返済する場合には，資産を処分するのではなく，営業活動から生まれるキャッシュ・フローから支払うのが普通である．そのため，フロー面から支払能力を分析する必要がある．こうした指標として，インタレスト・カバレッジ・レシオ（interest coverage ratio）やキャッシュ・フロー金融費用比率（cash flow coverage ratio）が挙げられる．これらは，支払利息の何倍の利益あるいはキャッシュ・フローがあるかを示す比率である．

営業リスクは，売上高や生産量などの営業活動量の変化に対して，営業利益がどれくらい敏感に変化するか，すなわち営業利益の変動性によって判断される．これを表す代表的な指標が営業レバレッジの大きさ（degree of operating leverage；DOL）である．営業レバレッジの大きさは，変動費と固定費のウエイトに依存し，損益分岐点の考え方に基づいているため第5章で詳述する．

成長性の分析

企業は営業活動を通して利益をあげることと並んで，持続的な成長を目指している．企業の成長は，利害関係者にとって取引機会の拡大や取引条件の向上などを通して収益見通しを好転させる可能性を高めるため，とりわけ将来の成長性はさまざまな利害関係者に共通の関心事といえるだろう．企業の成長性を判断する場合，利益や売上高がすぐに頭に浮かぶが，これらを支える総資産，固定資産，設備投資額，研究開発費，従業員数なども分析する必要がある．数値としては，対前年比や前年同期比をとることが多いが，長期的にみるには年平均伸率やある

基準年度の値を100として計算する趨勢法が役立つ．

株式価値の分析

ここまでは，財務諸表分析に用いられる主要な指標を取り上げてきたが，これら以外にも，特に株式価値の評価に関連して，数多くの指標が利用されている．代表的な指標として，利益処分の分析に用いられる配当性向（payout ratio），株主資本配当率（dividend on equity; DOE），会計情報と株価との関係を分析するために用いられる1株当たり利益（earnings per share; EPS），1株当たり純資産（book value per share），株価収益率（price earnings ratio; PER），株価純資産倍率（price book value ratio; PBR または market value to book value; M to B），株価キャッシュ・フロー倍率（price cash flow ratio; PCFR），配当利回り（dividend yield）などが挙げられる．これらの分析では，1株当たりの指標が計算されることが多いが，増資などに伴う発行済株式数の変化や転換社債などの発行による潜在株式の存在に注意を払う必要がある．

2.4　資金サイクルとキャッシュ・フロー

キャッシュ・フロー（cash flow）とはその名のとおり資金，つまり現金の流れを指す．企業における資金の流れは人体における血液循環のようなもので，絶え間なく流れていないと企業は円滑に経営（営業）活動を続けることができない．銀行による貸し渋りの例を出すまでもなく，資金の調達や入手可能性は企業の投資活動や営業活動に重大な影響を与える．逆に，企業の投資活動（investment activities）や営業活動が活発に行われていないと，資金の流れが滞り，企業の支払能力が低下して，債務不履行（default），さらには倒産（bankruptcy）に至る可能性もある．

資金サイクル

ここでは典型的なメーカーを例に資金の流れを概観してみよう．これを示したのが図2.8である．企業はまず，株式の発行や金融機関からの借入によって資金を調達して，製品やサービスを生産するための設備・機械を購入し，従業員を雇い，原材料を購入して，製品やサービスを生産する．その一部が棚卸資産

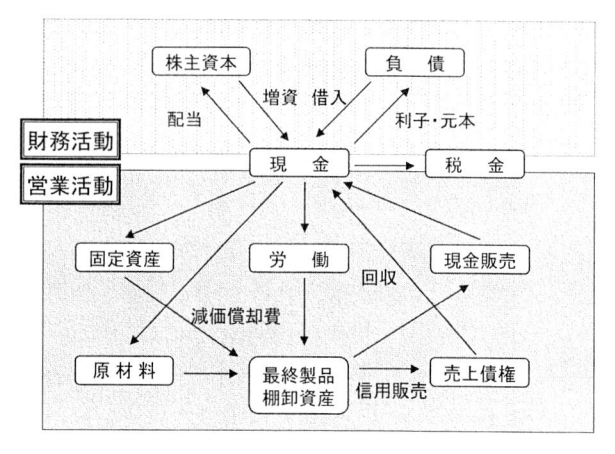

図 2.8 資金サイクル

(inventory) として保管されることもある．企業はこれらを販売することによって収益をあげるが，収益と資金の流入とは必ずしも一致しない．現金販売の場合にはすぐに現金が流入するが，信用販売の場合には売上債権（accounts receivable）が発生し，それが回収されたときにはじめて現金が流入するからである．このように，営業プロセスのなかで，現金→棚卸資産→売上債権→現金→… という循環がみられる．この循環のなかで，棚卸資産や売上債権から現金への転換が阻害されると，従業員や原材料への支払が滞り，営業活動を維持できなくなる．

一方で企業は，債権者に対して負債の利子（interest expense）を支払い，元本（principal）を返済しなければならない．また株主に対しては，通常，配当を支払うことが多い．さらに，製品やサービスの生産過程で固定資産は消費あるいは減耗するので，生産能力を維持するために受け取った現金の一部を新しい固定資産に投資しなければならない．営業プロセスが阻害されれば，これらの支払も難しくなり，資金調達力や生産能力の低下を招くことになる．この資金サイクルが円滑に機能しないと企業の支払能力は低下し，さらに悪化すれば支払不能に陥ることになる．

会計利益は，まず一定期間における収益が認識・測定され，次にそれに対応する費用が認識・測定されることによって計算される．たとえば，設備や機械を現金で購入したとしよう．当然，資金流出を伴うことになるが，この取得金額自体

は支出時点ではまだ費用ではない．まだ消費していないからである．この設備や機械を使用したときに消費したということになる．このときにはじめて，減価償却費（depreciation）という費用が発生するのである．この減価償却費という費用は，設備や機械の取得金額とその耐用年数に基づいて，定率法や定額法などの定められた手続きに従って一定の期間に配分される．したがって，資金の支出とは必ずしも一致しない．

このため，企業は，会計上の利益だけでなく，資金の流出入にも注意を払う必要がある．たとえば，どんなに製品が売れていても，それがすべて信用販売で，資金の回収が十分に行われなければ，会計上は利益がでていても，資金繰りがつかなくなる．なぜなら，製品が売れているため，原材料を購入して生産を継続するだろうし，場合によっては生産ラインを増設したり，雇用を拡大するかもしれない．これは，資金が十分に回収されないままに，資金流出が続くことを意味している．最悪の場合，損益上は黒字であるにもかかわらず，資金繰りに窮して倒産ということにもなりかねないのである．

連結キャッシュ・フロー計算書

連結キャッシュ・フロー計算書では，図2.9のように，活動区分ごとに資金の源泉と使途とが分類・集計され，最終的に現金および現金同等物（cash and equivalents）がどのような源泉から獲得され，どのような使途に利用され，どれだけの残高が残っているかが明らかにされる．

「営業活動によるキャッシュ・フロー（cash flows from operating activities）」には，製品およびサービスの販売による収入，製品およびサービスの購入による支出，営業損益計算の対象となる取引による資金の流出入など営業活動に関連するキャッシュ・フローが表示される．なお，営業債権および営業債務から生じるキャッシュ・フローもここに含まれる．「営業活動によるキャッシュ・フロー」には2通りの表示方法がある．1つが直接法であり，もう1つが間接法である．直接法とは主要な取引ごとにキャッシュ・インフロー（cash inflow）とキャッシュ・アウトフロー（cash outflow）を表示する方法であり，間接法とは純利益に必要な調整を加えて表示する方法である．

「投資活動によるキャッシュ・フロー（cash flows from investment activities）」には，将来キャッシュ・フローを生み出すための資源に，どれくらいの

営業活動による キャッシュ・フロー		営業利益
	±	資金の流出入を伴わない費用・収益
	±	運転資本の増減額

±	投資活動による キャッシュ・フロー		有形固定資産に関連する収入・支出
		+	投資有価証券に関連する収入・支出
		+	長期投資に関連する収入・支出

±	財務活動による キャッシュ・フロー		負債に関連する収入・支出
		+	株式に関連する収入・支出
		−	少数株主への配当支払

±	現金および現金等価物に係わる換算差額
=	現金および現金等価物の期中増減額
+	現金および現金等価物の期首残高
=	現金および現金等価物の期末残高

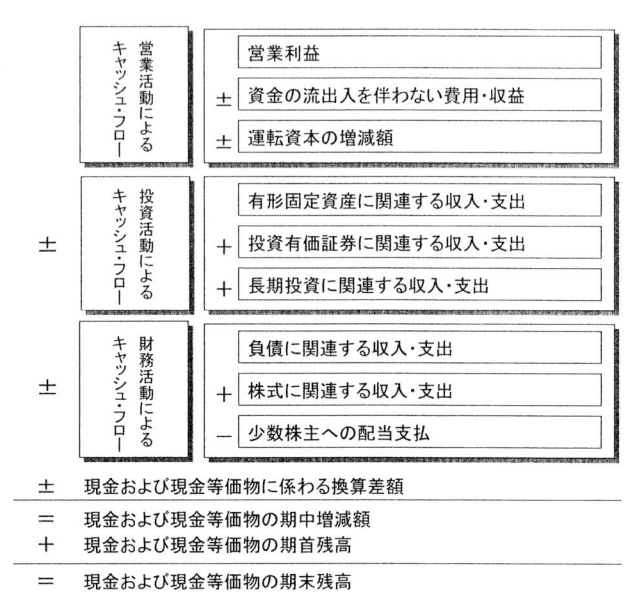

図 2.9 連結キャッシュ・フロー計算書

資金が投入されたかが表示される.具体的には,有形・無形固定資産の取得および売却,有価証券・投資有価証券の購入および売却,貸付金の支出および回収などが表示される.

「財務活動によるキャッシュ・フロー（cash flows from financial activities）」には,資金の調達および返済・償還によって生じるキャッシュ・フローが表示される.具体的には,株式の発行および自己株式の取得（stock repurchase），配当金の支払,社債の発行および償還,借入およびその返済などが表示される.

フリー・キャッシュ・フロー

企業および事業の評価や投資プロジェクトの評価には,将来生み出されると期待されるフリー・キャッシュ・フロー（free cash flow）が用いられる.フリー・キャッシュ・フローとは,企業の財務的請求権を保有するすべての利害関係者,すなわち債権者や株主などに分配可能なキャッシュ・フローである.
期待される将来のフリー・キャッシュ・フローは,売上高の予測をベースにした見積財務諸表（pro-forma financial statement）から計算される.売上高の予測は,外部および内部環境分析を踏まえて,過去の実績,既存市場の発展経路,

顧客の購買計画，顧客情報などに基づいて行われる．続いて，資産，負債および費用項目の水準が決定されて，見積財務諸表が作成される．この水準の決定には，売上高比率法や回帰分析が用いられることが多い．

フリー・キャッシュ・フローは，営業キャッシュ・フロー（営業活動によるキャッシュ・フロー，operating cash flow）とその活動に必要な資本支出から構成される．そのため，上述した直接法と間接法のいずれかを用いて計算されるが，実務では間接法が用いられることが多い．間接法では，推計された営業利益を起点として，その利益に対する税金が控除され，減価償却費に代表される資金支出を伴わない費用が加えられ，収益の増加・減少に伴って生じる棚卸資産や売上債権などの運転資本（working capital）の変化額が加減されて，営業キャッシュ・フローが計算される．次に，時間の経過に伴って生じる設備や機械の減耗，経済的陳腐化に対処するために必要とされる新規投資額が控除され，フリー・キャッシュ・フローが計算される．それぞれの計算プロセスを示したのが図2.10である．

特に，投資プロジェクトの評価などでは，新規投資によって生じるすべてのフリー・キャッシュ・フローの変化を捉える必要がある．たとえば，新製品の製造・販売というプロジェクトでは，それ自体のキャッシュ・フローとともに，既存製品のキャッシュ・フローに与える影響も加えて，新規プロジェクトのフリー・キャッシュ・フローを推計しなければならない．

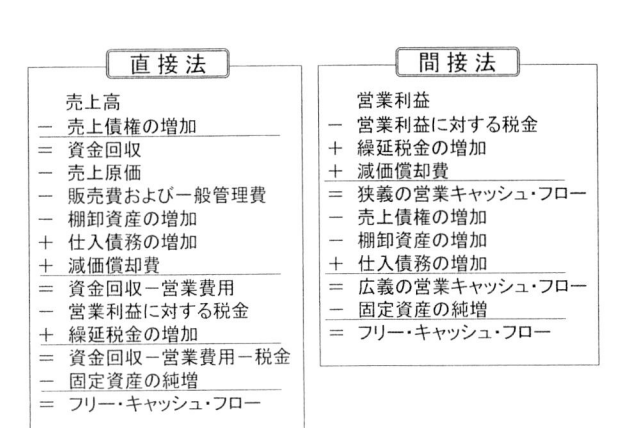

直接法	間接法
売上高 − 売上債権の増加 = 資金回収 − 売上原価 − 販売費および一般管理費 − 棚卸資産の増加 + 仕入債務の増加 + 減価償却費 = 資金回収−営業費用 − 営業利益に対する税金 + 繰延税金の増加 = 資金回収−営業費用−税金 − 固定資産の純増 = フリー・キャッシュ・フロー	営業利益 − 営業利益に対する税金 + 繰延税金の増加 + 減価償却費 = 狭義の営業キャッシュ・フロー − 売上債権の増加 − 棚卸資産の増加 + 仕入債務の増加 = 広義の営業キャッシュ・フロー − 固定資産の純増 = フリー・キャッシュ・フロー

図 2.10 フリー・キャッシュ・フローの計算

3 コストの概念と計算

　会計はさまざまな企業活動を貨幣的に測定するシステムである．一般に，企業は各種の経営活動を通して何らかのアウトプットを生み出し，それを販売することによって対価を受け取る．この取引を通して，売上つまり収益をあげ，最終的に企業目標の1つである利益を獲得している．このとき，企業の産出するアウトプットは製品のような有形の財であることもあれば，輸送サービスのように無形の場合もある．いずれにしても，利益は，売上から製品の製造や販売に要したコストを差し引いて計算されるため，提供するアウトプット単位当たりのコスト，つまり原価の計算が非常に重要になる．企業の経営成績は，この計算が基礎となっているのである．本章では，コストあるいは原価の計算の基礎を学ぶために製造業を想定し，その原価計算の仕組みについて説明する．

3.1 製造業とコスト

　製造業，非製造業のいずれにしても，コストあるいは原価はきわめて抽象的な概念であるため，その理解について混乱がみられる．そこで，まず原価を定義し，続いて原価計算の目的を述べることにする．

原価とは？

　原価の一般的な定義として，大蔵省企業会計審議会による「原価計算基準」における原価の定義を挙げることができる．それによれば「原価とは，経営における一定の給付にかかわらせて把握された財貨または用役の消費を，貨幣価値的に表したものである」とされている．このように，原価は経営目的で何らかの消費が生じたときに認識される．最も単純には，販売用の製品を製造するために材料を投入し，それが消費されたとき，材料についてのコスト，すなわち原価として

図 3.1 企業の投入・産出関係

の材料費が発生する．このように，コストや原価は，経済的資源の投入と産出に関連しているのである．この投入と産出関係を簡単に示すと図3.1のようになる．ここで，半製品とは完成途中の生産品で販売可能なものであり，仕掛品とは完成途中にあり，引き続き加工して完成品とする生産品である．

　原価計算とは，図3.1のように投入と産出の関係を認識し，投入要素である各種の経済的資源の利用・消費を，産出物と関連させて分類・測定し，集計する手続きと理論である．このような計算は，産業革命を契機として行われるようになった大規模な工場生産の結果，生み出されたものである．その後も，原価計算は，製造業の変化に対応して随時変容を遂げ発展しながら，企業のなかに深く浸透している．現在では，企業の経営管理のための会計である管理会計と密接な関係をもつ重要な計算体系として機能している．

原価計算の目的

　原価計算の目的は2つに大別できる．これは，作成する原価計算データの利用者が，主に企業外部の利害関係者か，内部の関係者かによって分類される．

　1）　財務会計目的

　企業は制度上，財務諸表の作成が義務づけられている．その財務諸表は，株主，投資家，債権者など，主として企業外部の利害関係者が利用する．このような外部者向けの情報を作成するために原価計算が利用されている．原価計算によって作成された会計情報は，各財務諸表に図3.2のように記載されている．

　貸借対照表（B/S）では，原価計算によって，企業の資産として手元にある製品，仕掛品がどれくらいの経済的な価値があるか決定され，棚卸資産という項目で記載される．損益計算書（P/L）では，原価計算によって，販売した製品の製造にいくらの原価がかかっていたか決定され，売上高からそれを差し引いて利益が計算される．原価計算は，このようにして企業外部者が利用する財務諸表に情

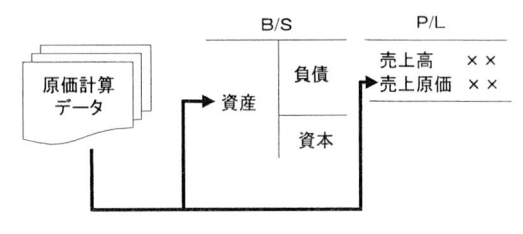

図 3.2　2 原価計算データと財務諸表

報を提供しているのである．

2) 経営管理目的

　企業は，時々刻々と変化する経営環境や次々に生じる問題に場当たり的に対応していては，利益の獲得や企業価値の創造などの目標を達成することはできない．企業が目標を達成し成功を収めるには，経営環境の変化や経営課題に対する事前の対応が重要である．このような事前の対応の1つとして，企業は，将来起こりうる状態を予測し，それらに応じた計画をたてている．つまりプランニングを行っている．プランニングは一般に，中期経営計画に代表される戦略経営計画や，それに基づく生産計画，販売計画，要員計画，資金計画などの形で具体化される．これらは，単なるビジョンの提示ではなく，数字に裏付けられた計画である．とりわけ翌年を対象とする短期経営計画は，会計的には予算という形をとり，企業内の各組織の行動を左右することになる．

　計画はそれを策定しただけでは何の意味もない．それらが遂行されなければ，最終的な成果は期待できないからである．そこで，企業では，策定された計画が適切に遂行され，目標の達成が可能となるように，統制すなわちコントロールが行われる．このコントロールは，経営活動が遂行されるプロセスにおいて，経営環境を考慮しながら実績と予定を比較し，そこに差があれば是正措置をとるという形で行われる．特に短期においては予算という形で具体的な目標となる数値が明確にされているため，コントロールを実施しやすい．

　もちろん企業は，短期的な計画の遂行だけでなく，より長期的かつ重要な経営課題として設備導入や研究開発，新規事業開拓などの問題にも直面している．たとえば，どのような立地に工場を建設し，どのような設備を導入して，新製品の製造を行うのが最良かなどの問題を解決しなければならない．このような問題においても原価データは重要な情報として位置づけられ，経営上の意思決定に不可

欠である．

Column 2

品質原価

　1990年代初頭，米国企業は低迷状態にあり，その要因の1つとして，製品品質の問題が認識されていた．この時期，日本企業は，家電など耐久消費財市場において，高品質製品を提供し，好調な業績を示していた．このような品質の問題を原価レベルで検討し，各種品質関連のコストを明らかにするのが品質原価計算（quality costing）である．これにより，低品質製品が最終的には，企業にとって高コストになることが理解できる．品質原価計算では，品質関連原価を次の4つに分類している．

自発的コスト	評価コスト	品質に欠陥のある製品を販売しないために，企業が検査に要するコスト 例： 検査部門のコスト，検査設備のコスト
	予防コスト	評価コストでは減らすことのできない不良品の生産を減らすためのコスト 例： 高性能設備への投資コスト，作業員訓練のコスト
失敗コスト	内部失敗コスト	顧客に製品として販売する前段階に，企業内で製品品質に関する問題を解決あるいは回避するために生じるコスト 例： 失敗品手直しのための補修費，不良品廃棄のコスト
	外部失敗コスト	顧客に製品を販売した後に，品質に関する問題解決のために発生するコスト 例： 苦情対応のためのコスト，返品処理に要するコスト

　これら4つのコストを検討することによって，品質に関する問題を解消するためにどのくらいのコストをかけるべきかが決定できる．

3.2 原価計算の基本手続き

ここでは，製品別原価の詳細な計算に入る前に，まず原価概念を明確にし，費目別計算，部門別計算，製品別計算という順に行われる原価計算の手続きの流れを概観する．

原価の分類

原価計算は，第1段階の手続きとして，消費によって発生する原価を分類して把握するという特徴をもっている．原価の基本的な分類については，形態別分類および製品との関連による分類の2つが重要である．形態別分類とは，製品が何を消費したかに基づく分類であり，材料費，労務費，経費の3つに分けられる．これに対し，製品との関連による分類とは，製品と原価が直接的に関連づけ，あるいは認識できるかによる分類であり，直接費と間接費の2つに分けられる．この直接費と間接費の分類は各費用項目について行われる．これらをまとめると図3.3となる．

このような2つの次元からの分類を組み合わせると，製品の総原価について，次のような関係を見出すことができる．これらの関係を図示すると図3.4となる．

① 総原価＝製造原価＋販売費および一般管理費
② 製造原価＝製造直接費＋製造間接費
③ 製造直接費＝直接材料費＋直接労務費＋直接経費
④ 製造間接費＝間接材料費＋間接労務費＋間接経費

図3.4に基づいて，資源の消費に伴って，どの原価が発生するかを，例題を用

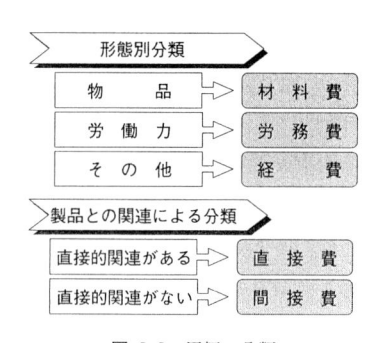

図 3.3　原価の分類

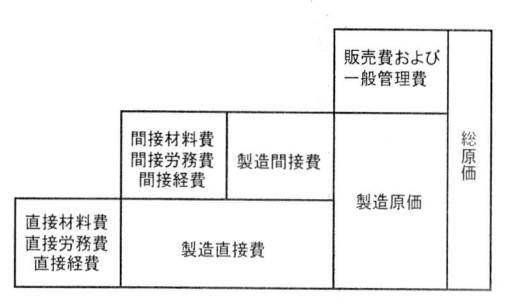

図 3.4　原価構成

いて具体的に考えることとしよう．

【例題 3.1】
次に挙げる資源の消費や作業への支払が，どの原価に属するか答えよ．

問　題	解　答
① 製品の素材である金属の切削工の作業	製品に対し直接的な作業への支払であるため直接労務費
② 工場事務員の作業	製品と直接関連しない作業のため間接労務費
③ 製品用の素材使用	直接材料費
④ 工場電力料金	製品に対し間接的で，材料や労働力の消費ではないため間接経費
⑤ 本社電力料金	製造に関係ないため製造原価ではなく，本社での管理活動に伴う資源消費であるため一般管理費
⑥ 営業所販売員給料	販売に関するため販売費
⑦ 工場使用工具	物品の消費であるが，製品とは直接的でないため間接材料費
⑧ 工場建物火災保険料	製品に間接的であり，材料や労働力の消費ではないため間接経費
⑨ 材料運搬工賃金	製品に直接的な作業ではないため間接労務費

この他に，製品との関わりは直接的だが材料や労働力以外の消費によって発生する直接経費の例として，外注加工賃や特許権使用料などがある．

原価の流れ

材料や労働力などの資源投入にはじまり，次第に製造が進んでいくことで仕掛品となり，最終的には販売可能な製品となる．原価計算は，このような製造物の状態の変化につれて，価値が移っていくという価値移転的原価計算となっている．この価値の移転につれて，消費された資源は，製品，仕掛品などの企業の財産となり，やがて販売される．その価値移転の段階によって，財務諸表への記載も変わる．どのように記載されるかを示したのが図 3.5 である．

この流れに沿って，原価は，仕掛品から最終的には製品へという順序で価値が計算される．そのような価値をもつ仕掛品や製品は，期末に資産として貸借対照表に記載され，販売されたものの価値については売上原価として損益計算書に表

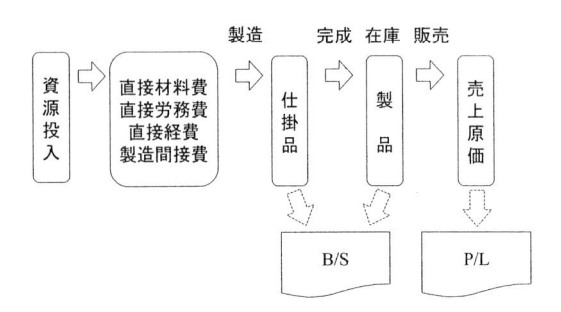

```
                          製造  完成 在庫 販売
資源      直接材料費       仕     製     売
投    ⇒  直接労務費  ⇒   掛  ⇒  品  ⇒  上
入        直接経費         品           原
          製造間接費                      価
                            ⇓     ⇓     ⇓
                           B/S         P/L
```

図 3.5　原価の流れと財務諸表

示される．原価計算では，このような製造や販売の流れに沿って，原価も流れるように計算される．

このような流れに沿った原価計算は一般に，1カ月という原価計算期間を設定し，材料費など製品の原価を構成する個々の要素ごとの計算からはじまり，それらを順次集計して製品単位当たり原価を計算するという手続きが行われる．具体的には，次のような計算が行われる．

① 費目別計算： 製品原価の構成費目それぞれについて計算する
　　　　　　　　材料費計算/労務費計算/経費計算
② 部門別計算： 製造間接費を製造部門と補助部門のそれぞれについて計算し，最終的に製造部門に集計する
③ 製品別計算： 仕掛品，製品ごとに原価を集計する

原価計算の形態

原価計算は，受注生産あるいは大量生産のいずれの生産形態をとるかにより，個別原価計算と総合原価計算に分類される．個別原価計算とは，別種の製品を個々に受注生産する際に適用される計算手続きである．これに対し，総合原価計算は，同種の製品を大量に見込生産する際に適用される計算手続きである．

個別原価計算を行っている典型例として，造船業が挙げられる．大型船舶は1隻ずつ異なる別種の製品なので，各製品ごとに，どのような船舶として製造するか，その材料や作業の明細，さらには製造のスケジュールなどを記載した製造指図書が製造開始段階で発行される．それと同時に，その指図書の製品原価を計算するために，原価計算表が発行される．この原価計算表において，定期的に直接材料費，直接労務費，製造間接費を集計し，完成時に製品の原価が判明する．一

方，総合原価計算は，自動車や家電のような同種の製品が連続的に生産される業種で用いられている．単純にいえば，1期間の原価の合計額を総生産量で除して，製品単位当たりの平均原価を計算する．しかし，総合原価計算の計算方法は，製造状況に応じてさらに細分化され，さまざまな方法が用いられている．

また，原価計算は，計算の際に用いられる数値について，製造の事前に予定するか，あるいは事後的に行うかによって，予定原価計算と実際原価計算に分類される．実際原価計算では，定期的に製造の進行状況に応じて事後的に原価が集計される．これに対し，予定原価計算では，原価の予定値をあらかじめ設定しておき，製造状況に応じて，その原価を適用して原価集計が行われる．実際には，予定原価計算として標準原価計算が広く用いられている．

原価計算と基礎的勘定システム

原価計算は通常，1カ月を原価計算期間として，製品や仕掛品の原価を計算する．ここで，原価計算は会計システムであるため，勘定を通して計算が行われる．勘定を用いた計算を体系的に示すのが勘定連絡図である．勘定連絡図は，原価計算を行う企業のさまざまな事情を反映して複雑かつ詳細になるが，ここでは基本的な仕組みを理解するために単純化して図示する．これが図3.6である．図3.6は，月次損益を計算するために，製品と仕掛品の原価を計算するのみならず，引き続き収益，販売費および一般管理費を集計する勘定連絡図を示してい

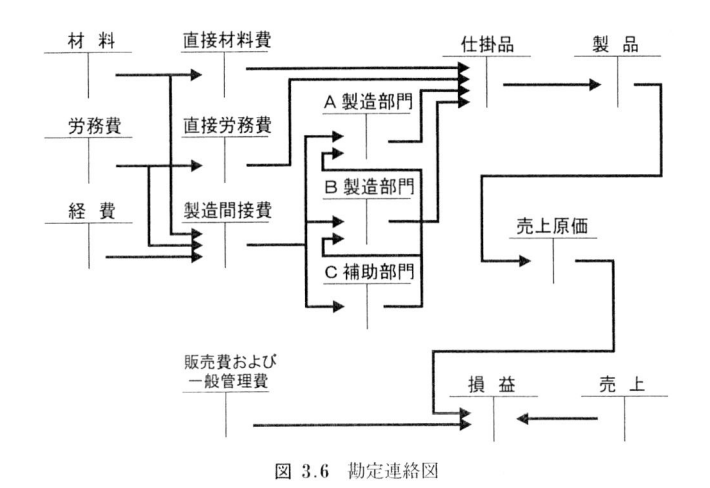

図 3.6　勘定連絡図

る．ただし，経費は間接経費のみで直接経費はないものと仮定している．

図 3.6 では，T字型で勘定を表している．このT字の左側を借方，右側を貸方と呼ぶ．矢印は振替という手続きを表している．振替とは，ある勘定の借方から別の勘定の借方へ，あるいは，ある勘定の貸方から別の勘定の貸方へと金額を移すことを指す．原価計算には，ものの流れに沿って，この振替が頻繁に行われるという特徴がある．

勘定を用いた計算は，製造指図書とともに，原価計算数値の集計票である原価計算表を発行して，製造を開始するところから始められる．製造開始後は，費目別計算，部門別計算，製品別計算が行われる．その手続きは以下のとおりである．

Step 1： 材料，労務費，経費の消費が，製品と直接的に関連づけられるか，あるいは間接的かに分類する．それらを，原価計算表への記入を通じ，製品との関連が直接的なものは各直接費の勘定へ，間接的なものは製造間接費勘定へ振り替える．

Step 2： 原価計算期末に，直接費についてはどの製品の消費によるものか明らかだが，製造間接費は不明であるため，これを各製品に割り当てる（このような間接費の割り当ては配賦と呼ばれている）．配賦の手続きは次のとおりである．

① 切削，組立など製造を行う製造部門と，材料管理や工場事務など製造を補助する補助部門のそれぞれに対し，製造間接費のうちで，それがどの部門で発生したか明らかな部門個別費については，それを各部門に集計する．

② 工場全体の光熱費のように，どの部門で発生したか分からず，全体的に生じた部門共通費について，それを製造，補助の各部門に配賦する．

③ 補助部門費を製造部門に配賦する．

④ 製造部門費を製品，仕掛品に配賦する．

Step 3： 製品ごとの原価計算表に直接費と間接費を集計し，完成した製品の原価は仕掛品勘定から製品勘定へ振り替える．

Step 4： 製品を販売するごとに，販売した製品の原価計算表に記入されている金額を，製品勘定から売上原価勘定へ振り替える．

Step 5： 期末に損益計算を行うために，費用の集計を行う．売上原価と販売費および一般管理費を損益勘定へ振り替える．

Step 6： 売上高を損益勘定へ振り替える．損益勘定に費用と収益を集計し，

損益を計算する．収益が多ければ利益，費用が多ければ損失の発生となる．

これらの手続きを単純化した例題を用いて確認しておこう．なお，この例題は，製造間接費の計算にあたって部門別計算を行わない勘定システムを採用しているケースである．

【例題 3.2】
X製作所は受注生産により特殊機械を製造，販売しており，個別原価計算を採用している．今月は，月初に注文のあった1台の機械について製造指図書と原価計算表を発行し，その製造に着手した．月末に完成し，他の機械の製造は行わなかった．完成した機械は即時受注先に販売した．以下の取引データをもとに，勘定連絡図を作成し，今月の営業利益を計算せよ．

① 各種材料の月初棚卸高はなく，今月仕入れた物品を以下のとおり消費した．
  直接材料消費高　100,000　　間接材料消費高　50,000
② 賃金は以下のとおり支払った．
  直接工賃金　60,000　　間接工賃金　30,000
③ 経費の消費は以下のとおり．
  間接経費　20,000
④ 今月支払った販売費および一般管理費は 50,000 であった．
⑤ 完成した機械は 400,000 で販売した．

▷解答　（単位は万円）

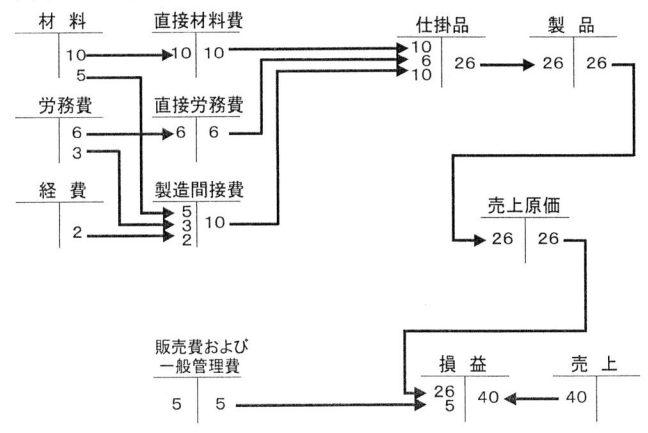

材　料		直接材料費		仕掛品		製　品	
10	→10	10	→	10	26→	26	26
5				6			
				10			

労務費		直接労務費	
6	→6	6	→
3			

経　費		製造間接費		売上原価	
2		5		→26	26
		3	10		
		2			

販売費および一般管理費		損　益		売　上	
5	5→	→26	40	←40	
		5			

▷解説
1台のみの製造なので，複雑な計算は必要とせず，次の順に計算すればよい．
① 材料，労務費，経費を直接費と間接費に分類し，直接費と間接費の勘定に

振り替える．
② 直接費を仕掛品勘定に振り替える．
③ 1台のみ製造なので製造間接費の配賦は不要．製造間接費を合計して，単一の製品に割り当てるため，仕掛品勘定に振り替える．
④ 直接費と間接費を集計すると，図3.4のとおり，これが完成品の製造原価である．完成時点で，製品勘定に振り替える．
⑤ 販売時点で，製品から売上原価勘定に振り替える．また，売上高が計上される．
⑥ 月次の営業利益の計算のため，損益勘定に費用と収益を集計する．費用については，売上原価と販売費および一般管理費を振り替える．収益については，売上から振り替える．
⑦ 損益勘定では，収益が400,000，費用が310,000である．したがって，今月の営業利益は90,000である．

3.3　原価の費目別計算

原価計算は，さまざまな原価を分類・集計するという特徴をもっている．この分類と集計は，第1段階として，材料費，労務費，経費という費目別に行われる．ここでは，費目別計算の手続きについて説明する．

材料費の計算

1) 直接材料費と間接材料費の分類と計算

材料費計算では，物品としての材料が，製造する製品について直接的，つまり製品の一部またはそれ自体を構成していると認識されれば直接材料費に分類される．これに対し，製品を構成するものではないと認識されるか，あるいは製品について認識できるが金額的に重要ではないと認識されれば間接材料費に分類される．たとえば，自動車製造業において，鋼板は製品である自動車の一部となっているので直接材料費であるが，接着剤は自動車本体を構成するものの，金額的に重要ではないため，製品個別に消費の記録が行われず間接材料費に分類される．

このように直接費と間接費に分類される材料は，その購入時点で材料の購入原価が以下のように計算される．

材料購入原価＝購入代価＋材料副費

　ここで，購入代価は材料の納入先から請求される金額である．材料副費は，引取運賃や検品などの材料購入に付随して発生する各種費用である．このように，材料の購入原価には材料が消費可能になるまでに要するすべての原価が含められる．

2）材料消費量と消費価格の計算

　材料の消費について，最も厳密かつ正確な計算を行うには受け入れた材料を個別に識別できるようにしておき，どの材料をどれくらい消費したかを明らかにして計算するという個別法を採用する必要がある．しかし，実際には，個々の識別はしないで，材料品目ごとに材料購入による受入と使用のための払出を絶えず記録する継続記録法が採用されている．ただし，そのような計算が困難である，あるいは金額的に重要ではない材料については，期末に棚卸を行って，消費量を決定することもできる．

　材料の受入と消費を継続的に記録する場合には，材料消費価格の決定が必要である．通常は同一の材料でも価格が異なることが多いため，次の4つの方法のうちいずれかを用いて，その消費価格を決定する．

① 先入先出法： 先に仕入れたものから払出・消費すると仮定して材料価格を決定する
② 移動平均法： 材料受入のたびに平均単価を計算し，材料消費価格とする
③ 総平均法： 期末に材料合計の平均単価を計算し，材料消費価格とする
④ 後入先出法： 最近仕入れたものから払出・消費すると仮定して材料価格を決定する

労務費の計算

1）労務費の分類

　さまざまな作業に対する支払である労務費は，基本的な作業に対する支払である労務主費と，労働力の調達・消費に付随して支払う労務副費に分類される．また，材料費と同様に，労務費も直接費と間接費に分類される．一般に，作業員は，製品の形成に直接働きかける作業をする直接工と，材料運搬や設備の保全など製品に直接働きかけてはいない作業を担当する間接工から構成されている．直接工が直接作業に従事した分への支払は直接労務費，間接工の賃金は間接労務費

である.ただし,直接工による間接作業への支払は間接労務費となる.さらに,工場には直接工と間接工のほかに,これら作業員を管理する現場の職長や工場の事務担当者などがいる.このような業務への支払は間接労務費となる.

2) 賃金と労務費の計算

上述したように,労務費はその消費形態によって直接労務費と間接労務費に分類される.間接労務費については通常,月給という形で支払額が決定しているため,計算は容易である.ところが,直接工については作業量に応じて賃金を支払うため,個人別にタイムカードや出勤簿などで賃金の支払対象となる時間を記録し,それに基づいて各人の賃金を決定しなければならない.1時間当たりの支払額である支払賃率をもとに,工員別の賃金は以下のように計算され支払われる.

$$支払賃金 = 支払賃率 \times 就業時間 + 加給金$$

このように,就業時間が賃金支払対象となるが,作業員の勤務時間は図3.7のような構成となっている.

直接工と同様に,間接工も各人の作業時間を測定して賃金の支払をすることが望ましいが,手数と費用の関係で行われず,間接工については月給の形で支払われることが多い.

さらに,上記の個人別の賃金の計算に加えて,製品の原価計算を行うためには,それぞれの製品が製造のためにどれくらい労務費がかかっているか,すなわち消費賃金の計算が重要である.直接労務費については,各製品ごとに直接工が何時間作業をしたかという直接作業時間を記録して,それに基づいて以下のように各製品の直接労務費が計算される.

$$直接労務費 = 直接工の消費賃率 \times 各製品の直接作業時間$$

ここで,消費賃率とは労務費の計算に適用される時間当たり賃金である.ただ

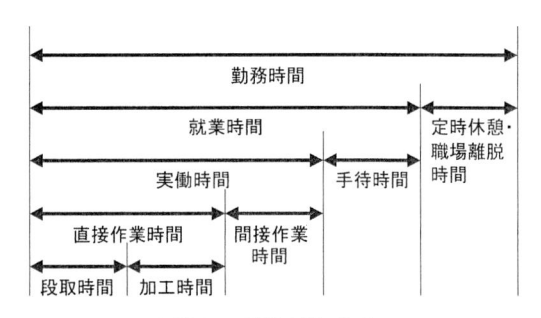

図 3.7 勤務時間の構成

し，この消費賃率は，各作業員個人について正確に把握するものから職種や工場全体の平均を計算するものまで多種多様である．作業員個人の消費賃率が採用されている場合には，次のように計算される．

$$消費賃率 = \frac{直接工の基本賃金＋加給金}{直接工の総就業時間}$$

この賃率計算において，分母および分子に期末の実績値を用いて計算すれば実際賃率であり，予定値をもって計算すれば予定賃率となる．

ところで，間接工については，上述のような作業の時間記録はとらず，月給が支払われる．この月給は月の中・下旬に締め切り，月末支払が一般的である．一方，原価計算は通常，暦月で労務費を計算する．したがって，労務費の計算において，給与計算期間と原価計算期間と一致しないという問題が生じる．そのため，給与計算期間に基づく月給を原価計算期間の労務費へと計算し直すために次の計算を行う．

原価計算期間の消費賃金＝当月の給与－前月未払賃金＋当月未払賃金

このようにして計算した原価計算期間の消費賃金は「要支払額」と呼ばれる．

経費の計算

経費は，物品，労働力以外の消費である．経費も直接費と間接費に分類される．直接経費としては，外注加工賃，特許権使用料などが挙げられる．間接経費は，次のように分類される．

① 支払経費： 実際の支払額や請求書等の金額をその期の経費とする
　　例：旅費交通費，事務用消耗品費
② 月割経費： 一括計算された金額を1カ月当たりの金額に月割りして，その原価計算期間の発生額とする
　　例：減価償却費，保険料
③ 測定経費： 測定票により金額を把握する
　　例：電力料金，ガス料金
④ 発生経費：実際発生額を把握して，その原価計算期間に負担させる
　　例：棚卸減耗費

3.4 原価の部門別計算

個別原価計算では，製造間接費の集計に際し，部門を設定して各部門ごとに製造間接費を計算する．そして，部門ごとに集計された製造間接費は，最終的に製品に割り当てられる．このように製造間接費の製品別配賦が行われる．このとき，直接費と異なり製造間接費は製品の実体を形成せず，製品との関連が見出しにくい原価を配賦しているため，配賦結果をもとに計算された製品原価の正確性については常に問題視されていることには注意する必要がある．ここでは，製品原価の計算手続きとして，一般に行われている製造間接費の部門別計算と配賦手続きについて説明する．

製造間接費の配賦

全部原価計算では，製造に要したすべての原価を製品に集計しなければならない．ここで，製造間接費は製品と直接的な関連がなく，製造した複数の製品に対して発生したものである．たとえば，間接経費として，1つの工場の電力料金は期末に判明するが，それぞれの製品が消費した電力は通常わからない．そのため，各製品に対して費やした直接工の作業時間が多いほど電力をたくさん使用しているなどの仮定を設定して，製造間接費を配賦する．このように，製造間接費の配賦とは，個々の製品，つまり原価計算表別には明白に集計できない原価の割り当てである．これを図示したのが図 3.8 である．

この配賦にあたって，どのような比率で製造間接費を製品に割り当てるかを決定するためには，上述した直接工の作業時間のような何らかの配賦基準を決めな

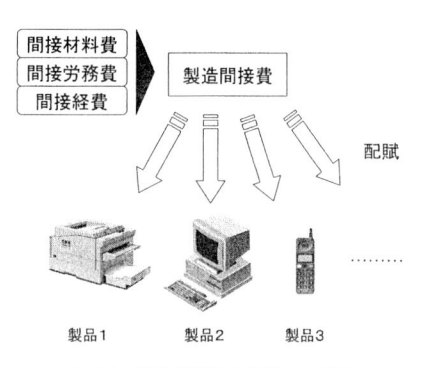

図 3.8 製造間接費の製品への配賦

ければならない．最終的には，製品製造において製造間接費の発生と因果関係をもつと考えられる数値を選択すべきである．その配賦基準を用いて，個別原価計算において製造間接費の配賦を行う場合，最も簡略化した計算では，間接費を部門別に集計しないで，次のような式に基づいて，期末に実際配賦が行われる．

$$製造間接費総括配賦率 = \frac{製造間接費総額}{配賦基準値総計}$$

$$各製品への配賦額 = 各製品の配賦基準値 \times 配賦率$$

ただし，実際配賦すると，毎期の偶然的な変動の影響を受けた配賦率となってしまうため，企業にとって正常とされる数値を配賦率の計算の分母と分子に適用すべきである．このように正常配賦を行うため，予定配賦率を用いるほうが望ましい．

部門別計算の手続き

次に製造間接費の配賦手続きとして，より正確な計算を行うために通常行われている，部門別の製造間接費の集計と配賦について説明する．

製造間接費は最終的に，上述のように個々の製品に配賦される．その集計にあたり，製品別計算の正確性を高めるため，また原価は部門別に管理することが有効であるため，図3.6のように業務内容ごとに部門を設定して詳細な計算が行われる．

原則的に，部門は製造部門と補助部門の2つに大別される．製造部門とは直接製品を製造する部門を指し，切削部門，組立部門，塗装部門などである．これに対し，補助部門とは製造部門を補助する業務を行う部門であり，修繕部門，資材部門，工場事務部門などである．複数の部門が設定されているという前提の下で，製造間接費の部門別計算の手続きを示すと次のようになる．

Step 1： 部門個別費（発生した部門が認識可能な製造間接費）を各部門に割り当てる．これは直課と呼ばれる．

Step 2： 部門共通費（発生した部門が認識不可能な製造間接費）を各部門に配賦する．

Step 3： 補助部門費を製造部門に配賦する．

Step 4： 製造部門費を製品に配賦する．

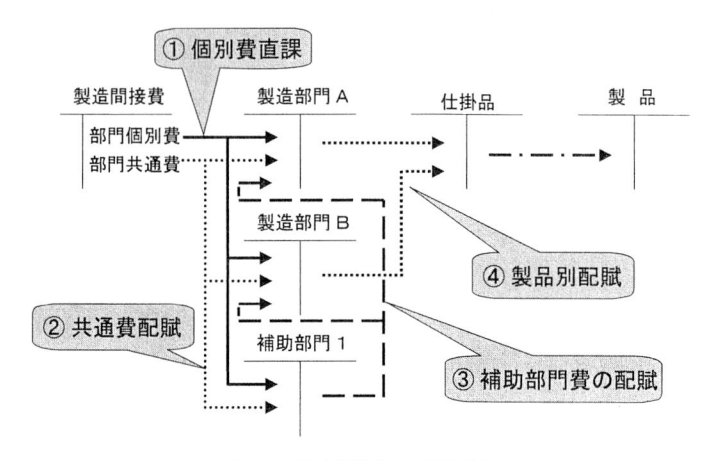

図 3.9 製造間接費の部門別計算

部門別計算の流れを示すと図 3.9 のようになる．これは図 3.5 に示した勘定連絡図の一部を切り取って詳しく示したものである．

Step 1～4 の製造間接費の部門別計算のうち，Step 4 については上述した製造間接費の製品への配賦が行われるので，ここでは Step 1～3 の計算方法を説明する．

Step 1： 部門個別費の直課

製造間接費はさまざまな費目で構成されているが，それらのなかには補修用材料のように，どこの部門で消費されたかが記録されているものもある．このような記録が行われている場合には，製造部門あるいは補助部門のうちどの部門で使用したかがわかるため，各部門の消費額は明らかである．このように，どの部門で消費したかが明らかな費用については，その消費した部門に直課，すなわち直接割り当てる．

Step 2： 部門共通費の配賦

部門共通費の例として，工場建物保険料が挙げられる．保険への加入は工場全体として行われるが，工場には複数の製造部門・補助部門があることが多いからである．これは製造間接費として，各部門に配賦されることになる．配賦するには，各部門に共通していて，配賦する費目と相関関係をもつ数値を配賦基準として選択する必要がある．たとえば，この保険料の場合には，広い面積を使用する部門ほど保険料を負担するべきと考え，各部門の占有面積に応じて配賦すること

が考えられる．このような配賦の計算は次のように行われる．

$$各部門配賦額 = \frac{部門共通費の金額}{配賦基準値合計} \times 各部門の配賦基準値$$

Step 3: 補助部門費の製造部門への配賦

製造間接費は部門ごとに集計され，最終的に製造部門の業務量に応じて製品に配賦される．製造間接費を製品に配賦するには，補助部門ごとに集計された製造間接費を製造部門へと配賦する必要がある．このとき，補助部門は製造部門へのサービス提供のために原価が発生していると考えて，それぞれの製造部門が補助部門から受けたサービス提供量に応じて，その製造間接費を配賦する．このとき問題となるのは，補助部門は製造部門のみならず，他の補助部門に対してもサービスを提供しているということである．たとえば，工場事務部門で行っている賃金計算などの事務サービスは，製造部門の作業員のみならず，補助部門の作業員についても行われている．そこで，このような補助部門間のサービス提供，つまり用役の授受を計算上，どのように扱うかによって，基本的には以下のような3つの方法がとられている．

① 補助部門間の用役の授受を全部無視する　………　直接配賦法
② 補助部門間の用役の授受を一部考慮する　………　階梯式配賦法
③ 補助部門間の用役の授受をすべて考慮する　……　相互配賦法

ここでは，例題を用いて，これら3つの計算方法を説明する．

【例題 3.3】 補助部門費の配賦

X社は実際個別原価計算を採用しており，製造間接費の計算は部門別計算を用いて行っている．補助部門費の配賦基準については「配賦基準に関するデータ」として以下に示している．さらに，部門個別費の直課と部門共通費の配賦はすでに行われている．その結果は「部門費集計結果に関するデータ」のとおりである．これらのデータに基づいて，それら補助部門費から製造部門への配賦を補助部門費配賦表により3つの方法で計算せよ．

配賦基準に関するデータ

	配賦基準	A製造部	B製造部	工場事務部	修繕部	材料部
工場事務部費	人員数	20人	10人	5人	2人	4人
修 繕 部 費	修繕回数	5回	5回	1回	—	1回
材 料 部 費	運搬回数	20回	40回	—	10回	—

部門費集計結果に関するデータ

	A製造部	B製造部	修繕部	工場事務部	材料部
部 門 費 合 計	800	1,000	60	180	210

① 直接配賦法（表3.1）

直接配賦法では，補助部門間のサービスのやりとりは無視される．たとえば，実際には工場事務部は他の補助部門のための業務も行っているが，すべての業務は製造部門のために行われ，コストが発生したと考えるのである．したがって，この補助部門で発生した製造間接費は，製造部門が受けたサービスの量に応じて，すべて製造部門へと配賦される．

材料部費については，仕入れた材料を製造部門に運搬するために発生していると考えて，その回数に応じて製造部門へと配賦する．

表 3.1 直接配賦法による補助部門費配賦表

	A製造部	B製造部	修繕部	工場事務部	材料部
部 門 費 合 計	800	1,000	60	180	210
材 料 部 費	70	140			
工場事務部費	120	60			
修 繕 部 費	30	30			
製 造 部 門 費	1,020	1,230			

（単位：万円）

A製造部へ： $70 = 210 \times \dfrac{20}{20+40}$ B製造部へ： $140 = 210 \times \dfrac{40}{20+40}$

同様に，工場事務部費と修繕部費もそれぞれの配賦基準に応じて製造部門に配賦すればよい．

② 階梯式配賦法（表3.2）

階梯式配賦法では，補助部門間のサービス授受の一部を考慮して補助部門費の配賦計算を行う．これは，補助部門費配賦表において，自部門より左に位置する

表 3.2 階梯式配賦法による補助部門費配賦表

	A製造部	B製造部	材料部	修繕部	工場事務部
部門費合計	800	1,000	210	60	180
工場事務部費	100	50	20	10	180
修繕部費	32	32	6	70	
材料部費	79	157	236		
製造部門費	1,011	1,239			

(単位：万円)
(注) 千円単位は四捨五入している．

製造部門および補助部門に配賦するという形で表される．しかし，サービスを受けているが，自部門より右に位置する部門へは配賦しない．したがって，この表では，どの補助部門から配賦をするかという配賦計算の順番を決定する必要がある．通常は，他の補助部門へのサービス提供先の数が多い部門から順に配賦するために，表の右から記入する．しかし，提供先の数が同じ場合には，部門費の合計額が多いものを右とするか，あるいはそれらの部門について互いのサービスの授受額を計算し，相手部門に対して，より多くのサービスを提供している部門を右側に記入する．ここでは，提供先の数が同じ部門については，部門費合計の大きさで順序づけることにする．

上記のとおり，配賦表を作成するには，まず補助部門の計算順を決定する必要がある．サービス提供先については，工場事務部と修繕部は他のすべての補助部門に提供しているので2部門，材料部は1部門である．よって，工場事務部費と修繕部費のどちらを表の右に記入し，最初に配賦するか決定しなければならない．そこで，部門別合計金額の多い工場事務部を右にし，先に配賦することにする．次に修繕部の配賦を行い，最後に材料部費を配賦する．

工場事務部費の配賦計算については，補助部門間のサービスの授受をすべて考慮し，製造部門のみならず，他の補助部門に対しても配賦する．たとえば，材料部に対する配賦額は次のように計算される．

$$\text{材料部へ：} \quad 20 = 180 \times \frac{4}{20+10+2+4}$$

他部門に対しても同様に計算される．

次に，修繕部費は，自部門の部門費合計に工場事務部から配賦を受けた額を加えたものを，表の自部門より左にある3つの部門に配賦する．ここで注意するべ

きことは，配賦基準に関するデータによれば，修繕部が工場事務部の修繕も行いサービスを提供していることである．しかし，上述のとおり，階梯式配賦法では，配賦表で自部門より右にある工場事務部向けのサービスは直接配賦法と同様に無視する．よって，自部門費と他部門からの配賦額の合計額は，材料部と2つの製造部門に対して提供したサービス量に応じて配賦する．なお，この計算では小数点以下第1位を四捨五入している．

$$\text{材料部へ：} \quad 6 \fallingdotseq (60+10) \times \frac{1}{5+5+1}$$

残りの2つの製造部門に対しても同様に計算すればよい．

部門別合計と他部門からの配賦額を合計した材料部費は，表の右側の修繕部に対するサービス提供を無視して2つの製造部門へと配賦する．B製造部門への配賦額は次のように計算される．A製造部にも同様に配賦する．

$$\text{B製造部へ：} \quad 157 \fallingdotseq (210+20+6) \times \frac{40}{20+40}$$

③ 相互配賦法（表3.3）

相互配賦法は他の方法に比べて詳細な計算方法である．相互配賦法には，簡便法としての相互配賦法，連続配賦法，連立方程式法という3つの計算方式があり，それぞれ計算の詳細さが異なる．ここでは，相互配賦法のなかで，実務上最も多く採用されている「簡便法としての相互配賦法」を説明する．

この方法では，配賦計算が2段階に分けて行われる．最初は補助部門間のサービス提供関係をすべて考慮して計算を行う（第1次配賦）．2回目には，直接配

表3.3 相互配賦法による補助部門費配賦表

	A製造部	B製造部	材料部	修繕部	工場事務部
部門費合計	800	1,000	210	60	180
工場事務部費	100	50	20	10	—
修繕部費	25	25	5	—	5
材料部費	60	120	—	30	—
合計	985	1,195	25	40	5
工場事務部費	3	2			
修繕部費	20	20			
材料部費	8	17			
合計	1,016	1,234			

（単位：万円）

（注）千円単位は四捨五入している．

賦法に従って，補助部門間のサービスの授受を無視して計算する（第2次配賦）．この方法による配賦計算の結果は表3.3のとおりである．なお，計算方法は階梯式配賦法および直接配賦法と同様である．

　これら製造間接費の部門別計算の手続きによって，製造間接費が製造部門に集計され，それが製品に配賦されて，最終的に製品原価が決定される．

　上述した3つの計算では，製造間接費の実際額を事後的に計算する方法を示したが，可能であればそれぞれの補助部門の予算を作成し，それに基づいて正常と考えられる予定配賦率を用いて，各部門へと配賦するのが望ましい．

3.5　原価の製品別計算

　個々の製品の原価を計算する方法は個別原価計算と総合原価計算の2つに大別される．個別原価計算では，直接費は原価計算の対象となる各製品ごとに直課され，製造間接費については上述した部門別計算の手続きによって製造部門に集計され，それが製品に配賦されることにより，個々の製品別の原価が計算できる．ここでは，もう1つの製品別の原価計算方法である総合原価計算の基礎的な計算方法について解説する．

総合原価計算の基本的な仕組み

　総合原価計算は同種の製品を大量生産する場合に適用される原価計算であり，化学製品や電器，自動車などの産業で採用されている．これらの産業では，1期間に同じ製品が大量に製造されている．全く同一の製品であれば，その1つ1つについて原価を計算する必要はなく，1期間の原価を製造した製品の総量で割ることにより，製品原価を求めることができる．このように，ある期間に製造した製品の平均単位原価として製品原価の計算を行うのが総合原価計算の特徴である．ここで最初に，月初仕掛品のない最も単純な例題で総合原価計算の仕組みを説明する．

【例題 3.4】
　当月の製造費用と生産データが次のように示されるとき，製品原価を求めよ．ただし月初に仕掛品はないと仮定する．

[当月製造費用]		[生産データ]	
原料費	1,400,000 円	当月完成品	100 kg
加工費	600,000 円	月末仕掛品	40 kg
	2,000,000	進捗度 原料費	100%
		加工費	50%

　この例題では進捗度という個別原価計算にはなかった用語が用いられている．進捗度とは，完成品に投入された原価と比較して，月末仕掛品にどの程度の原価が投入されているかを示す尺度である．材料は通常，製造工程の始点で投入されることが多い．たとえば，ある薬品が製造工程の始点ですべて投入されるとすれば，完成品の1 kgと月末仕掛品の1 kgとでは同じ量の材料が消費されていることになる．このため，完成途中であっても，同じ1 kgの材料費がかかっていると考えることができ，月末仕掛品であっても，材料費の進捗度は100%となる．一方，労務費の場合には，加工が進むにつれて作業が累積されていくため，完成品1 kgと月末仕掛品1 kgを比べると，それぞれに要した労務費は異なり，当然，労務費の発生額は仕掛品の方が少なくなる．このように進捗度を用いることにより，月末仕掛品に対する原価が計算できる．ただし，進捗度は，外見的な物理的完成度とは一致しないことに注意しなければならない．

　上述の個別原価計算では，製造原価を直接材料費，直接労務費，製造間接費に分類したが，総合原価計算では，原料費と加工費に分類することが多い．直接材料費と原料費は呼称が異なるが同じものである．直接労務費と製造間接費は両者とも，製造の進行につれて徐々に投入されるため，その進捗度は同じであることが多い．そこで，それらを一括して加工費とするのである．

　以上を踏まえて，この例題の解答を示すこととする．この例題の総合原価計算では，当月発生した原料費と加工費を，進捗度を考慮した月末仕掛品と完成品に配分する計算になる．まず月末仕掛品原価を計算し，次にそれを当月製造原価から差し引いて完成品原価を計算する．

▷ **解答**
① 月末仕掛品原価の計算
　月末仕掛品の原料費は，

$$400{,}000 \text{ 円} = \frac{1{,}400{,}000 \text{ 円}}{100 \text{ kg} + 40 \text{ kg} \times 100\%} \times 40 \text{ kg} \times 100\%$$

と計算される．ここで，月末仕掛品の量に進捗度をかけたもの（40 kg×100%）は，月

末仕掛品の完成品換算量と呼ばれ，月末仕掛品が完成品に比べてどの程度の原価が投入されているかを示す．ここでは，完成品 1 kg と月末仕掛品 1 kg の原料について原価は同じであると仮定している．
月末仕掛品の加工費は，

$$100{,}000 \text{ 円} = \frac{600{,}000 \text{ 円}}{100 \text{ kg} + 40 \text{ kg} \times 50\%} \times 40 \text{ kg} \times 50\%$$

と計算される．月末仕掛品原価はこれらを加えたものである．

$$\begin{aligned}
\text{月末仕掛品原価} &= \text{月末仕掛品原料費} + \text{月末仕掛品加工費} \\
&= 400{,}000 \text{ 円} + 100{,}000 \text{ 円} \\
&= 500{,}000 \text{ 円}
\end{aligned}$$

② 完成品原価

当月の製造費用は，完成品と月末仕掛品へと分けられるので，完成品全体の原価である完成品総合原価は，当月製造費用から月末仕掛品原価を差し引くことによって求められる．

$$\text{完成品総合原価} = 2{,}000{,}000 - 500{,}000 = 1{,}500{,}000 \text{ 円}$$

したがって，完成品単位当たりの原価は，完成品総合原価を完成品数量で割ることによって求められる．

$$\text{完成品単位原価} = \frac{1{,}500{,}000}{100} = 15{,}000 \text{ 円/kg}$$

このように，総合原価計算では，発生した原価を月末仕掛品と完成品に配分し，完成品についてはその平均単価を計算する．このとき，製品のうちで販売したものの原価は売上原価になり，販売されなかった製品の原価は棚卸資産となる．

総合原価計算

前節では，総合原価計算が当月製造費用の完成品と月末仕掛品への原価配分計算であることを確認した．ただし，月初仕掛品が存在しないため，当月製造費用の配分だけで計算が完了した．しかし，月初仕掛品が存在すると，完成品が，月初仕掛品を完成したものなのか，あるいは当月着手して完成したものなのかを考慮しなければ，完成品の原価は計算できない．たとえば，機械製造において，仕掛品が月初に 1 台あり，月末に 3 台完成し，2 台が仕掛品になっているとすると，この製品の原価を計算するには，この月初にあった 1 台が完成品となったのか，あるいは仕掛品のままなのかがわからないと製品，仕掛品の原価は計算でき

ない．このとき，先に着手したものから先に完成したと仮定すると，月初仕掛品完成のための残り作業により，まず1台完成し，次に当月着手したうちの2台が完成し，2台は完成途中の仕掛品に終わったと考えられる．それぞれに応じた進捗度をとれば完成品と仕掛品の原価が計算できる．このように，総合原価計算では，どのように作業して製品が完成したかというものの流れを仮定して，それに応じて原価を配分するのである．これには3つの考え方がある．

① 平　均　法………月初仕掛品は混在していて完成品にも月末仕掛品にも含まれている
② 先入先出法………月初仕掛品から先に完成させるための加工を行う
③ 後入先出法………常に新たな完成品を製造し，その後に月初仕掛品に着手する

ここでは，実際上採用されることの多い平均法と先入先出法について例題を用いて説明する．

【例題 3.5】

次の生産データ，原価データに基づいて，製品原価を求めよ．なお，原料は工程の始点で投入しており，（　）内は加工費の進捗度である．

```
        ［生産データ］                    ［原価データ］
    月初仕掛品  10,000 kg (50%)       月初仕掛品原価
    当月投入量  40,000 kg                原料費   50,000 円
    合　　計    50,000 kg                加工費   36,000 円

    月末仕掛品  20,000 kg (25%)       当月製造費用
    完　成　品  30,000 kg                原料費  300,000 円
    合　　計    50,000 kg                加工費  279,000 円
```

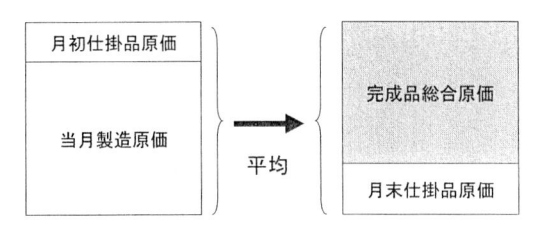

図 3.10　平均法

① 平均法

平均法における原価の配分については，図 3.10 のように考えることができる．平均法では，当期の製造にあたり，月初仕掛品も当月投入分も渾然一体となって加工し，最終的に期末に完成品と仕掛品になっている状況を想定している．したがって，月初仕掛品原価と当月製造費用を，完成品と月末仕掛品に配分すればよい．ただし進捗度が異なるため，原料費と加工費は別々に計算する必要がある．

◆ 月末仕掛品原価

$$月末仕掛品原価 = \frac{月初仕掛品原価 + 当月製造費用}{完成品量 + 月末仕掛品換算量} \times 月末仕掛品換算量$$

原料費：$\dfrac{50{,}000\ 円 + 300{,}000\ 円}{30{,}000\ kg + 20{,}000\ kg} \times 20{,}000\ kg = 140{,}000\ 円$

加工費：$\dfrac{36{,}000\ 円 + 279{,}000\ 円}{30{,}000\ kg + 20{,}000\ kg \times 25\%} \times 20{,}000\ kg \times 25\% = 45{,}000\ 円$

月末仕掛品原価 = 140,000 円 + 45,000 円 = 185,000 円

◆ 完成品総合原価および完成品単価

完成品総合原価
= 50,000 円 + 36,000 円 + 300,000 円 + 279,000 円 − 185,000 円
= 480,000 円

完成品単価 = $\dfrac{480{,}000\ 円}{30{,}000\ kg}$ = 16 円/kg

② 先入先出法

先入先出法では，先に加工したものから先に完成させると考えて原価配分する．図示すると図 3.11 のようになる．

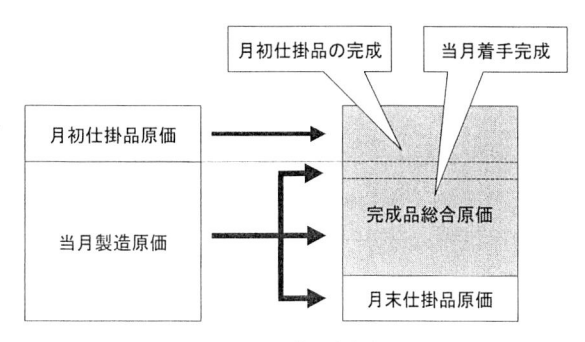

図 3.11 先入先出法

このように，前月途中まで完成した月初仕掛品は，引き続き加工して完成品とし，その完成後に新たな製造に着手する．その結果，完成品と月末仕掛品が製造される．図3.11のように，完成品は月初仕掛品を加工して完成させたものと当月になってゼロから着手して完成させたものとから構成される．当月の作業は，月初仕掛品が完成するまでの残りの追加加工作業，当月着手完成品の完成までの作業，月末仕掛品の加工作業であるため，当月製造費用をそれらに配分する．

◆ 月末仕掛品原価

月末仕掛品原価

$$= \frac{当月製造費用}{完成品量-月初仕掛品換算量+月末仕掛品換算量} \times 月末仕掛品換算量$$

この式の分母の（完成品量－月初仕掛品換算量）は，当月完成品のうちで，月初仕掛品に対して行われていた先月作業分を差し引いた，完成品に対する今月作業分である．分母は，これに月末仕掛品を加えた，今月作業分の全体であり，これらに対して当月製造費用を配分していることが図3.11からも明らかである．この問題の解答に際しても，進捗度が異なるため原料費と加工費は別々に計算する．原料費については，

$$原料費：\frac{300{,}000\text{ 円}}{30{,}000\text{ kg}-10{,}000\text{ kg}+20{,}000\text{ kg}} \times 20{,}000\text{ kg} = 150{,}000\text{ 円}$$

$$加工費：\frac{279{,}000\text{ 円}}{30{,}000\text{ kg}-10{,}000\text{ kg}\times 50\%+20{,}000\text{ kg}\times 25\%} \times 20{,}000$$
$$\times 25\% = 46{,}500\text{ 円}$$

月末仕掛品原価 $= 150{,}000$ 円 $+ 46{,}500$ 円 $= 196{,}500$ 円

◆ 完成品総合原価および完成品単価

完成品総合原価 $= 665{,}000$ 円 $- 196{,}500$ 円 $= 468{,}500$ 円

完成品単価 $= \dfrac{468{,}500\text{ 円}}{30{,}000\text{ kg}} = 15.6$ 円/kg

③ 後入先出法

後入先出法では，新たに加工するものから先に完成させ，その後に月初仕掛品を完成させると考えて原価配分する．このとき，月初仕掛品に取りかかれるかどうか，したがって月末仕掛品が月初仕掛品より小さくなるか大きくなるかによって，計算は違ってくる．これを図示したのが図3.12である．

1) 月初仕掛品換算量 ＞ 月末仕掛品換算量のとき

```
┌─────────────────┐   ┌─────────────────┐
│  月初仕掛品原価  │ ──▶│  月末仕掛品原価  │
├─────────────────┤   ├─────────────────┤
│                 │   │                 │
│   当期製造原価   │ ──▶│    完成品原価    │
│                 │   │                 │
└─────────────────┘   └─────────────────┘
```

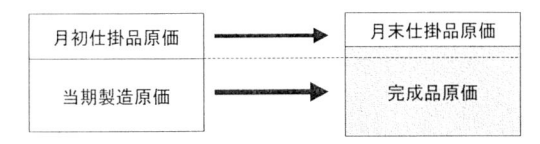

2) 月初仕掛品換算量 ＜ 月末仕掛品換算量のとき

```
┌─────────────────┐   ┌─────────────────┐
│  月初仕掛品原価  │ ──▶│  月末仕掛品原価  │
├─────────────────┤   │                 │
│                 │   ├─────────────────┤
│   当期製造原価   │ ──▶│    完成品原価    │
│                 │   │                 │
└─────────────────┘   └─────────────────┘
```

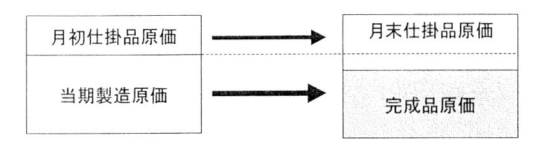

図 3.12　後入先出法

総合原価計算の類型

　上述した計算は，総合原価計算の体系のなかで最も基本的な純粋総合原価計算であった．それは，同一製品を1つの工程で製造している場合の総合原価計算である．実際には，このような単純な工程で製品を製造することは少ない．製品や企業の事情により，生産形態が異なるため，それに応じて原価計算の方法も異なる．これら各種計算方法の詳細は省略するが，一般的に総合原価計算は次のように分類される．

$$
総合原価計算 \begin{cases} 単純総合原価計算（単一種類の製品を生産）\\ 等級別総合原価計算（同種の等級別製品を生産）\\ 組別総合原価計算（同一工程で異種製品を生産）\end{cases}
$$

　ここで，等級別製品とは，同じ種類の製品でも，形や大きさなどが異なるために，原価計算上，区別するべき製品を指す．またこれらの原価計算方法のそれぞれについて，工程ごとに原価を集計する場合としない場合がある．例題3.5は工程をいくつかに分けた計算はしていないため，これは単一工程の総合原価計算ということになる．工程を分けて，工程ごとに原価を集計すれば，工程別総合原価計算となる．実際に，工場で原価計算を行う場合，これらの各種方法が融合したさまざまな計算が行われている．

4 リスク-リターンの概念と計算

　本章では，企業財務に関する理論や実務を理解するための基礎概念を解説する．本章で取り上げる資金の時間価値，リスク，リターン，ポートフォリオ，資本コストなどの概念は，企業が営業活動や財務活動において直面するリースか購入かの決定，最適な資金調達方法の選択，負債の返済や借り換え，企業価値や証券価値の推計，リスク・マネジメントなどのさまざまな問題において，明示的か暗黙的かにかかわらず，必ず考慮されている．

4.1 資金の時間価値

　「あなたは，現在の1万円と1年後に確実にもらえる1万円のどちらを選択しますか」．いま1万円をもらってすぐに預金すれば，1年後には1万円以上になることを考えれば，どちらを選択すべきかは明らかである．これは，同じ1万円でも，それが発生する時間によって価値が異なることを示している．一般に，異時点で発生する資金は異なる価値をもつ．その価値を資金の時間価値（time value of money）という．

将来価値

　現在投資した金額は将来どのような金額になるだろうか．いま100万円投資するとする．利子率（interest rate）が5%であるとすれば，1年後には，

$$100 \times (1+0.05) = 105$$

となる．これは，利子率が5%のときに，現在の100万円が，1年後の105万円と同じ価値をもつことを示している．このように，投資した結果は投資金額，利子率，投資期間を用いて表すことができる．それぞれを，PV, r, n年とすると，投資金額の将来価値（future value）FV_nは次のように表される．

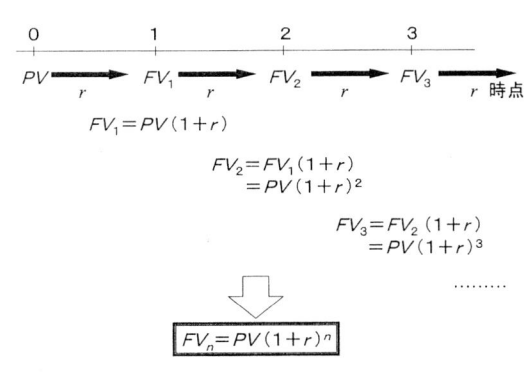

図 4.1 将来価値の計算

$$FV_1 = PV(1+r)$$
$$FV_2 = FV_1(1+r) = PV(1+r)^2$$
$$FV_3 = FV_2(1+r) = PV(1+r)^3$$
$$FV_n = PV(1+r)^n$$

まず，$n=1$，つまり 1 年後の将来価値 FV_1 は，

$$FV_1 = PV \times (1+r) \tag{4.1}$$

となる．2 年後（$n=2$）には，最初の投資金額（元本）に，1 年間投資して得られた利子が加えられた金額（ここでは FV_1）が投資されることになるので，

$$FV_2 = FV_1 \times (1+r) = PV \times (1+r)^2$$

となる．3 年後以降も同様に計算されるので，一般に n 年後の将来価値は次のような式で表すことができる．

$$FV_n = PV \times (1+r)^n \tag{4.2}$$

ここでいう利子率は複利（compound rate）であり，利子にも利子がつく．

【例題 4.1】

1) 100 万円を年率 8% で運用すると，3 年後にはいくらになるか．
2) 8 年前に投資した 100 万円が，今年 199 万円になった．平均収益率 r を求めよ．
3) 現在，1 年後，2 年後にそれぞれ同額ずつ預金する．利子率が年率 10% のとき，2 年後に 100 万円貯めるには，いくら預金すればよいか．

▷ 解答

$1{,}000{,}000 \times (1+0.08) = 1{,}080{,}000$

$1{,}080{,}000 \times (1+0.08) = 1{,}166{,}400$

$1{,}166{,}400 \times (1+0.08) = 1{,}259{,}712$

1) ⟶ $1{,}000{,}000 \times (1+0.08)^3 = 1{,}259{,}712$ 約 126 万円

2) $1{,}000{,}000 \times (1+r)^8 = 1{,}990{,}000$

これを r について解くと，$r = 8.98$ 約 9%

3) 預金額を L とすると，

$$L\times(1+0.10)^2 + L\times(1+0.10) + L = 1,000,000$$

これを L について解くと，$L=302,114.8$　　　　　　　　　　約 30.2 万円

現在価値

　財務上の意思決定には，現在の資金と将来の資金とのトレードオフを伴うことが多い．これらを比較するためには，現在の資金の価値と将来の資金の価値とを等しくする必要がある．1単位当たりの価値が異なるものを比較しても意味がないからである．そのために用いられるのが，将来発生する資金を現在価値（present value）に割り引くという方法である．

　たとえば，1年後の100万円は，現在どれだけの価値をもっているのだろうか．利子率を5%とすると，式（4.1）より次のように求めることができる．

$$x(1+0.05) = 100$$

$$\therefore\ x = \frac{100}{(1+0.05)} = 95.238$$

つまり，1年後の100万円は，利子率が5%のときに，現在の95.238万円と同じ価値をもつということになる．現在価値を求める場合には，この式において利子率に当たる変数は一般に割引率（discount rate）と呼ばれる．したがって，将来発生する資金の現在価値は，その資金額，割引率，期間を用いて表すことができる．それぞれを，CF_n，r，n 年とすると，次のように表される．

　まず $n=1$，つまり1年先に発生する資金 CF_1 の現在価値 PV_1 は，

$$PV_1 = CF_1 \times \frac{1}{(1+r)} \tag{4.3}$$

となる．2年先に発生する資金を割り引く場合（$n=2$ の場合）には，2年先の資金を1年分割り引くと1年先の価値 MV になり，さらに1年分割り引くと現在価値 PV_2 で表されることになる．

$$MV = CF_2 \times \frac{1}{(1+r)}$$

$$PV_2 = MV \times \frac{1}{(1+r)} = \left\{CF_2 \times \frac{1}{(1+r)}\right\} \times \frac{1}{(1+r)} = CF_2 \times \frac{1}{(1+r)^2}$$

3年以上先に発生する資金についても同様に計算することができるので，n 年先に発生する資金の現在価値 PV_n は，一般に次のように求められる（付表参照）．

$$PV_n = CF_n \times \frac{1}{(1+r)^n} \tag{4.4}$$

4.1 資金の時間価値

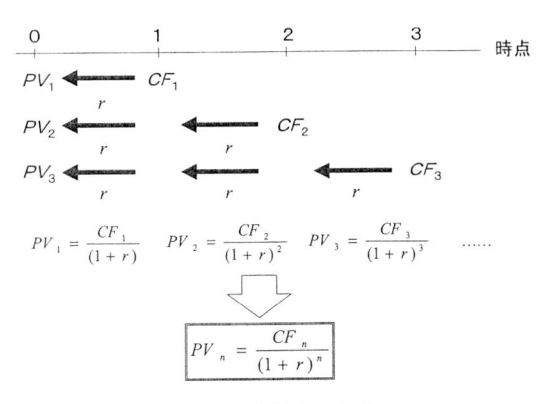

図 4.2 現在価値の計算

式 (4.4) を用いることにより，将来の任意の時点に発生する資金の現在価値を求めることができるが，証券や投資プロジェクトなどでは資金が複数時点で発生することが多い．このような場合には，図 4.3 のように，将来の各時点で発生する資金の現在価値を求め，それらの総和をとればよい．n 年先に発生する資金 CF_n の現在価値を PV_n とすれば，将来発生する資金全体の現在価値 PV は次のように表される．

$$PV = PV_1 + PV_2 + PV_3 + \cdots + PV_n$$
$$= \frac{CF_1}{(1+r)} + \frac{CF_2}{(1+r)^2} + \frac{CF_3}{(1+r)^3} + \cdots + \frac{CF_n}{(1+r)^n} \quad (4.5)$$

また証券のなかには，毎年一定額のクーポンが支払われる債券のようなものもある．このような資産の現在価値は，式 (4.5) において，将来の各時点で発生する資金額をすべて一定額 CF に置き換えることにより求められる．

$$PV = PV_1 + PV_2 + PV_3 + \cdots + PV_n$$
$$= \frac{CF}{(1+r)} + \frac{CF}{(1+r)^2} + \frac{CF}{(1+r)^3} + \cdots + \frac{CF}{(1+r)^n}$$
$$= CF \times \left\{ \frac{1}{(1+r)} + \frac{1}{(1+r)^2} + \frac{1}{(1+r)^3} + \cdots + \frac{1}{(1+r)^n} \right\}$$
$$= CF \times \frac{(1+r)^n - 1}{r(1+r)^n}$$

このとき，現在価値は一定の資金額 CF に，割引率と期間で表されるある係数をかけることによって求められる．この係数は年金現価係数と呼ばれる（付表参照）．

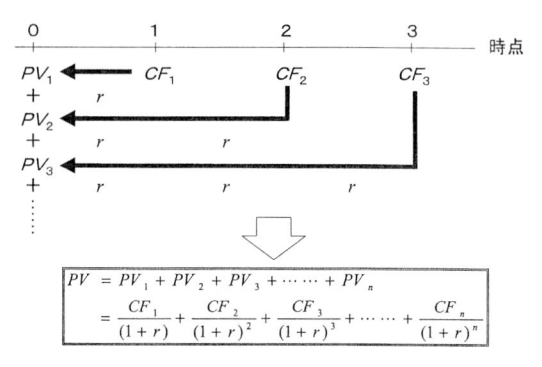

図 4.3 複数時点で発生する資金の現在価値

【例題 4.2】

1) 利子率が年率 5% のとき，5 年後に 300 万円貯めるには，現在いくら必要か．
2) ある野球選手が年俸 2 億円で 3 年契約を結んだ．年俸は年末に支払われ，割引率は 12%/年とする．この契約の現在価値を求めよ．
3) 現在から 10 回にわたって毎年 360 万円ずつ支払われる金融商品がある．この金融商品の現在価値を求めよ．割引率は 8% とする．

▷**解答**

1) $\dfrac{300}{(1+0.05)^5} = 235.06$　　　　　　　　　　　　　　　　約 235 万円

2) $\dfrac{2}{(1+0.12)} + \dfrac{2}{(1+0.12)^2} + \dfrac{2}{(1+0.12)^3} = 4.804$　　　　約 4.8 億円

3) $360 + \dfrac{360}{(1+0.08)} + \dfrac{360}{(1+0.08)^2} + \cdots + \dfrac{360}{(1+0.08)^9}$

   $= 360 \left\{ 1 + \dfrac{1}{(1+0.08)} + \dfrac{1}{(1+0.08)^2} + \cdots + \dfrac{1}{(1+0.08)^9} \right\}$

   $= 2608.88$　　　　　　　　　　　　　　　　　　　　　　　約 2,609 万円

資金の時間価値の決定要因

以上のように，資金は，遠い将来に発生するより近い将来に発生する方が，つまり現在により近い方が価値が大きい．この差はどういう要因によって決定されるのだろうか．資金の時間価値の大きさを決定しているのは，利子率あるいは割引率であり，これらは資金の機会費用（opportunity cost）を表す．

資金を投入する機会は数多く存在し，実物資産にも金融資産にも投入できる．均衡においては，実物資産からのリターンと金融資産からの利子率あるいはリタ

ーンは等しくなる．例えばイノベーションによって，実物資産からより多くの製品・サービスが生み出されるようになり，リターンが上昇すると，金融資産からの期待リターンも上昇する．このように，資金の機会費用は，実物資産の生産性に依存する．しかし，これだけでは，資金の貸借関係は説明できない．

われわれは，意識しているか意識していないかに関係なく，より大きい効用（utility）を求め，現在あるいは将来の資金の価値を考えて，消費するか貯蓄し投資するかを決定している．資金の需要者は，現在の所得以上の購買力を欲しており，そのため将来の所得から得られる効用の一部をあきらめる．これに対し，資金の供給者は，将来においてより大きい効用を得るために，現在の所得から得られる効用の一部をあきらめる．このとき，投資が行われるためには，消費の一部をあきらめることに対して，何らかの見返りが獲得できる必要がある．すなわち，将来受け取る資金の価値が，現在放棄する資金の価値を上回っていなければならない．この結果，現在の消費に対する選好（preference）が強いほど，将来の資金より現在の資金の価値がより大きくなる．最初の質問に戻れば，1年後の確実な1万円より現在の1万円を選ぶ可能性が高いのである．

これを別の視点からみると，現在時点では，将来の購買力を欲する人から現在の購買力を欲する人に資金が流れ，将来時点では資金が逆に流れるということになる．このとき，資金の供給者が現在の所得の一部を投資することによって獲得

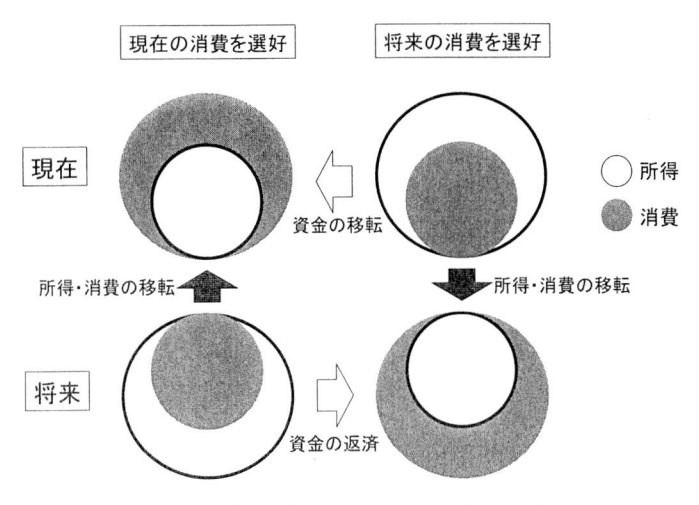

図 4.4 所得・消費の移転と資金の移転との関係

できると期待する富の増加率が，あるいは逆に資金の需要者が現在の所得以上に消費することを選択した場合に直面する富の減少率が，利子率ということになる．

このように，利子率とは，購買力を時間的に移転する，また資金の供給者から需要者に移転する場合の相対コストあるいは相対価格を表している．このため，この購買力に影響を与えるインフレーションも，資金の時間価値の決定要因ということになる．期待インフレは，資金の相対的な購買力，すなわち資金と財・サービスとの交換比率の変化を予見させるので，利子率に反映されることになる．

資金が供給者から需要者に移転される場合には，需要者が将来においてどれくらい確実に資金を返済できるかということも問題になる．不確実性（uncertainty）が存在する下では，需要者が将来において資金を返済するだけの所得を確実に獲得できるとは限らない．その場合には，債務不履行が生じる．資金の供給者は，債務不履行によって生じる損失が補償されるだけの見返りがなければ資金を提供しようとはしないだろう．この結果，債務不履行の可能性が利子率に反映されることになる．

4.2 リスクとリターン

「ハイリスク-ハイリターン，ローリスク-ローリターン」という言葉は，現在では日常的に用いられるようになっている．ファイナンスにおいて，「危険」とは何を指し，「危険を冒す」とはどういう行動をとることなのだろうか．また「危険を冒す」ことに対する「見返り」とはどのように求められるのだろうか．

1 資産のリスクとリターン

ある資産に1期間投資した場合に獲得できるリターン（return）は通常，次のように表される．

$$\text{リターン} = \frac{\text{期末価格} - \text{期首価格}}{\text{期首価格}} \tag{4.6}$$

これは，資産価格の変動によって，リターンがもたらされることを示している．これがキャピタル・ゲイン（ロス）（capital gain/loss）である．

この資産が株式であれば配当が得られ，債券であればクーポンの支払を受ける

ことがある．これらは，資産価格の変動に関係なく，獲得することができる．これがインカム・ゲイン（income gain）である．インカム・ゲインを考慮すると，たとえば株式の場合には，式（4.6）は次のように修正される．

$$\text{リターン} = \frac{\text{期末価格} - \text{期首価格} + \text{配当}}{\text{期首価格}} \quad (4.7)$$

このように，リターンはキャピタル・ゲイン（ロス）とインカム・ゲインの和として定義される．

過去のデータを用いてリターンを計算するのは簡単である．しかし，われわれが知りたいのは将来のリターンである．いま，ある資産に投資するとしよう．この投資から得られると期待されるリターン（expected return）を計算するには，将来の資産価格と期待されるインカム・ゲインを予測しなければならない．この結果，式（4.7）は次のように修正される．

$$\text{期待リターン} = \frac{\text{期待価格} - \text{現在価格} + \text{期待配当}}{\text{現在価格}} \quad (4.8)$$

このとき，資産の期待価格，したがって期待リターンは，安全資産でない限り，ただ1つの値に決まることはない．すなわち，確率1である1つの値をとるということはない．多くの場合，期待リターンは，p_1 の確率で r_1％ になり，p_2 の確率で r_2％ になるというように分布すると考えられる．通常，資産の期待価格や期待リターンは連続的なスケールで測定されるので，図4.5の（a），（b）に示されているような確率分布（stochastic distribution）が描かれる．このような場合，確率的に変動する資産価格あるいはリターンの期待値は，起こりうる値とその確率をかけた総和をとることによって求められる．起こりうる値を $\tilde{r}_i$，その生起確率を p_i とすると，リターンの期待値 $E(\tilde{r}_i)$ は，次のように表される．

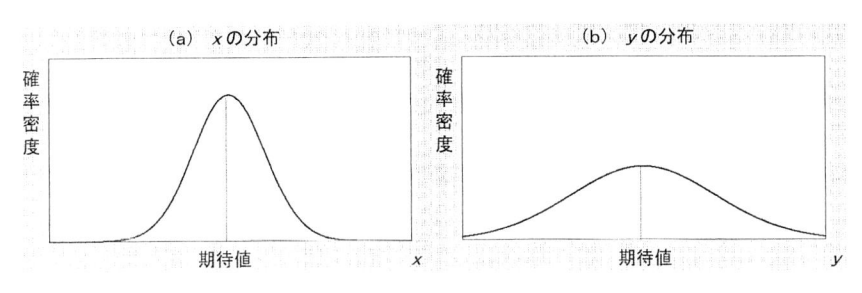

図 4.5 確率変数の分布

$$E(\tilde{r}_i) = \sum p_i \tilde{r}_i \tag{4.9}$$

ここで，$E(\cdot)$ は期待値，〜（チルダ）は確率変数であることを表す．

ファイナンスでは，リスク（risk）は，リターンの変動の大きさあるいは期待値からのばらつきの大きさで測定される．確率的に変動する値の変動性（volatility）を調べるのに用いられる測度が分散（variance）σ^2 あるいは標準偏差（standard deviation）σ である．分散は次のように期待値からの距離として計算される．

$$\sigma^2 = \sum p_i [\tilde{r}_i - E(\tilde{r}_i)]^2 \tag{4.10}$$

図 4.5 (a)，(b) には確率変数 $\tilde{x}$，$\tilde{y}$ の分布が示されている．両者を比較すると，$\tilde{x}$ の方が期待値周辺に集中して分布しておりばらつきが小さく，$\tilde{y}$ の方が分布の裾が広がっておりばらつきが大きいことがわかる．このとき，分散あるいは標準偏差の値は $\tilde{y}$ の方が大きく，リスクが大きいということになる．

【例題 4.3】
今後 1 年間の経済状態，その生起確率および各状態における資産 X のリターンが次のように予想されている．資産 X の期待リターンと標準偏差を求めよ．

経済状態	生起確率	リターン
I	20%	-5.5%
II	20%	0.5%
III	20%	4.5%
IV	20%	9.5%
V	20%	16.0%

▷解答
期待リターン：
$$E(r_x) = 0.2(-0.055) + 0.2(0.005) + 0.2(0.045) + 0.2(0.095) + 0.2(0.16)$$
$$= 0.05$$

分散：
$$\sigma^2(r_x) = 0.2(-0.055 - 0.05)^2 + 0.2(0.005 - 0.05)^2 + 0.2(0.045 - 0.05)^2$$
$$+ 0.2(0.095 - 0.05)^2 + 0.2(0.16 - 0.05)^2$$
$$= 0.00544$$

標準偏差： $\sigma(r_x) = \sqrt{0.00544} = 0.0737564$

ポートフォリオのリスクとリターン

ほとんどの投資家が，1つの資産に資金を集中させることはない．さまざまな株式や債券，不動産，貴金属などから構成されるポートフォリオ（portfolio）を保有している．ポートフォリオという言葉は，もともと紙ばさみや書類入れを意味するが，証券や証書をこれにはさんで保管したり持ち運んだことから，さまざまな証券から構成される資産全体を意味するようになった．

ポートフォリオを保有している投資家の場合には，個々の資産のリスクとリターンよりも，ポートフォリオ全体のリスクとリターンがどうなるかということが問題になる．そもそも，投資家が多種多様な資産から構成されるポートフォリオを保有する動機は，リターンの変動を削減できることにある．ポートフォリオに含まれる各資産価格が完全な正の相関をもたない限り，分散投資（diversification）によるリスク削減効果が生じる．すなわち，ポートフォリオのリターンの変動性は，それを構成している資産のリターンの変動性の平均より小さくなるのである．このリスク削減効果は，ポートフォリオに含まれる資産の数が増えるにつれ大きくなる．ただし，限界的な減少幅は小さくなる．これを示したのが図4.6である．

ここで，分散投資によって削減できるのは，ポートフォリオに含まれる資産に固有のリスクであるという点に注意しなければならない．言い換えれば，どんなに分散投資しても，どうしても回避できないリスクが存在する．これが，組織的リスク（systematic risk）あるいは市場リスク（market risk）である．たとえば，経済成長率の変動，利子率の変動，原油価格やエネルギー価格の急激な変化

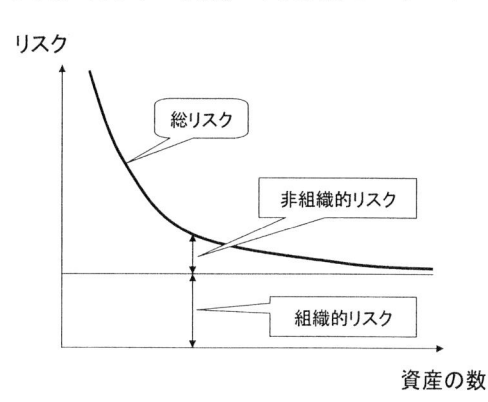

図 4.6 ポートフォリオのリスク削減効果

などは，多かれ少なかれすべての企業に影響を与える．このような共通要因のために，資産価格が同時に同じ方向に変動する傾向が生じるのである．これに対し，個々の資産，個々の企業やそのライバルにしか影響を与えない要因も存在する．たとえば，新製品の開発，企業買収，原材料価格の変動などが挙げられる．このような要因に起因するのが非組織的リスク（unsystematic risk）あるいは固有リスク（idiosyncratic risk）である．したがって，ポートフォリオのリスクは2つに大別される．

　　　総リスク＝組織的リスク＋非組織的リスク
　　　　　　　＝市場リスク＋固有リスク

ポートフォリオの期待リターンは，ポートフォリオを構成している各資産の期待リターンの加重平均（weighted average）になる．そのウエイトは，各資産がポートフォリオに占める価値の大きさ，すなわち総投資額に対する各資産への投資額の比率に等しい．ポートフォリオの期待リターン $E(\tilde{r}_p)$ は，各資産の期待リターン $E(\tilde{r}_i)$ とウエイト w_i を用いて，次のように表される．

$$E(\tilde{r}_p) = \sum w_i \times E(\tilde{r}_i) \tag{4.11}$$

たとえば，2資産から構成されるポートフォリオの場合には，その期待リターンは次のように表される．

$$E(\tilde{r}_p) = w_1 E(\tilde{r}_1) + w_2 E(\tilde{r}_2) \tag{4.12}$$

ポートフォリオの分散あるいは標準偏差は，上述したように，分散投資によるリスク削減効果があるため，個々の資産の分散あるいは標準偏差だけでなく，各資産の期待リターンの共変動も考慮しなければならない．これを示す指標が相関係数（correlation）である．たとえば，2資産 i, j から構成されるポートフォリオを考えてみよう．2資産 i, j の相関係数 ρ_{ij} は，-1 から $+1$ 間での値をとる．正の相関は資産の期待リターンが同方向に，負の相関は資産の期待リターンが逆方向に動く傾向があることを意味する．相関がないこと，すなわち $\rho_{ij}=0$ は，2つの資産の期待リターンが独立に変動することを意味する．2つの資産の期待リターンが共変動する傾向は，相関係数を用いた統計測度である共分散（covariance）$\rho_{ij}\sigma_i\sigma_j$（$\sigma_{ij}$ と書くこともある）で表すことができる．このとき，2資産の期待リターンの相関あるいは共分散が，正の小さい値あるいは負の大きい値をとるほど，分散投資によるリスク削減効果は大きくなる．2資産から構成されるポートフォリオの分散は，次のように計算される．

4.2 リスクとリターン

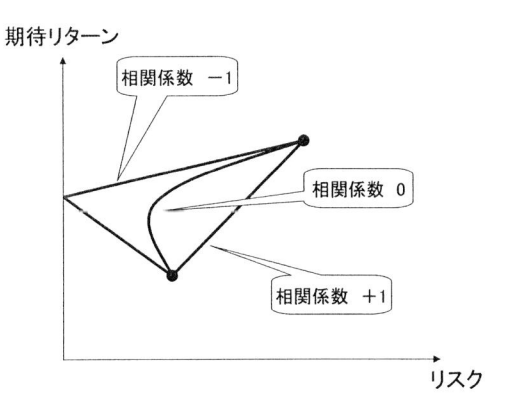

図中ラベル：期待リターン，相関係数 −1，相関係数 0，相関係数 +1，リスク

図 4.7 ポートフォリオのリスクとリターン

$$\sigma_p^2 = w_1^2\sigma_1^2 + w_2^2\sigma_2^2 + 2w_1w_2\rho_{12}\sigma_1\sigma_2 \tag{4.13}$$

2資産から構成されるポートフォリオの期待リターンとリスクとの関係は，相関係数あるいは共分散の大きさに依存して，図4.7のように描かれる．

【例題 4.4】

今後1年間の経済状態，その生起確率および各状態における資産X, Yのリターンが次のように予想されているとき，資産XとYを50％ずつ保有する場合における期待リターンと標準偏差を求めよ．

経済状態	生起確率	Xのリターン	Yのリターン
I	20%	−5.5%	35%
II	20%	0.5%	23%
III	20%	4.5%	15%
IV	20%	9.5%	5%
V	20%	16.0%	−8%
		5.0%	14%

▷解答

期待リターン： $E(r_p) = 0.5(0.05) + 0.5(0.14) = 0.095$

共分散：
$Cov(r_x, r_y) = 0.2(-0.055-0.05)(0.35-0.14) + 0.2(0.005-0.05)(0.23-0.14)$
$\qquad + 0.2(0.045-0.05)(0.15-0.14) + 0.2(0.095-0.05)(0.05-0.14)$
$\qquad + 0.2(0.16-0.05)(-0.08-0.14)$
$\qquad = -0.01088$

分散： 例題4.3より資産Xの分散は0.00544，同様の計算より資産Yの分散は0.02176になる．
$$\sigma^2(r_p) = (0.5)^2(0.00544) + (0.5)^2(0.02176) + 2(0.5)(0.5)(-0.01088)$$
$$= 0.00136$$
標準偏差： $\sigma(r_p) = \sqrt{0.00136} = 0.036878$

最適なポートフォリオ選択

多種多様な資産をさまざまに組み合わせることによって，無数のポートフォリオを構築することができる．しかし，合理的な投資家は，その一部にしか関心をもたない．なぜなら，期待リターンが同じであれば，リスクが最小になるポートフォリオを選択するであろうし，リスクが同じであれば，期待リターンが最大になるポートフォリオを選択するという投資原則に従うからである．このようなポートフォリオは，効率的ポートフォリオと呼ばれ，有効フロンティア（efficient frontier）という曲線上に位置する．図4.8には，投資機会集合とその部分集合である効率的ポートフォリオが描かれている．効率的ポートフォリオの集合である有効フロンティアは，点Aと点Bを結んだ曲線で示される．

有効フロンティアにも無数のポートフォリオが存在している．これらのポートフォリオは，それぞれに異なるリスク-リターンのトレードオフを表しているが，どれ1つとして他のポートフォリオより優れているものは存在しない．投資家は，それぞれの効用やリスク選好に応じて，有効フロンティアに位置するポートフォリオから1つを選択する．一般的に，リスク回避的な投資家ほど点Aに近

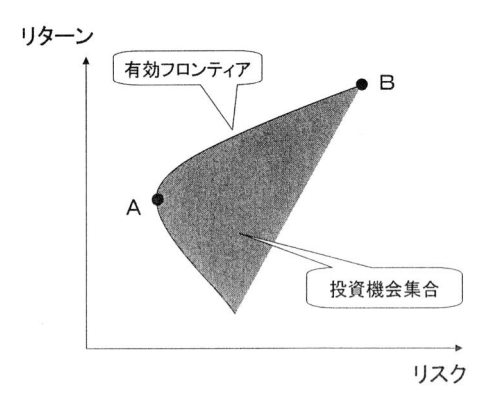

図4.8 投資機会集合と有効フロンティア

いポートフォリオを，より高いリターンを求める投資家ほど点Bに近いポートフォリオを選択する．

4.3 資本資産評価モデル（CAPM）

ここまでは，リスクのある資産およびポートフォリオのリスク-リターンがどのように計算され，最適なポートフォリオがどのように選択されるかについて述べてきた．しかし，市場にはリスクのない安全資産も存在している．ここでは，市場におけるリスク-リターン関係について考察することにしよう．

資本市場線（CML）

これまでは，リスクのある資産から構成されるポートフォリオのみを検討してきたが，ここからは安全資産が利用可能であると仮定する．このとき，投資家は，資金の一部を安全資産に，残りを有効フロンティア上の効率的ポートフォリオに投資する．この安全資産と効率的ポートフォリオで構成されるポートフォリオは，安全資産のリターンである r_f と効率的ポートフォリオを結ぶ直線で示される．合理的な投資家であれば，より小さいリスクとより大きいリターンという投資原則に従うであろうから，これらの直線群のなかから，r_f と有効フロンティアの接点を結ぶ直線を選択するだろう．この直線が資本市場線（capital market line；CML）である．これを示したのが図4.9である．この r_f と有効フロンティアの接点Mを結んだCMLのうち，外分点に当たる部分にあるポートフ

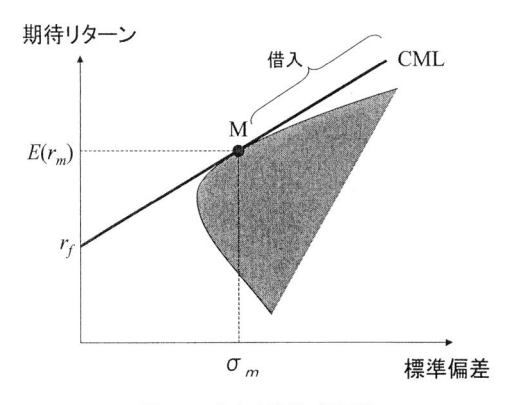

図 4.9 資本市場線（CML）

オリオでは r_f で安全資産を借り入れて投資を行っている．

投資家が同質的な期待をもつと仮定すれば，すべての投資家が，安全資産と効率的ポートフォリオMを組み合わせたポートフォリオをもつことになる．このとき，市場が均衡するためには，Mは市場ポートフォリオ（market portfolio）にならなければならない（後述）．すべての投資家が市場ポートフォリオを保有するならば，非組織的リスクはなくなり，組織的リスクのみを考慮すればよいということになる．

Mの座標を $(\sigma_m, \tilde{r}_m)$ とすれば，CMLは切片が r_f で傾きが線 $(\tilde{r}_m - r_f)/\sigma_m$ の直線となる．ここで $(\tilde{r}_m - r_f)$ は市場リスク・プレミアムと呼ばれ，これを市場ポートフォリオMの標準偏差 σ_m で割った値がリスクの価格になる．なぜなら，投資家がリスク1単位に対して要求するリスク・プレミアムを表しているからである．この結果，CML上にあるポートフォリオの期待リターン $\tilde{r}_p$ は次のような式で表される．

$$\tilde{r}_p = r_f + \frac{\tilde{r}_m - r_f}{\sigma_m} \times \sigma_p \tag{4.14}$$

この式は，ポートフォリオの期待リターンが，安全資産のリターン（無危険利子率）とリスク・プレミアムから構成され，さらにリスク・プレミアムは，リスクの価格とポートフォリオのリスク（ここでは標準偏差）から計算され，リスクの大きさに正比例することがわかる．

　　ポートフォリオPの期待リターン
　　　　＝安全資産のリターン＋ポートフォリオPのリスク・プレミアム
　　　　＝安全資産のリターン＋リスク価格×ポートフォリオPの標準偏差

資本資産評価モデル（CAPM）

いま，市場が均衡しているとする．均衡では，すべての資産について需要と供給が一致し，超過需要は存在しない．言い換えれば，すべての資産について需要と供給が一致するように，各資産の価格が調整されているということになる．これは，すべての投資家が希望通りのポートフォリオを保有していることを意味する．そこで，各投資家が保有するポートフォリオを合算して，市場全体で保有しているポートフォリオを求めると，それは各投資家が保有しているポートフォリオに一致する．すなわち，均衡では，すべての投資家が市場ポートフォリオをも

つ.

このとき，市場ポートフォリオに占める各個別資産のウエイトは，市場価値で表される．各個別資産の市場価値は，資産量に市場価格をかけることによって求められる．すなわち，市場ポートフォリオとは，すべての資産が，次のような市場価値に基づくウエイト w_i で保有されることによって構築されたものである．

$$w_i \equiv \frac{資産 i の市場価値}{すべての資産の市場価値}$$

個別資産のリスクは，市場ポートフォリオのリターンの動きに対する感度によって決まる．各資産のリターンの，市場リターンの動きに対する感度は β（ベータ）と呼ばれ，これは組織的リスクの大きさを表す．資産 i のベータ β_i は，資産 i のリターンと市場リターンとの共分散 σ_{im} を市場リターンの分散 σ_m^2 で割ることによって求められる．

$$\begin{aligned}\beta_i &= \frac{\sigma_{im}}{\sigma_m^2} \\ &= \frac{\rho_{im}\sigma_i\sigma_m}{\sigma_m^2} \\ &= \frac{\rho_{im}\sigma_i}{\sigma_m}\end{aligned} \tag{4.15}$$

ここから，ベータとは，各資産の標準偏差のうち，市場ポートフォリオのリスクに寄与する部分 $\rho_{im}\sigma_i$ を表していることがわかる．したがって，$w_i\beta_i$ は，市場ポートフォリオのリスクに対する相対的な寄与度ということになる．

個別資産の期待リターンは，無危険利子率（risk-free rate）とリスク・プレミアム（risk premium）に分解することができる．無危険利子率は，安全資産のリターンを測定することによって得られるので，問題はリスク・プレミアムということになる．市場ポートフォリオという十分に分散したポートフォリオを保有する投資家は，ベータで測定される資産の組織的リスクのみを考慮すればよい．それでは，各資産について，ベータとリスク・プレミアムとの間には，どのような関係があるのだろうか．

この関係を与えるのが，シャープ，リントナー，モッシンによってそれぞれ独自に導き出された CAPM（資本資産評価モデル，capital asset pricing model）である．CAPM によれば，ベータとリスク・プレミアムとの間には，次のような比例関係がある．

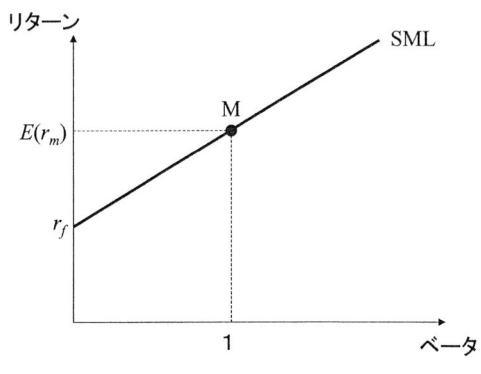

図 4.10 証券市場線（SML）

$$E(\tilde{r}_i) - r_f = \beta_i [E(\tilde{r}_m) - r_f] \tag{4.16}$$

式（4.13）から CAPM の式が得られる．

$$E(\tilde{r}_i) = r_f + \beta_i [E(\tilde{r}_m) - r_f] \tag{4.17}$$

式（4.14）は，個別資産の期待リターンが，無危険利子率と，各資産のベータに市場リスク・プレミアムをかけたリスク・プレミアムから構成されることを示している．この線形関係は証券市場線（security market line；SML）と呼ばれ，これを図示したのが図 4.10 である．

ただし，CAPM は，次のような投資家や市場に関する仮定をおいた仮説的な世界で展開されていることに注意する必要がある．

① 投資家は，期待効用（expected utility）を最大化するリスク回避的な（risk averse）個人である．
② 投資家は，プライス・テイカー（price taker）であり，資産のリターンに関して同質的な期待をもつ．
③ 安全資産が存在し，投資家は無危険利子率で無制限に貸借できる．
④ すべての資産は，市場性をもち，無限に分割可能である．
⑤ 市場に摩擦はなく，情報にはコストがかからない．また，すべての投資家が情報を同時に入手できる．
⑥ 税金，規制，空売り（short selling）の禁止などの市場の不完全性は存在しない．

これらの仮定は非現実的であるが，ほとんどの仮定は CAPM の重要な性質を

損なうことなく，緩和することができる．

【例題 4.5】
株式Zのベータが1.20，無危険利子率が6%，市場ポートフォリオの期待リターンが16.0%のとき，株式Zの期待リターンを求めよ．
▷解答
$$r_Z = 0.06 + 1.20 \times (0.16 - 0.06) = 0.18 \qquad 18\%$$

4.4 資本コスト

資本コスト (cost of capital) は2つの視点から捉えられる．1つは資金を提供する側の視点であり，もう1つは資金を調達する側の視点である．

資金提供者の側からみると，資本コストは資金の機会費用として捉えられる．一般に，企業に資金を提供する債権者や株主といった投資家は，将来リターンを得られると期待する投資機会を数多くもっている．そのとき，投資家がある特定の投資機会に資金を投下するということは，それ以外の投資機会から獲得できる期待リターンをあきらめることを意味する．この犠牲にしなければならない投資機会の期待リターンは，別の選択をしたために獲得可能な潜在的リターンが失われたという意味で機会費用と呼ばれる．投資家は，負担している機会費用に等しいだけのリターンを要求する．すなわち，資本コストは，資金提供者の要求する最低限のリターンということになる．

一方，資金の提供を受ける企業側からみると，企業が資金提供者に対して支払わなければならない必要最低限のリターンということになる．企業がそれだけのリターンを支払うには，それ以上のリターンをあげると期待される投資機会に資金を投下する必要がある．そうでなければ，投資家が要求する最低限度のリターンを満たすことができず，投資家から資金の提供を受けられなくなるからである．したがって，企業は投資機会を選択するときに，資金提供者の要求するリターンを満たすかどうかを基準とする．すなわち，資本コストは投資選択のハードル・レート (hurdle rate) として機能するのである．

このように，資本コストは，企業にとって資金の調達と使途とを結びつける連結環としてきわめて重要な役割を担っているのである．

加重平均資本コスト

　企業はさまざまな手段で資金を調達する．普通社債（straight bond），転換社債（convertible bond），優先株式（preferred stock），普通株式（common stock）といった調達手段は，支払順位（seniority）や償還，転換権等の条件によって投資家の要求するリターンが異なり，したがってそれぞれ異なるコストをもつ．このとき，企業が最終的に満たさなければならないリターン，すなわち資本コストはどのような値になるのだろうか．

　ここでは，企業は負債，優先株式，株主資本から構成され，それぞれのコストを k_D, k_{PS}, k_E，市場価値を D, PS, E とする．このとき，負債，優先株式，株主資本の総コストはそれぞれ次の式で与えられる．なお，支払利息が税控除であるため，負債の総コストは税率 τ で調整される．

　　負債の総コスト＝(1−税率)×負債の市場価値×負債コスト
　　優先株式の総コスト＝優先株式の市場価値×優先株式コスト
　　株主資本の総コスト＝株主資本の市場価値×株主資本コスト

　企業が支払わなければならない総コストは，負債，優先株式，株主資本の総コストの和であり，平均コスト k はこれを資本の総市場価値で割ることにより得られる．

$$k = \frac{(1-\tau)k_D D + k_{PS} PS + k_E E}{D+PS+E}$$
$$= (1-\tau)k_D \frac{D}{D+PS+E} + k_{PS}\frac{PS}{D+PS+E} + k_E \frac{E}{D+PS+E} \quad (4.18)$$

このように，企業全体の資本コストは税引後の負債コスト k_D，優先株式コスト k_{PS}，株主資本コスト k_E を，負債，優先株式，株主資本の構成比で加重平均

資産		コスト		ウエイト
	負債	$(1-\tau)k_D$	×	$D/(D+PS+E)$
	優先株式	k_{PS}	×	$PS/(D+PS+E)$
	株主資本	k_E	×	$E/(D+PS+E)$

⇩ 加重平均資本コスト(WACC)

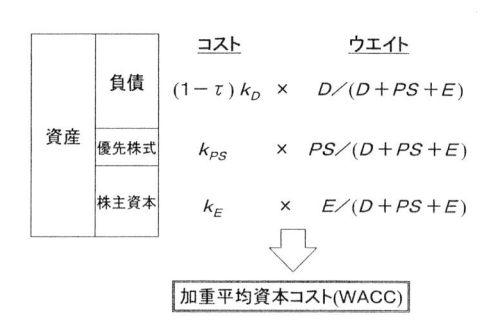

図 4.11　加重平均資本コスト（WACC）

した値になり，加重平均資本コスト（weighted average cost of capital; WACC）と呼ばれる．ここから，各資本要素のコストとそのウエイトが得られれば，資本コストを求められることがわかる．

負債コスト

負債コスト（cost of debt）は，債権者が要求する，あるいは期待するリターンである．企業が社債を発行している場合には，債券の期待リターンはクーポン・レートとキャピタル・ゲインの和になるため，CAPM を利用できる．ただし，債券のリスクは株式ほど大きくはなく，ベータは 0 に近いと考えられる．とりわけ，大企業の場合には貸倒れあるいは倒産の可能性は小さく，ベータはほぼ 0 とおくことができる．

$$k_D = r_f + \beta_D(r_m - r_f) = r_f \tag{4.19}$$

また社債の市場価格がわかる場合には，次の式から満期利回りを求め，それを負債コストの近似値として用いることができる．満期利回りは，その企業が倒産しないとすれば，債券保有者がその債券を満期まで保有したときに得られるリターンを表しているからである．社債の市場価格を B，t 期のクーポン額を C_t，社債の額面価額を F，満期を T とすると，次の式をみたす割引率 k_D が負債コストになる．

$$B = \sum_{t=1}^{T} \frac{C_t}{(1+k_D)^t} + \frac{F}{(1+k_D)^T} \tag{4.20}$$

企業の実際のキャッシュ・アウトフローを反映するには，負債コストは税金を調整する必要がある．支払利息が税控除であるため，負債コストは税引後利子率となる．

優先株式コスト

優先株式のコスト（cost of preferred stock）は，優先株式の保有者が期待するリターンである．期限も償還規定も転換権もない優先株式の保有者が獲得できるのは配当のみである．したがって，優先株式コスト k_{PS} は，約定配当 div を優先株式の市場価値 PS で割ることにより求められる．

$$k_{PS} = \frac{div}{PS} \tag{4.21}$$

株主資本コスト

株主資本の機会費用（cost of equity）は，投資家が株式に投資するときの期待リターンである．株主資本コストの推計には2つの方法がある．1つは配当成長モデルを用いて推計する方法である．配当が一定率で成長すると仮定する．このとき，株式の期待リターン，すなわち株主資本コスト k_E は，第0期の株価 p，第1期の1株当たり配当 d，配当成長率 g を用いて次のように表される．

$$k_E = \frac{d}{p} + g \tag{4.22}$$

もう1つは，株式の期待リターンが安全資産の収益率とリスク・プレミアムから構成されると考え，CAPMを用いる方法である．このモデルを用いると，株主資本コスト k_E は次の式で与えられる．

$$k_E = r_f + \beta_E (r_m - r_f) \tag{4.23}$$

ウエイト

上述したように，資本コストは税引後の負債コスト k_D，優先株式コスト k_{PS}，株主資本コスト k_E を，負債，優先株式，株主資本それぞれの市場価値の構成比で表されるウエイトで加重平均した値になる．この加重ウエイトの決定には少なくとも2つの大きな問題がある．1つは，加重ウエイトとして時価を用いるか簿価を用いるかという問題である．企業が市場での評価に基づいて資金を調達し，投資家が市場での評価に基づいて要求リターンを決定することを考慮すると，時価を用いるべきであろう．

もう1つは，各資本のコストと時価で評価された資本構成（capital structure）とが相互依存関係にあるという問題である．とりわけ，負債のウエイトが高まると，各資本要素のリターンに対するリスクが大きくなり，各資本要素のコストは上昇する．したがって，ウエイトが決まらないと各資本のコストも決まらないということになる．そのため，通常は目標とされる資本構成が想定され，企業はそれを達成しようとしていると仮定される．現在の資本構成が目標資本構成と異なる場合，それが達成されるまでの過渡期には資金調達におけるウエイトは異なるが，それは一時的な乖離であるとして無視され，目標資本構成に基づいたウエイトがとられる．この結果，加重ウエイトは市場価値で評価された目標資本構成に基づいて決定されることになる．

【例題 4.6】

1) D社は60%を無危険負債で調達している．無危険利子率は9%，期待市場リターンは17%，株式ベータは0.90，税率は40%である．
   ① この企業の株主資本コスト k_E を求めよ．
   ② この企業の資本コスト k を求めよ．
2) BV社では相互排他的な2つのプロジェクトP, Qを検討している．P, Qについては，期待リターン，標準偏差，期待市場リターンとの共分散がわかっている．無危険利子率が10%，期待市場リターンが14%，その標準偏差が0.50のとき，どちらのプロジェクトを選択すればよいか．

プロジェクト	P	Q
期待リターン	0.15	0.18
標準偏差	0.50	0.75
共分散	0.45	0.35

▷**解答**

$k_E = 0.09 + 0.90 \times (0.17 - 0.09) = 0.162$

1) $k = (1 - 0.4) \times 0.09 \times 0.60 + 0.162 \times 0.40 = 0.0972$ 9.72%

2) プロジェクトP, Qの資本コストを求め，それらをそれぞれの期待リターンとを比較する．

プロジェクトPの資本コスト：

$$\beta_P = \frac{0.45}{(0.50)^2} = 1.80 \quad k_P = 0.10 + 1.80 \times (0.14 - 0.10) = 0.172$$

プロジェクトQの資本コスト：

$$\beta_Q = \frac{0.35}{(0.50)^2} = 1.40 \quad k_Q = 0.10 + 1.40 \times (0.14 - 0.10) = 0.156$$

プロジェクトP

　　期待リターン 15% < 資本コスト 17.2%

プロジェクトQ

　　期待リターン 18% > 資本コスト 15.6%

∴ プロジェクトの期待リターンがその資本コストを上回っているから，プロジェクトQが選択される．

4.5 リスク・マネジメント

今日，金利，為替レート，商品市況の変動性が大きくなっており，ほとんどの企業にとってリスク・マネジメントは必要不可欠といえる．しかし，企業が金

利，為替レート，商品市況の変動にさらされることは，リスク・マネジメントの必要条件にすぎない．変動にさらされているからといって，変動を削減することにより何の効果も得られなければ，リスク・マネジメントを行う意味はない．それでは，その十分条件は何に求められるだろうか．安定した事業運営だろうか，期間利益の最大化あるいは平準化だろうか．最終的には企業価値の創造に結びついてはじめて合理性をもつのではないだろうか．

リスク・マネジメントによる企業価値の創造

　割引キャッシュ・フロー法に基づけば，企業価値は，将来の期待キャッシュ・フローをリスク調整した企業の資本コストで割り引いた総計として表される．したがって，企業価値の増加は将来の期待キャッシュ・フローの増加か，割引率の低下によってもたらされる．

　このとき，リスク・マネジメントの直接的な効果は，まず割引率の低下に現れると考えられる．現代財務論に従えば，洗練された投資家は分散されたポートフォリオを保有し，分散不可能な組織的リスクに対してのみリスク・プレミアムを要求する．これは，投資家が企業のキャッシュ・フローの変動性全体ではなく，経済全体のパフォーマンスとの共変動にのみ注意を払うことを意味する．したがって，投資家がポートフォリオ・レベルで分散できる金利，為替レート，商品市況のリスクを削減しても，資本コストが低下することはない．たとえば，輸出比率の高い企業の株式を保有している投資家が，為替レートの変動リスクにさらされたくなければ，一般に円高からベネフィットを生じると考えられる企業の株式を保有することによって，そのリスクをヘッジできるのである．このため，一般に割引率を通して企業価値に影響を与えることはない．

　それでは，リスク・マネジメントは期待キャッシュ・フローを通して企業価値に影響を与えるだろうか．第9章で述べるモジリアニ゠ミラー（MM）の無関連命題によれば，完全な資本市場の下で投資政策が一定の場合には，財務政策によって企業価値は影響を受けない．このMMの無関連命題の論理に基づけば，資本を負債で調達しようと株式で調達しようと，また負債が変動金利であろうと固定金利であろうと，財務政策は企業価値には影響を与えないということになる．すなわち，企業価値は最終的にキャッシュ・フローを生み出す実物投資によって創造されるのであり，財務政策は生み出されたキャッシュ・フローの分配に影響

を与えるだけで企業価値自体には何の影響も与えない．したがって，純粋な金融取引としてのリスク・マネジメントは企業価値には何の影響も与えないのである．

　以上のように，リスク・マネジメントは資本コストを通しても期待キャッシュ・フローを通しても企業価値に影響を与えることはない．すなわち，リスク・マネジメントには経済的合理性がないということになる．ここで注意しなければならないことは，これらの理論が完全な資本市場を前提にしているという点である．現実の金融・資本市場をみると，必ずしもこれらの理論の仮定がみたされているわけではない．ここに，リスク・マネジメントが経済合理性をもつ余地が生まれる．リスク・マネジメントに経済合理性を与える要因としては，

---
① リスク・マネジメントが期待される税金の支払を削減する
② リスク・マネジメントが期待される倒産コストを削減する
③ リスク・マネジメントによって，将来の必要資金量に関して，より適切な計画が策定でき，外部資本市場へのアクセスが削減される
④ リスク・マネジメントが意思決定の質を向上させる

などが挙げられる．

金融リスクの推計および評価

　ファイナンスにおいて，リスクはどのように捉えられているのだろうか．リスクを数量的に捉える指標には少なくとも次のような3つの類型がある．最も一般的な指標が，上述した期待リターンのボラティリティ（volatility）あるいは変動性である．通常は，期待リターンの分散あるいは標準偏差で表される．分散 σ^2 は次のように期待値からの距離として計算される．

$$\sigma^2 = \sum p_i [r_i - E(r_i)]^2$$

ここで，r_i は期待リターンの起こりうる値，p_i がその生起確率，$E(r_i)$ はリターンの期待値を表している．期待リターンのボラティリティは，過去のデータから算出されたヒストリカル・ボラティリティ（historical volatility）を用いて求められる．

　ボラティリティを用いると，上方へのばらつきも下方へのばらつきも，同じリスクとして推計されることになる．そのため，期待リターンあるいは資産価格が一貫して上昇し続けるような場合も，下落し続けるような場合も，全く同様のリ

スクがあるということになる．しかし，一般には，期待リターンあるいは資産価格が下方に偏ることをリスクと感じるのではないだろうか．これを表す指標が下方リスク（downside risk）である．下方リスクの代表例がバリュー・アット・リスク（value at risk；VaR）である．VaR は「将来の一定期間内に，ある一定の確率の範囲内（信頼区間）で，発生しうる損失の最大額」と定義され，いくつかの計算方法があるが，たとえば次のような式で計算することができる．

$$VaR = 信頼係数 \times \sqrt{保有期間} \times 標準偏差$$

ここで，信頼係数とは，期待リターンあるいは資産価格が正規分布に従うと仮定した場合に，損失区間と信頼区間を，あるいは損失発生確率と信頼水準を区分する値である．たとえば，下方へ標準偏差の2倍のところで損失区間と信頼区間を区分する場合には，信頼係数は2となる．実務では，損失確率1% あるいは5%，同じことであるが信頼水準99% あるいは95% がとられることが多い．この場合，信頼係数はそれぞれ2.33，1.65 という値をとる．図4.12には，損失発生確率5%，信頼水準95% のケースが示されている．

リスクの捉え方にはもう1つの方法がある．これは，ある特定のリスクに対するリスク感応度を捉えるものであり，一般にイクスポージャー（exposure）と呼ばれている．具体的には，金利，為替レート，原油価格，株価指数などが1単位変化したときに，保有しているポートフォリオの価値あるいは自社の株式リターンなどがどれくらい変動するかを示すものである．たとえば，自社の株式リターンに関するマクロ経済要因あるいは市場リスク要因のイクスポージャーは，過

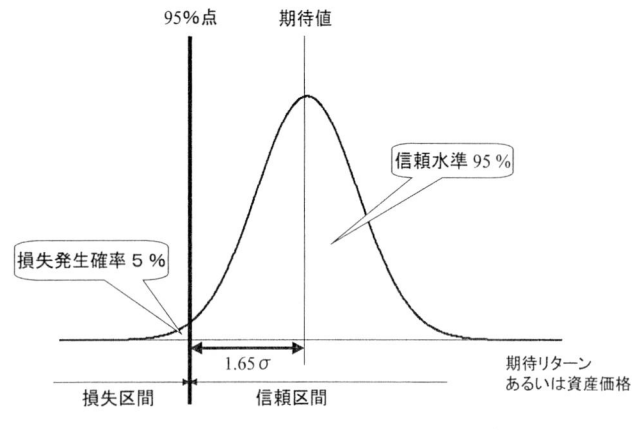

図 4.12 バリュー・アット・リスク（VaR）

去のデータを用いて，次のような線形回帰を行うことによって求められる．
$$\tilde{r}_t = \alpha + \beta \tilde{F}_t + \varepsilon$$
ここで，$\tilde{r}_t$ は株式の期待リターン，$\tilde{F}_t$ はリスク要因，β はリスク要因に対する感応度，ε は誤差項である．

金融リスク・マネジメント

　1980年代における金融革新の多くはデリバティブに関するものであった．デリバティブとは，基礎となる原資産（underlying asset）の価値によって定義されたペイオフをもつ金融商品である．デリバティブによって，企業や投資家は，比較的安価かつ効率的にリスクの統合・転嫁・削減ができるようになった．企業や投資家は一般に，企業固有の要因によって生じるリスクを保険契約やポートフォリオの構築によって分散することができる．これに対し，マクロ経済要因や市場リスク要因によってもたらされるリスクを分散することはできない．しかし，これらのリスクは，デリバティブで反対のポジションをとることによってヘッジすることができるのである．以下では，主要なデリバティブについて，その基本的な性質を解説することにしよう．

先渡取引と先物取引

　先渡取引（フォワード取引，forward）とは，将来のある受渡日に，ある特定の資産を，あらかじめ決められた約定価格（受渡価格）で取引する契約を現時点で行うものである．契約者は，この取引によって将来のある時点で受け取る価格を確定させることができ，将来時点における価格変動の不確実性を排除することができる．ただし，先渡価格と契約履行時の市場価格との大小によって，利益が生じることも損失が生じることもある．

　先物取引（フューチャー取引，future）は，将来時点で履行される取引を現時点で契約するという意味で先渡取引とよく似ているが，いくつかの点で重大な違いがある．

　第1に，先渡取引は相対取引であるのに対し，先物取引は取引所で行われる．このため，先渡取引は取引条件を当事者間で自由に決定することができるが，先物取引は取引条件や方法が標準化されている．

　第2に，先渡取引の場合には契約が履行されないリスクが存在するのに対し，

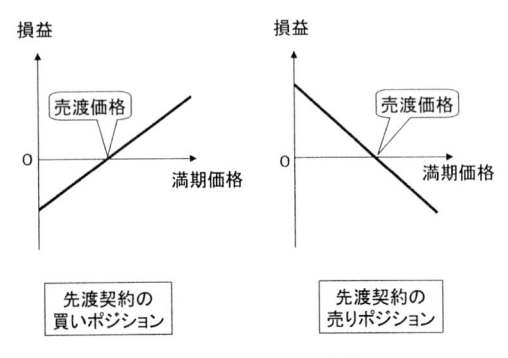

図 4.13 先渡取引の損益

先物取引では取引の履行が取引所によって保証されている．そのため，先物の決済日前に反対のポジションをとることによって，契約を相殺することもできる．

第3に，先渡取引ではあらかじめ決められた受渡日に現金の受け渡しが行われるのに対し，先物取引では毎日値洗い（marked to market）が行われる．この値洗いと委託証拠金制度によって，取引の履行が保証されているのである．

オプション

オプション（option）とは，将来のある期日（満期，expiration date）にあるいは期日までに，ある特定の資産（原資産）を，あらかじめ決められた価格（行使価格，strike price）で取引する権利のことである．先渡や先物取引が契約であるのに対し，オプションは権利であることに注意してほしい．義務ではないため，オプションの購入者は，自分に不利な場合にはその権利の行使を放棄することができる．これに対し，オプションの発行者は，オプションの購入者がその権利を行使した場合には，それに応じる義務がある．

オプション取引では，契約時にオプションの購入者から発行者へオプション・プレミアム（option premium）が支払われる．オプション・プレミアムは購入者が発行者に支払う購入代金なので，オプションの価値とみなすことができる．

オプションにはさまざまなバリエーションがあるが，基本的には2つの視点から表4.1のように分類することができる．

権利行使が満期日に限定されるヨーロピアン・スタイルのオプションを前提とすると，① 権利行使価格と満期日における原資産価格とを比較して，自分に不利な場合には権利を行使しないこと，② オプション・プレミアムが存在するこ

表 4.1 オプションのバリエーション

	原資産を買う権利	原資産を売る権利
権利行使が満期日のみ	ヨーロピアン・コールオプション	ヨーロピアン・プットオプション
契約時から満期日までいつでも権利行使可能	アメリカン・コールオプション	アメリカン・プットオプション

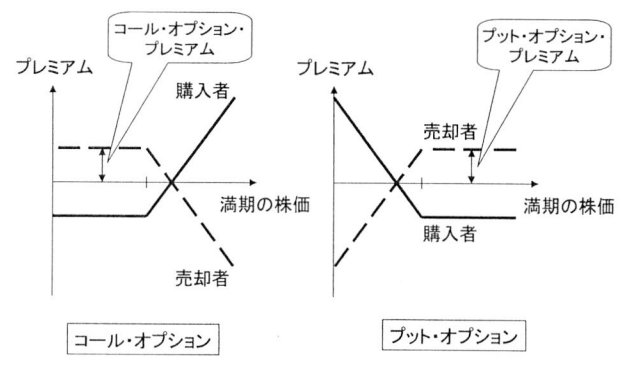

図 4.14 オプションの損益

とから，図 4.14 のようにオプションの損益を描くことができる．

コール・オプション（call option）の損益をみてみよう．コール・オプションの購入者は，満期における原資産価格が，権利行使価格以下のときには権利の行使を放棄するのでプレミアム分だけの損失を被る．権利行使価格以上になると権利を行使し，原資産価格から権利行使価格とプレミアムを控除しただけの利益を獲得する．損失が最大でもプレミアムの大きさに制限されることが最大の特徴である．これに対し，権利行使に応じる義務のあるコール・オプションの発行者は，原資産価格の上昇に伴って，損失が無限に大きくなることに注意する必要がある．プット・オプション（put option）の損益についても，原資産価格の上昇と下落が逆になるだけで，全く同じことがいえる．

スワップ

スワップ（swap）取引とは，将来発生するキャッシュ・フローを取引当事者間で交換する相対契約である．各企業が異なる資金調達機会に直面することを利用して，異なる通貨，支払条件の異なる債務の元本や金利などを交換するのであ

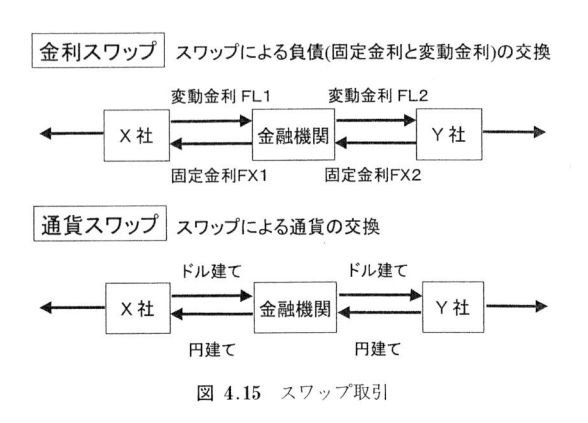

```
金利スワップ  スワップによる負債(固定金利と変動金利)の交換

           変動金利FL1    変動金利FL2
    ┌───┐         ┌─────┐         ┌───┐
    │X社│←──────→│金融機関│←──────→│Y社│
    └───┘         └─────┘         └───┘
           固定金利FX1    固定金利FX2

通貨スワップ  スワップによる通貨の交換

            ドル建て        ドル建て
    ┌───┐         ┌─────┐         ┌───┐
    │X社│←──────→│金融機関│←──────→│Y社│
    └───┘         └─────┘         └───┘
             円建て         円建て
```

図 4.15　スワップ取引

る．通貨スワップであれば自国建てのキャッシュ・フローと他国建てのキャッシュ・フローを，金利スワップであれば固定金利のキャッシュ・フローと変動金利のキャッシュ・フローを交換できるので，為替リスクや金利リスクに対する効率的なヘッジ手段となる．このほかにコモディティ・スワップやエクイティ・スワップなどもある．

たとえば，円建てで資金を調達しているがアメリカ・ドルで利益をあげている企業は円-ドルのスワップによって，また変動金利の資産をもっている企業は固定金利負債を変動金利負債に交換することによって，市場リスクをヘッジできるのである．

スワップ取引は通常，仲介機関（金融機関）を通して行われている．仲介機関は，たとえば金利スワップでは，① 取引相手のニーズにマッチする資金を見つける，② 資金の貸し手となる，③ 金利支払を保証することによって信用補完をする，④ マッチしないスワップ取引において金利リスクを吸収するなどの経済的機能を果たしている．

Column 3 ──

逆選抜とモラル・ハザード

　　取引の当事者間に情報の格差が存在する場合，いわゆる情報の非対称性が存在する場合には，情報格差が存在しない場合とは異なる現象が生じる．この現象について，これまで中古車市場，保険市場，労働市場，医療サービス市場などが取り上げられて分析されてきた．

たとえば，中古車市場において，売り手と買い手との間に中古車の品質に関する情報の非対称性が存在すると，最終的には「レモン」と呼ばれる欠陥車だけが市場にあふれてしまうという「レモンの原理」が成立することが知られている．ここでいう「レモン」とは，果実のレモンではなく，「不良品，欠陥品，きずもの，くだらないもの，つまらないもの」という意味である．中古車を売買する場合，車の売り手はその車のくせや欠陥についてよく知っている．もちろん，売り手はより高く売るために，それを相手に知らせることはない．買い手は，その車が良質の車かそれとも欠陥車なのかはわからない．すなわち，売り手はその車についてよく知っているのに，買い手はその車についての情報をもっていないのである．これが「情報の非対称性」と呼ばれる状態である．このとき，買い手はどのような価格をつけるのだろうか．買い手は情報が少ないため，欠陥がある可能性を考慮して良質の車の価格より低い価格をつけるだろう．その結果，良質の車を売ろうとしている売り手は損をし，欠陥車を売ろうとしている売り手は得をすることになる．すなわち，良質の車を保有している売り手は売却しない方を選択することになり，欠陥車を保有している売り手だけが売却しようとする．これはまさに悪貨が良貨を駆逐するという「グレシャムの法則」であり，通常の選抜順序とは正反対になることから「逆選抜」と呼ばれている．

情報が非対称な世界では，逆選抜だけでなく，モラル・ハザードと呼ばれる現象も生じる．モラル・ハザードというのは，もともとは保険の用語であった．この現象の核心は，ある主体が保険に加入することによって安全を購入すると，その行動が変わり，保険の対象となった不確定事象に何らかの影響を与える（具体的には事故の頻度が高くなったり，損害の規模が大きくなる）という点にある．たとえば，火災保険に加入することで，人は火の用心を怠ったり消化器の購入を後回しにしたりするかもしれない．また自動車保険への加入によって，マイカーの整備を怠ったり運転があらくなったりするかもしれない．いずれにしても，保険加入者が事故の確率を減らそうとする努力を怠るようになると，全体として事故の頻度や損害の大きさが増大し，保険料が高くなってしまうことになる．また金融機関に公的資金が投入されるときに，投入されると金融機関のリストラが甘くなる，あるいは経営努力を怠る可能性があるという意味でモラル・ハザードという言葉が用いられたのは記憶に新しい．

ファイナンスにおいても，資金の借り手と貸し手，株主と経営者，債権者と株主などの間に情報の非対称性が存在することを前提として，その取引関係や契約関係を分析し解明しようとする研究が進められている．

5 プランニングとコントロール

　市場や技術の不確実性がますます高まり，グローバル競争が激化している現在，企業がその存続をはかり，さらなる成長を遂げるには，企業内部および外部の環境分析を踏まえて，適切な計画を策定し，それを遂行する必要がある．つまりプランニングとコントロールが的確かつ柔軟に行われなければならない．

　プランニングでは，企業は，その理念やミッションに基づいて長期および短期目標を設定し，いかにそれらの目標を達成するかに関する方向性を決定し指針を策定して，それを組織に浸透させなければならない．それが，経営戦略であり，競争戦略である．それらの戦略から導き出されるのが，数値によって裏付けられた戦略計画である．中長期の戦略計画は，数値目標の設定だけでなく，組織としての合意の形成という役割をもっている．これに対し，大綱的短期利益計画は，企業目標の具体的な数値化をその課題としており，企業の各部門の単年度における数値的な実行計画である予算に至る重要な計画である．このように，経営・競争戦略，中長期戦略計画，短期利益計画，予算は別個に存在するものではない．それぞれが相互に関係することを認識して全社的な最適性について検討しつつ，策定されなければならない．基本的には，図5.1のような流れに沿って，理念やミッションから予算の策定までが行われている．

　経営・競争戦略やその実行計画が適切に策定されたとしても，それらが適切に遂行される保証はない．企業を取り巻く環境が不確実ななかで，実際の結果が事後的に計画通りとなることは非常にまれであろう．したがって，長期・短期の目標を達成するには，予定した数値と実績を比較し，必要に応じて是正措置をとるという継続的なコントロールが不可欠である．つまり，プランニングと同時にコントロールが必要であり，その両者が相互に補完しあってはじめて，経営が成り立つといえるだろう．企業では一般に，予算と実績との比較という形で差異を計算し，予算が達成されるように随時コントロールを行っている．このように，予

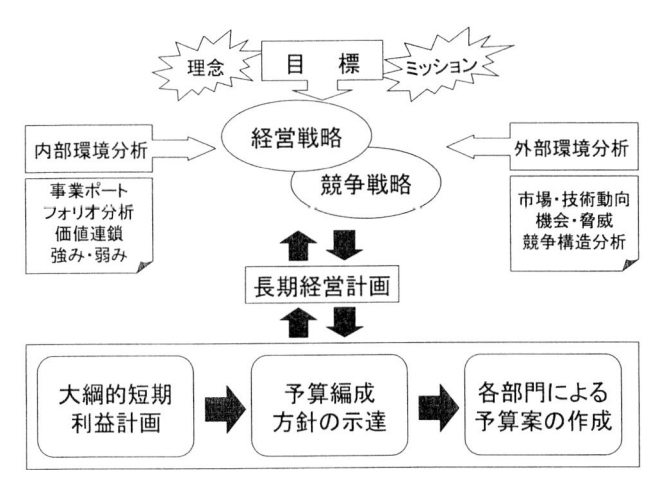

図 5.1 プランニング・プロセスの概観

算は，プランニングとコントロールの両面で，非常に重大な役割を果たしているのである．

5.1 短期利益計画の概要

　企業は，経営戦略や競争戦略に沿って経営されるが，これらの戦略を実行に移すには，事業レベル，部課レベル，現場レベルなどの各組織レベルにおける戦術，指針，行動方針として具体化されなければならない．経営・競争戦略を遂行するために策定されるのが戦略経営計画である．戦略経営計画には，5年ないし10年を対象とする長期経営計画，3年ないし2年を対象とする中期経営計画，1年を対象とする短期経営計画がある．これらはいずれも，単なるビジョンの提示ではなく，数値による裏付けをもっており，コントロールを行うための目標値として機能する．これらの計画が策定されるプロセスで，事業，設備，製品などに関する具体的な計画案が提出され，組織における合意が形成されると同時に，それらの組織への浸透がはかられる．

　このような戦略をより一層具体的にした実行計画として，短期経営計画は短期利益計画という形で表現される．短期利益計画は，最終的な実際の数値目標の決定プロセスとして展開される．このとき，過去の会計データや予測計算，企業環境の分析などを通じて，企業の短期目標が数値として設定される．企業では一般

に，単年度の目標として経常利益をはじめとする各種の利益，売上高，利益率，キャッシュ・フロー，最近では EVA™（経済付加価値，第8章参照）などが設定されている．企業の単年度目標としては利益額が設定されることが多いが，その利益額は企業にとって望ましい目標とする利益率から導き出されるべきである．たとえば，企業は過去の経営状況や他企業の数値などをもとに特定の目標総資本経常利益率を算出することができ，そこから次のように目標利益が導き出される．

$$\frac{次期の目標経常利益}{予定総資本額} = 目標総資本経常利益率$$

あらかじめ目標総資本経常利益率が決定されていれば，次期の予定総資本の金額を計算し，それらをもとに次期の目標とする経常利益を計算することができる．これ以外にも同様の式を用いて，目標とする利益を営業利益などその他の利益として計算することもできる．いずれにしても，現在の企業を取り巻く状況は，売上増大が単純に利益の確保につながるような状況ではなくなっていることから，適切な短期目標である資本利益率などの各種利益率に基づいた利益目標を導出することが特に重要となっている．

5.2 損益分岐分析

上述のように，企業は，戦略に基づいて短期利益計画を策定し，来期の自社の数値目標や目標利益を決定する．しかし，これは利益という目標を決定しただけであり，これのみで具体的な経営活動を展開することはできない．目標利益の決定に引き続いて，それを達成するために，具体的に来期どのような経営活動，すなわちどれくらいの生産や販売をする必要があるかを決定しなければならない．このように，短期利益計画に基づいて次期の生産・販売量を決定するために損益分岐分析 (break-even analysis) が行われる．

この損益分岐分析では，生産・販売量などの営業量に着目し，その営業量の変化に伴って原価および利益がどのように変化するかを計算する．それを通して，原価と売上高とが等しくなる点，つまり利益がゼロの営業量である損益分岐点 (break-even point) が求められる．これが経営上の最低限度の目標を示す1つの目安となる．図5.2に示すように，売上高は販売量に比例して増大するが，原

5.2 損益分岐分析

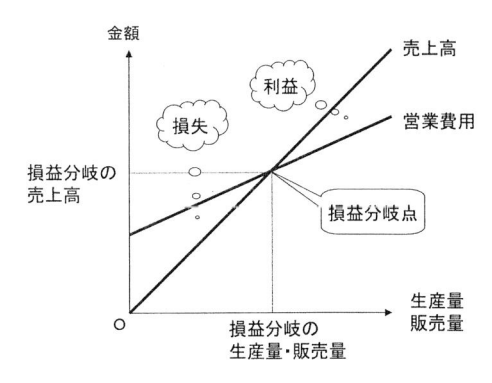

図 5.2 損益分岐の概念

価の場合には，電話の基本料金のように全く生産・販売しなくても発生する固定費があるため，生産・販売などの営業量がゼロでも一定額が発生しており，その点を始点として営業量が増加するにつれて比例的に増加する．原価に固定的な部分と変動的な部分が存在することが，損益分岐分析のポイントである．

損益分岐分析は，経営活動について，原価（cost），生産および販売量などの営業量（volume），利益（profit）間の関係を検討するため，CVP 分析とも呼ばれている．この C-V-P の関係において，短期利益計画による目標利益が決定していれば，それに対応して次期の目標となる売上高や生産・販売量を計算することができる．このように，短期利益計画の目標利益達成が可能となる次期の目標売上高を決定すれば，それに基づき販売予算に始まる製造・販売に関する各種予算編成の手続きに入ることができる．つまり，損益分岐分析は，短期経営計画と，それに引き続き行われる企業の重要なプランニングとコントロールの手法である予算の根幹となる重要な計算技法である．

損益分岐分析の計算手続き

損益分岐分析では，経営活動について，営業量が増減すると損益がどのようになるかという観点から分析が行われる．そのため，費用についても製造量や販売量などの営業量の増減に伴って，どのように変化するかが分析される．営業量という観点から，原価は2つのタイプに大別される．営業量としての製造量・販売量などの増減とは無関係で，短期的にその総額が一定である固定費（fixed cost）と，営業量の増減にその総額が比例的に変化する変動費（variable cost）

である．たとえば，固定費の例としては，設備の減価償却費，保険料，賃借料などが挙げられる．これらは生産量がゼロでも発生し，生産量が変化したとしても短期的には一定のままである．一方，材料費のなかでも素材費は変動費の典型といえる．生産量がゼロであれば材料は使用しないため素材費はゼロであり，生産量が増加するにつれてほぼ比例的に増大する．ただし，すべての費用がこれら2つのタイプに分けられるわけではなく，これらを両極とするスペクトラムのなかに位置づけられると考えるべきであり，相対的に固定的な費用（準固定費）や相対的に変動的な費用（準変動費）も存在する．また，これらの分類は，分析対象となる期間の長さや経済的な制度・慣行にも依存することに注意する必要がある．図5.3は，これらの費用を図示したものである．

このように，費用（原価）は，営業量との関連によって固定費と変動費に分けられる．これに着目すると，損益計算は以下のように考えることができる．

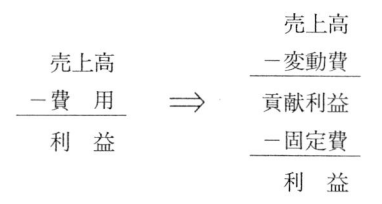

	売上高
売上高	－変動費
－費用　⇒	貢献利益
利　益	－固定費
	利　益

ここで，固定費と変動費に分類した原価のうち，売上高から変動費を先に差し引くのは，変動費は短期的に回収するべき原価と考えられるためである．この計算によって算出される利益は貢献利益（contribution margin）と呼ばれている．この計算様式では，貢献利益は，それをもとに固定費を回収し，利益の獲得に貢献するべき利益と考えられている．ここで，固定費が変動費の後で引かれるのは，それは短期的には発生が不可避であり，長期的に回収するべき原価と考えられているからである．

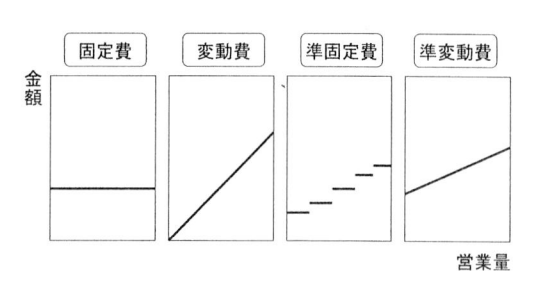

図 5.3 固定費と変動費

CVP 分析のための原価分析

　CVP 分析を用いて次期の経営活動を計画するには，経営活動に伴って発生する原価を固定費と変動費に分けて予測しなければならない．このような分類・予測の対象となる原価は，直接材料費，直接労務費，製造間接費からなる製造原価のみならず，販売費および一般管理費からなる営業費もその対象となる．これら製造原価と，販売費および一般管理費は，両者を合わせて総原価と呼ばれている．

　この固定費と変動費の分類，すなわち原価の固変分類にあたって重要なのは，営業量と関連づけて固定費と変動費を予測することである．この営業量は，操業度と呼ばれることも多く，生産量，販売量，売上高，設備の運転時間などが用いられることが多い．そして，この営業量の増減に伴って，それぞれの原価がどのように変化するかを予測するのである．このような予測方法には，現状分析による方法と過去データの分析による方法がある．

　現状分析による方法 ── IE 法
　過去データによる方法 ── 費目別精査法，高低点法，回帰分析法

---

　① IE 法 (industrial engineering method)

　IE 法では，時間研究や動作研究などの科学的な分析を行って，資源や労力のインプットとアウトプットの関係を明らかにし，発生するべき原価として固定費と変動費を予測する．インプットとアウトプットの関係から原価を予測する方法であるため，そのような関係を見出しやすい直接材料費や直接労務費などの予測には適している．しかし，その関係が不明確な製造間接費のような原価の予測は困難であり，また多大な労力とコストがかかる作業を要するという課題がある．

　② 費目別精査法

　費目別精査法は勘定科目分類法とも呼ばれ，その名称のとおり，原価を構成するそれぞれの費目を，過去データをもとに固定費か変動費かのいずれかに分類して原価を予測する方法である．

　たとえば，材料費については，それを構成する費目のうち，素材費や部品費は変動費とし，製造間接費については，工場建物の保険料や設備の賃借料は固定費とするなどして，原価を固定費と変動費に分類し，過去の原価資料からそれらの次期の金額を予測する．この方法は多数の企業に採用されているが，ある費目が

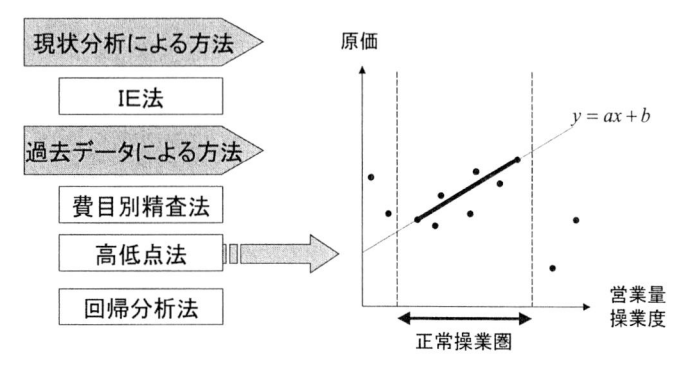

図 5.4　原価分析

固定費か変動費かの分類にあたっては，慎重な判断が必要とされる．

③　高低点法

高低点法では，過去の材料費，労務費，経費，あるいはその細部の費目の原価データについて，操業度が最低のときと最高のときのデータを用いて，固定費と変動費を予測する．ただし，図5.4のように，用いるデータから異常値を取り除くために，正常な業務の範囲と考えられる正常操業圏を特定する．そして，正常操業圏内の最高点と最低点を結んだ直線により，固定費と変動費を計算する．この2点を結んだ直線の方程式 $y = ax + b$ を解いて，y 軸との交点（切片）である b を固定費，この直線の傾きである a を営業量当たりの変動費（変動費率）とする．

④　回帰分析法

回帰分析法でも高低点法と同様に，正常操業圏を特定し，その圏内にある過去データから次期の原価を予測する．その際，この方法では，過去データに対して線形回帰を行うことにより $y = ax + b$ という直線の式を算出し，固定費と変動費を予測する．

CVP分析の計算公式

損益分岐分析は，その名称から，利益も損失も発生しない損益分岐となる1点を求めるための計算のように思われがちだが，実際には短期利益計画の一環として位置づけられ，次期の目標となる利益，あるいはそれを達成する営業量を計算するために行われる．したがって，利益計画における重要なチェックポイントの

5.2 損益分岐分析

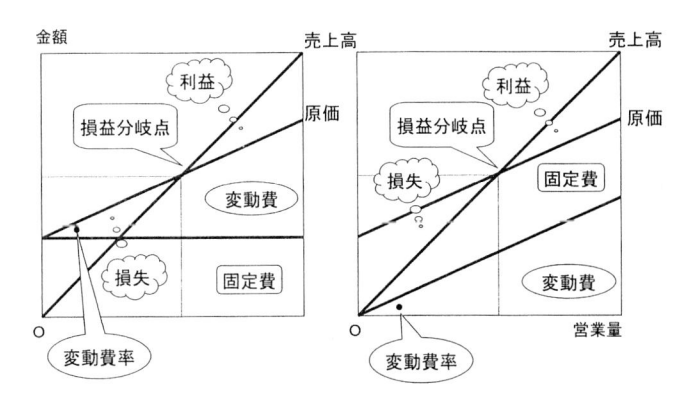

図 5.5 損益分岐図表

1つと捉えられる．ここでは，図5.5を参照しながら，損益分岐分析の計算を行うこととする．

1) 目標利益を達成するための営業量

利益は売上高から費用（原価）を控除することによって求められる．したがって，営業利益は次のように計算される．

　　　営業利益＝売上高−（売上原価＋販売費および一般管理費）

ここで，売上原価は販売された製品の製造原価であり，この製造原価と販売費および一般管理費は固変分解できるので，

　　　営業利益＝売上高−（変動費＋固定費）

となる．

ここで，製品の単位当たり販売価格を p，単位当たり変動費を v，1期間の固定費を F，営業量（ここでは販売量）を x，目標利益を g とすると，営業利益は，

$$g = px - (vx + F)$$

となる．目標利益を達成するための販売数量を求めたいので，この式を x について解くと，次のようになる．

$$x = \frac{F + g}{p - v}$$

2) 損益分岐の営業量

損益分岐点とは利益がゼロとなる点なので，

$$0 = (p-v)x - F$$

と表すことができる．損益分岐の販売量 x^* は，この式を x について解けば求められる．

$$x^* = \frac{F}{p-v}$$

この式の分母にある $p-v$ は，製品1個当たりの貢献利益を表している．

3) 損益分岐の売上高

損益分岐の売上高は，営業利益＝売上高－（変動費＋固定費）という関係から求められる．損益分岐点では，利益がゼロであるため，売上高と固定費および変動費の合計が等しい．また変動費が常に売上高の一定比率になり，その比率が価格に占める変動費の比率（変動費率）になることに着目する．ここから，損益分岐の売上高を S^* とすると，次のような式を導くことができる．

$$S^* = F + \frac{v}{p} S^*$$

これを S^* について解くと，

$$S^* = \frac{F}{1 - v/p}$$

となる．同様に，目標利益を g として，目標利益を達成するための売上高 S^{**} を計算すると，

$$S^{**} = \frac{F+g}{1 - v/p}$$

となる．ここで，$v/p = vx/px$ は売上高1単位当たりの変動費を表し，変動費率と呼ばれる．また $1 - v/p$ は売上高1単位当たりの貢献利益を表し，貢献利益率と呼ばれる．

4) 安全余裕度

企業は予想しない経営環境の変化に直面することが多いため，需要の変動や原材料価格の高騰などの変化に対して，どれくらい耐えられるか，あるいはどれくらいの余裕があるかを検討する必要がある．そのため，損益分岐の売上高 S^* について，その水準を算出するだけでなく，現在の，あるいは将来の売上高 S と比較して相対的にどのような水準にあるかが分析される．そのような変化に対する対応力の強さ，つまり安全性を示すのが安全余裕度（margin of safety）である．これは数量，金額および比率で計算することができる．

安全余裕度の金額は目標利益達成のために予定する売上高が，どれくらい損益分岐点を上回っているかを示す．よって，その金額が大きいほど，不況などで販売が減少しても余裕があるということになる．

$$安全余裕額＝予定売上高－損益分岐点売上高$$

また安全余裕度を表す比率は，それが大きいほど，損益分岐点を上回っていることを示す．その代表的な指標として損益分岐点比率 BS や安全余裕率 MS が挙げられる．

$$BS = \frac{S^*}{S}$$

$$MS = \frac{S - S^*}{S}$$

【例題 5.1】

A 社は来期の短期利益計画を検討中である．次のような条件を前提として，以下の問いに答えよ．

① 来期に目標とする税引後総資本営業利益率は 6% であり，税率は 50% とする．来期の総資本は 4 億 8,000 万円の予定である．

② 製造および販売する製品 1 個について，その販売価格は 200 円とし，総原価を勘定科目分類法により原価分析した結果は以下のとおりであった．

$$
\begin{aligned}
&直接材料費（変動費）\cdots 1 個当たり 50 円\\
&直接労務費（変動費）\cdots 1 個当たり 30 円\\
&製造間接費（変動費）\cdots 1 個当たり 40 円\\
&（固定費）\cdots 年間 7{,}200{,}000 円\\
&販売費（変動費）\cdots 1 個当たり 20 円\\
&一般管理費（固定費）\cdots 年間 5{,}400{,}000 円
\end{aligned}
$$

1) 目標営業利益を獲得するための月間の製品販売量はいくらか．
2) 目標営業利益を獲得するための月間売上高はいくらか．
3) この製品の損益分岐点の月間売上高はいくらか．

▷解答

1) 年間の目標営業利益を g とすると，

$$\frac{(1-50\%)g}{480{,}000{,}000 円} = 6\% \qquad g = 57{,}600{,}000 円$$

よって，月間の目標営業利益は，$57{,}600{,}000 円/12 = 4{,}800{,}000 円$

ここで，月間の固定費は，$(7{,}200{,}000 円 + 5{,}400{,}000 円)/12 = 1{,}050{,}000 円$

$$\frac{4{,}800{,}000\text{円}+1{,}050{,}000\text{円}}{200-(50+40+30+20)}=97{,}500\text{個}$$

2) 1)の解答に価格をかけることによって求められるが，ここでは目標利益達成のための売上高を求める式を用いて計算する．

$$\frac{4{,}800{,}000\text{円}+1{,}050{,}000\text{円}}{1-140/200}=19{,}500{,}000\text{円}$$

3) 損益分岐点を求める式で計算すればよい．

$$\frac{1{,}050{,}000\text{円}}{1-140/200}=3{,}500{,}000\text{円}$$

CVP分析の限界

CVP分析は，短期利益計画を策定するうえで，有用な分析手段である．しかし，ここまでの計算で明らかなように，非常に重要な仮定を設けて計算している．CVP分析の実施にあたっては，暗黙にあるいは明示的に次のような仮定がおかれており，その仮定の下で計算されていることを認識するべきである．したがって，実際に損益分岐分析を行う場合には，これらの制約を緩和する工夫をしたり，限界があることを前提として解釈する必要がある．

1) 製造量と販売量が同じである．このため，在庫の問題は発生しない．
2) 原価は変動費か固定費のいずれかに必ず分類できる．しかし実際には，原価の変化はより複雑で，分類が困難なものもある．
3) 生産あるいは販売する製品は1品種しかない．あるいは，製品構成が一定である．
4) 能率が一定である．一般には，製造量や販売量が増加するにつれ，学習効果あるいは習熟効果が生じると考えられるが，それらに伴う変化は無視されている．
5) 生産量や販売量が変化しても，単位当たりの価格や原価は変わらない．

営業レバレッジ

CVP分析は，企業の営業リスク（business risk）を検討するためにも重要である．営業リスクは，営業量の変動に対して，営業利益がどのように変化するかをみることによって捉えられる．このとき，企業が製造原価と営業費において，どの程度固定費を利用しているかが重大な意味をもつ．

企業は，営業活動を行う場合に，少なくとも一部の費用については，固定費にするか変動費にするかを選択できる．たとえば，ある製品を製造する場合に，人間が加工・組立を行うか，製造自動化設備を導入して加工・組立を行うかを選択できる．人間が製造を行うときには，製造作業量に応じてパートタイマーや季節工を雇用することが可能であり，これは変動費になる．一方，自動化設備によって製造を行うと，企業は減価償却費を負担することになり，これは製造量に関係なく年間で一定額であるため固定費となる．ここで，同じ製品の製造を行っている2つの企業を仮定し，前者のように変動費で行う企業をA社とし，後者のように固定費で行う企業をB社として，そのCVP関係を図示すると，図5.6のようになる．

同じ製造作業を行っても，B社は設備によって製造を行っているため，固定費のウエイトが大きくなる．そのため，B社の原価線は，切片（固定費の大きさ）が大きく，傾き（変動費率）の小さい直線で表される．これに対し，A社の原価線は，切片が小さく，傾きの大きい直線で表される．このとき，固定費のウエイトの大きさ（原価線の切片），あるいは変動費率の大きさ（原価線の傾き）によって，営業量の変化に対する利益の変化の大きさが異なることがわかる．固定費のウエイトが小さく，変動費率の大きいA社の方が，営業量の変化に対する利益の変化率が小さく，固定費のウエイトが大きく，変動費率の小さいB社の方が利益の変化率が大きい．これは，B社の方が，損益分岐点を上回ればより大きな利益が期待できる一方，損益分岐点を下回れば大きな損失がもたらされる危険性が大きいことを意味する．このように，製造原価および営業費における固定費のウエイトに焦点を当てることによって，営業リスクの大きさを捉えることが

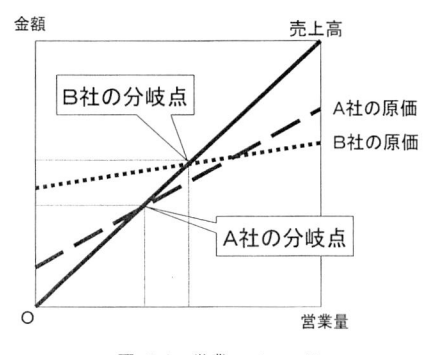

図5.6 営業レバレッジ

できるのである.

　また両社の原価線を比較すると，B社の原価線は，両社の原価線の交点を支点にして，A社の原価線を持ち上げたような直線になっている．これが「てこ（leverage）」の形をしているため，営業レバレッジ（operating leverage）と呼ばれ，営業リスクの指標として用いられている．すなわち，営業リスクの大きさは，製造原価および営業費における固定費のウエイトを示す営業レバレッジの大きさをみることによって判断できる．固定費のウエイトが大きい，すなわち営業レバレッジの度合いが大きい企業ほど，営業量の変化が利益に与える影響が大きく，より大きな営業リスクを負っていることになる．

　営業リスクの指標である営業レバレッジの大きさを測定する尺度として，営業レバレッジ率（degree of operating leverage；DOL）が用いられている．DOLは次のように計算される．

$$DOL(\%) = \frac{貢献利益}{営業利益} \times 100$$

　この式で算出されるDOLの値は，売上高あるいは販売量の増減によって，営業利益がどれくらい増減するか，すなわち営業リスクの大きさを表している．

5.3　直接原価計算

　前節では，企業の大綱的利益計画において，利益率などの数値から目標利益を算定し，その目標利益達成のために，営業量との関連で原価を分解し，売上高と対応させることで，目標利益達成のための販売量や売上高などを計算できることを示した．このための計算手法がCVP分析であり，この分析を行うことによって販売活動で直接の目標となる販売量や売上高が明確になり，これを達成することで最終的な利益計画を実現できる．

　CVP分析と同様に，原価と営業量との関連に着目した管理会計技法が直接原価計算（direct costingあるいはvariable costing）である．直接原価計算は，CVP分析が事前の利益の計画という機能を中心にするのに比べ，それだけでなく統制あるいは管理という機能を果たす点に特徴がある．直接原価計算は，原価（製造原価，販売費および一般管理費）を変動費と固定費に分類し，それをもとに損益計算書上で，原価・営業量・利益の関係を明らかにする損益計算の一方法

である．つまり，原価計算という呼称ではあるものの，変動費のみを集計した製品原価の計算ということではなく，利益まで計算することが重要であり，損益計算と考えられる．この直接原価計算方式の損益計算書は以下のようになる．CVP分析の計算と同様に，売上高から変動費を差し引いて貢献利益を計算し，その貢献利益で固定費を回収し，利益を獲得するという構造になっている．

    売上高
   − 変動売上原価[1]
    変動製造マージン
   − 変動販売費
    貢献利益
   − 製造固定費[2]
   − 固定販売費および一般管理費
    営業利益

[1] 製品の製造原価は変動費のみで構成される．
[2] 製造に要した原価であるが製品には集計しない．

全部原価計算の問題点と直接原価計算の意義

通常実施されている原価計算は，製品の製造に要したすべての原価を製品について集計する全部原価計算である．これに対し，直接原価計算は，製品の製造・販売に要した原価のうち，変動費のみを集計して製品原価とし，固定費は各期の期間原価として費用化している．このような直接原価計算の存在理由はどのような点にあるのだろうか．その理由は全部原価計算の問題点から生じている．この全部原価計算の問題点および直接原価計算の意義について，例題5.2を用いて説明する．

【例題 5.2】

A社は製品Xを製造・販売している．この会社は実際全部原価計算を採用しており，今期の期首において材料，製品などの在庫はない．また製造間接費についても，製品に実際配賦している．その製品Xは，直接材料費，直接労務費とも変動費で，直接材料費は25円，直接労務費は5円である．月間の製造間接費は200円ですべて固定費であり，販売費および一般管理費は販売費についての変動費が1個当たり20円，固定費が月間で90円である．製品は1個90円で販売する．ここで，次のような2つの状況につ

いて損益計算書を作成し，営業利益を計算する．

　　状況1：　10個製造し，8個販売した．
　　状況2：　100個製造し，6個販売した．

▷解答
1) 状況1の損益計算書

売上高	720	… ①
売上原価	<u>400</u>	… ②
売上総利益	320	… ③
販売費および一般管理費	<u>250</u>	… ④
営業利益	<u><u>70</u></u>	… ⑤

[計算過程]
① 90円×8個
② 販売した製品の原価は，直接材料費，直接労務費，製造間接費からなる．製品1個当たりの原価を計算するには，直接材料費と直接労務費は変動費のみなのでこれらを合計し，製造間接費はすべて固定費なのでこれを製造した製品全体に配賦すればよい．

$$25円 + 5円 + \frac{200円}{10個} = 50円$$

販売したのは8個であるから，その売上原価は次のようになる．

　　50円×8個＝400円
③ 720円－400円＝320円
④ 販売費には1個販売するごとにかかる変動費と固定費としてかかる販売費および一般管理費があるので，それらを合計する．

　　20円×8個＋90円＝250円
⑤ 320円－250円＝70円

2) 状況2の損益計算書

売上高	540
売上原価	<u>192</u>
売上総利益	348
販売費および一般管理費	<u>210</u>
営業利益	<u><u>138</u></u>

　この計算結果をみると，状況2のケースは生産量に比べて販売量がきわめて少ないにもかかわらず，状況1よりも大きい利益を得たことになる．状況1のケー

スは生産に見合う販売をしているのに，利益をみると状況2のケースよりも劣っているようにみえる．

このようなことが起こるのは，生産量と関係のない固定費が総額では一定であるにもかかわらず，製造した製品1個当たりで考えると，製造すればするほどその金額が小さくなるためである．つまり，全部原価計算で固定費を実際配賦すると，1個当たりの固定費は生産量の影響を受けて変化し，生産量が増大すればするほど原価は小さくなり，損益計算の結果は有利になるのである．

しかし，状況1のケースの方が在庫をもたず，適量を生産・販売しているのだから，経営上は望ましいはずである．このように，全部原価計算による固定費配賦を行って原価計算をすると，結果としての利益が生産の影響を受けてしまい，外見上，状況2のケースの方がよくみえてしまうのである．このような，生産量の影響を受けるという全部原価計算の問題点を回避し，販売上の業績を適正に反映する利益の計算方法が直接原価計算である．

【例題 5.3】
例題 5.2 と同じデータを用いて，次の2つの状況について，直接原価計算方式の損益計算書を作成する．
　　　状況1：　10個製造し，8個販売した．
　　　状況2：　100個製造し，6個販売した．
▷解答
1)　状況1の損益計算書

売上高	720	…①
変動売上原価	240	…②
変動製造マージン	480	…③
変動販売費	160	…④
貢献利益	320	…⑤
製造固定費	200	…⑥
固定販売費および一般管理費	90	…⑦
営業利益	30	…⑧

[計算過程]
①　90円×8個
②　製品原価は変動費のみなので，直接材料費と直接労務費の合計額となる．

　　　　25円＋5円＝30円
　　8個販売したので，売上原価は，
　　　　30円×8個＝240円
③　720円－240円＝480円
④　変動販売費は1個当たり20円で，8個販売したので，
　　　　20円×8個＝160円
⑤　売上マイナス変動費が貢献利益の総額であるから，
　　　　480円－160円＝320円
⑥　ここでは製造間接費の全額が固定費である．
⑦　販売費および一般管理費の一部は固定費である．
⑧　貢献利益から固定費を差し引けば，
　　　　320円－200円－90円＝30円
2) 状況2の損益計算書

売上高	540
変動売上原価	180
変動製造マージン	360
変動販売費	120
貢献利益	240
製造固定費	200
固定販売費および一般管理費	90
営業利益	－50

　全部原価計算によれば，営業利益は生産活動にも依存し，販売活動の成果と捉えることのできない数値となるという問題がある．利益という視点からみて販売業績を検討したいときに，これは大きな欠点となる．これに対して，直接原価計算によれば，CVP分析と同様に固定費と変動費という原価分類に基づく計算であるため，販売が多いほど利益が大きくなるという計算構造となっている．このため，生産の影響を受けないで販売業績に応じた利益を検討できるのである．

直接原価計算の機能
　例題5.3でみたように，直接原価計算は，製品ごとに厳密に集計できる変動費のみを製品が負担する原価とし，個々の製品との関連が不明確な固定費については配賦を行わない．そのため，個々の製品の収益性が明らかになる．このよう

に，直接原価計算によって，原価と製品などの原価計算対象との関係を明確にすることができることに着目すると，この計算方法を製品だけでなく，他の計算対象に適用することによって，新たな知見を得ることができると考えられる．このような特徴をもつ直接原価計算は，企業では実際に業績評価や短期利益計画に利用されている．

1) 業績評価

ここではまず，新たな計算対象として，事業部や地域などの企業経営上の業務区分（セグメント）を取り上げる．個々のセグメントに対して直接原価計算を適用すると，直接的に関係のある変動費を集計し，売上高からその変動費を差し引くことによって，それらの収益性を示す貢献利益を計算できる．これによって，個々のセグメントの収益性を正確に計算し，適切な業績評価を実施できるのである．

また，場合によっては，固定費であっても，セグメントに直接関連がある個別固定費が存在する．たとえば，特定の事業部の広告宣伝費や管理職の給与，製品であれば特定製品製造用の設備の減価償却費などは，個々のセグメントに直接集計できる固定費である．これらの原価については，セグメントの収益性をより明確にするために，貢献利益から差し引いて，セグメント・マージンを計算し，業績評価するべきである．重要なのは，変動費のみならず，セグメントを特定できる固定費についてもできる限り集計し，正確な利益を計算して適切な業績評価を行うことである．

ここで例題 5.2，5.3 における 2 つの状況のケースをそれぞれ製品 1，製品 2 に置き換え，固定費合計の 290 が以下のように個別固定費と共通固定費に分けら

表 5.1 直接原価計算方式の製品品種別損益計算書

	製品 1	製品 2	
売上高	720	540	
変動売上原価	240	180	
変動製造マージン	480	360	
変動販売費	160	120	
貢献利益	320	240	
個別固定費	150	80	
セグメント・マージン	170	160	
共通固定費			60
営業利益			270

れると仮定する．これにより，表5.1のような製品品種別の損益計算書を作成でき，各製品の業績評価をすることができる．

2) 短期利益計画

すでに述べたように，短期利益計画では，CVP分析を行うことにより，固定費と変動費の分類に基づいて，目標利益およびそれを達成するための営業量などを計算することができる．この短期利益計画に直接原価計算を適用すると，それらを損益計算書の形式で表現することができる．

しかも，企業の構成要素である個々のセグメントについて，まず短期利益計画を行い，それらをまとめあげることで，セグメントの集合体である企業全体の短期利益計画として整合的にとりまとめることができる．

Column 4

制約条件の理論とスループット会計

制約条件の理論 (the theory of constraints; TOC) とは，エリ・ゴールドラットが一連の著作を通して明らかにしてきた研究成果の「総称」を指す．その根底にあるのは，システムを独立したプロセスの単なる集合体と捉えるのではなく，互いに作用しあう数多くの要素から構成される完全で複雑な一体化したシステムと捉える哲学である．このシステムのパフォーマンスを改善するには，個々の要素のパフォーマンスを最適化する局所最適ではなく，システム全体として最適化しなければならない．

このTOCという概念の中核にあるのは，1つが「原因と結果の認識」，もう1つが「焦点を当てること」である．前者は，因果関係に関する論理的な考え方と，経験や直観的な洞察とを結びつけることによって知識を生み出す「思考プロセス (thinking process; TP)」というツールに象徴される．後者は，TOCという名称そのものに反映されているように，システムの目的達成を妨げている制約条件に焦点を当てて改善することによって，最小限の労力で最大の成果をあげることができるという考え方である．これが最も広く適用されているのが，TOCの発端となった最適生産技術と呼ばれる生産スケジューリングの領域である．TOCの考え方は，ドラム-バッファー-ロープ (drum-buffer-rope; DBR) システムという生産フローを制御するための重要なツールとして体系化されている．

TOCに基づくマネジメントが適切に機能しているか，目的の達成に向かっているか，進捗状況はどうなっているかなどを把握するには，TOCの概念に

基づく測度が必要になる．スループット会計（throughput accounting；TA）は，スループット，在庫（投資），業務費用という3つの測度を主要な構成要素とする，従来の原価計算とは全く異なる管理会計技法である．ここで，最も重要でかつ独自の測度であるスループットとは，システムあるいは組織が販売を通して資金を創出する速度と定義される．

TAでは，売上高から直接材料費（あるいは，直接材料費＋その他の変動費）を控除してスループットを求め，ここから業務費用を差し引いて利益を求める．従来の原価計算との相違は，① 成果の測定を販売時点で行い，製品在庫を利益とみなさない点，② 生産プロセスが進むにつれ棚卸資産額が増加するとみなさない点，③ 直接労務費と間接労務費を区別せず，すべての労務費を業務費用に含める点，④ 製品原価の算定を目的にしない点などに求められる．

現在では，TAとABC（第6章参照）との統合が模索されている．TAとABCとの相違点としては，第1に時間的視野が異なることが挙げられる．TAもABCも製品の収益性を評価するために用いられるが，TAが短期に焦点を当てるのに対し，ABCは長期的な分析を行う．これは，TAが直接材料費を強調するのに対し，ABCがすべての製品原価を含むことによるものである．

第2に，資源や生産能力の制約を明示的に考慮しているかどうかという点が挙げられる．TAはTOCの目的を達成するための会計であるので，もちろんこれらを明示的に考慮している．これに対し，ABCはこれらを明示的には含んでいない．短期から中期では，企業の生産能力は固定的かもしれないが，長期では企業は必要に応じて生産能力を追加したり削減したりできるため，生産能力は制約条件にならないのである．このため，長期的な価格戦略や製品ミックス，利益計画に関しては，コスト・ドライバーや正確な製品原価の分析が，戦略的な決定の基礎を提供するのである．

このように，TAとABCは完全に矛盾しているわけではなく，これらを併用することによって相互に補完できることがわかる．ただし，これらがそれぞれの強みを生かすには，① それぞれが適用されるべき状況を識別すること，② 統合可能な要素を識別することが必要である．

5.4 予算管理

予算は，企業実務において，最も深く浸透した管理会計技法の1つということができる．実際に，ほとんどすべての企業が予算を策定している．

予算の意義

 すでにみたように，短期利益計画は，中長期における数値目標を短期における利益計画に具体化したものである．この全社における短期利益計画の数値を達成するために，各組織レベルがとるべき具体的な指針，つまり実行計画を提示することが経営管理上，きわめて重要である．各組織レベルで短期的に取り組むべき行動指針となる実行計画として策定されるのが予算である．

 予算において設定された数値は，将来についてプランニングした予定値であるのみならず，その数値を用いて業務活動のコントロールを行うための数値という側面をもっている．このため，予算については，その編成とそれ以後のコントロールまで含めて，予算管理として検討する必要がある．

 さらに予算策定のプロセスには，予算による管理を行う側だけでなく，それを受ける側の担当者を参加させることが一般的である．これによって策定される予算は，一方的に押しつけられるトップダウンでもなく，無責任なボトムアップでもない，組織の上位と下位との調整手段としての折衷型の予算となる．予算においては，そのプランニングについての権限とコントロールによる責任のバランスをとることが重要であり，調整によりそれを達成することができるようになるのである．

 以上のように，予算管理によって，プランニング，調整，コントロールのそれぞれの役割を果たすことが可能となる．

予算の基本構造

 予算は企業の実行計画として各部門に提示されるものであり，最終的には部門ごとに策定される．たとえば，販売を担当する部門については売上高予算，工場で組立を行う各部門には労務費予算などが策定される．ただし，部門については，その数は企業の規模や業種によって大きく異なり，各企業それぞれに予算の策定対象となる部門の分け方も異なる．ここで，一般的な製造業を仮定すると，予算の基本的かつ全体的体系は図5.7のようになる．

 このように，予算は損益予算と財務予算から構成され，これらの予算全体は総合予算と呼ばれている．損益予算では収益と各種費用についての予算が策定され，それらを集計することで予定損益計算書（見積損益計算書）へととりまとめられる．また財務予算として，資産，資本，負債のそれぞれについて次期の予定

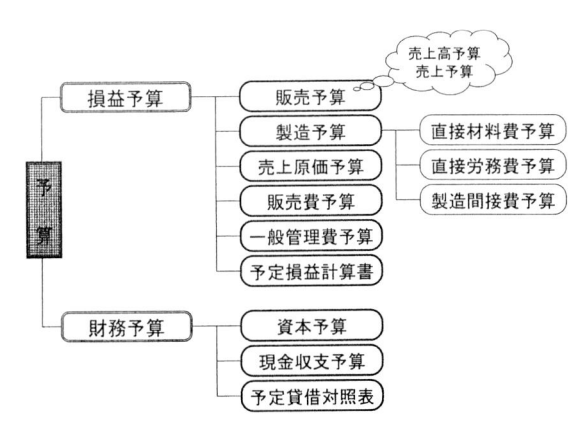

```
                              ┌─ 売上高予算
                              │  売上予算
         ┌─ 損益予算 ─┬─ 販売予算 ─┘
         │           ├─ 製造予算 ───┬─ 直接材料費予算
         │           ├─ 売上原価予算 ├─ 直接労務費予算
  予算 ──┤           ├─ 販売費予算  └─ 製造間接費予算
         │           ├─ 一般管理費予算
         │           └─ 予定損益計算書
         │
         └─ 財務予算 ─┬─ 資本予算
                     ├─ 現金収支予算
                     └─ 予定貸借対照表
```

図 5.7 予算の体系

を行い予算を策定し，それらにより予定貸借対照表（見積貸借対照表）が作成される．これらの予定財務諸表（見積財務諸表）をもとに，企業全体としての経営管理が行われる．

6 コスト・マネジメント

　コスト・マネジメント（以下では適宜，コスト管理，原価管理という言葉も用いる）とは，コストのプランニングとコントロールを行うことである．これは，企業にとって必要不可欠な管理業務の一環としてさまざまな計算が日常的に行われている．このコスト・マネジメントなくしては，企業にとって望ましい業績をあげることは不可能であるといっても過言ではない．優れた経営業績をあげる企業には必ず優れたコスト・マネジメントの存在が確認できる．日本企業が急速な発展を遂げ，飛躍的に国際競争力を高めることができた重要な要因の1つは，コスト・マネジメントにあるといえる．

　本章では，各種コスト管理技法のうち，現在，中心的に行われている標準原価計算，ABC（Activity-Based Costing；活動基準原価計算とも呼ばれる），原価企画の3つを取り上げる．これらの技法は，その特徴と意義がそれぞれ異なる．これを理解するには，コスト管理の諸技法について，製品の研究開発から生産体制に入るまでの製品製造ライフサイクルのどの時点で，それを行うかによって分類するのが有効である．これらが実施される時点ごとに，それに適したコスト管理活動や技法は異なるのである．コスト管理技法と製品のライフサイクルを関連させて図示すると，図6.1のようになる．

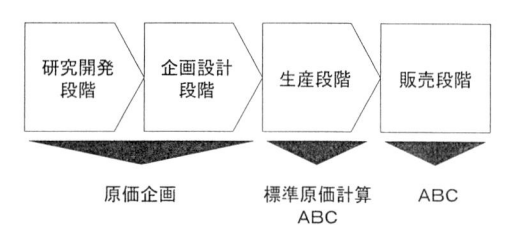

図 6.1　製品ライフサイクルとコスト・マネジメント

6.1 コスト管理と経営環境の変化

コスト管理は，経営環境の変化と密接に結びついている．この関係を捉えるため，伝統的な原価管理手法である標準原価計算が，どのような経営環境の変化への対応から誕生したかに注目する．

当初行われていた原価計算は，実際原価計算であった．これは，事後的にアウトプットである製品などに原価の割当あるいは配分を行い，それに利益を加えて販売価格を決定することを主目的として確立したものであった．しかし，次第に多数の企業が市場参入することによって競争が激化し，さらには受注生産から見込生産へという生産形態の変化が生じた．これによって，市場には安価な製品が提供されるようになり，生産した製品について企業側が売価を決定し，販売することは次第に難しくなっていった．このような経営環境の変化に呼応するように，原価計算に期待される役割は変化していった．個々の製品に原価を割り当てて売価を決定するという従来の役割から，原価が予定した範囲に収まるように原価を管理するという役割が要求されるようになっていったのである．そのため，原価を製造の事前段階で，能率測定に基づく目標値として設定し，その目標値としての標準原価と実績を比較して原価の差異を計算する標準原価計算が考案されたのである．

企業は現在，このようなプランニングとコントロールをさまざまな局面で行っている．生産計画において不良品率やリードタイムのように物量単位で行われることもあるが，一般に原価やコストを中心に行われている．なぜなら，日常的に経験するように，原価やコストはそのプランニングとコントロールを行わないと，次第にその額を膨張させ，際限なく発生するという傾向があるためである．このため原価管理は，標準原価計算が考案された時代から現在に至るまで，常に重要課題であり続けているのである．そして，標準原価計算を一例としたように，コスト管理技法は経営環境に対応して発展を続けながら，企業経営の永遠の課題として今後も探求され続ける．

6.2 標準原価計算

標準原価計算は，テイラーの「科学的管理法」に根ざす計算技法であり，標準

という目標値を決めて,それに基づいた管理を行う原価計算である.標準原価計算が必要となったのは,上述したように原価管理という目的に対して実際原価計算が役立たなくなったためである.たとえば材料の使用量や価格,作業員の作業時間には,偶然的な変動が生じている.実際原価計算の数値は過去における偶然的変動を含む実績の集計であり,正常な目標とするべき数値ではないため原価管理には役に立たないのである.科学的に適切な標準を設定し,それを実績と比較し,それらの差異を示す標準原価計算を行うことによってはじめて目標とする標準原価に近づける努力をするように動機づけられることになる.このような利点があるため,標準原価計算は,原価管理のための原価計算として現在でも多数の企業によって採用されているのである.また標準原価計算は,財務諸表作成に用いることができるという意味で,制度上認められた原価計算方法という特徴ももっている.

標準原価計算の実施手続き

標準原価計算の手続きについて,その一連の流れを示したのが図6.2である.これらを簡単に説明する.

Step 1: 原価標準の設定

担当部門の代表者が集まって,製品1単位当たりの標準原価である原価標準を設定する.

Step 2: 標準原価の計算

原価標準を利用して,生産状況に応じて標準原価を計算する.

Step 3: 実際原価の計算

標準原価計算では,その後の標準原価との比較のために,実際の消費量,作業時間,実際原価も集計される.

Step 4: 標準原価と実際原価の差異計算

材料費などそれぞれの費目について,標準原価と実際原価との差額である差異を計算する.

Step 5: 原価差異の原因分析

さまざまな原価差異について,どのような原因でそれらの差異が発生したかを分析する.

6.2 標準原価計算

```
Step 1  原価標準の設定
Step 2  標準原価の計算
Step 3  実際原価の計算
Step 4  標準原価と実際原価の差異計算
Step 5  原価差異の原因分析
```

図 6.2 標準原価計算の実施手続き

原価標準の設定

標準原価計算の最初の手続きは，目標となる製品単位当たりの標準原価である原価標準を設定することである．この設定は，製品に関連をもつ技術関係の諸部門，製造関係の諸部門からの担当者が，科学的，統計的調査に基づいて行わなければならない．資料の客観性が確保されてはじめて，適切な標準原価と認められるものとなる．ただし，製造を取り巻く環境は常に変化しているため，標準原価もそれに伴って変化する．したがって，半年あるいは1年ごとにその見直しを行い，標準の改訂を行う必要がある．

標準原価計算では通常，製造原価を直接材料費，直接労務費，製造間接費に分類し，それぞれについて各自の標準を設定する．ただし，製造間接費については変動予算と固定予算の2通りの方法があるが，原則的には変動予算による標準設定が望ましい．

1) 直接材料費標準の設定
   ① 材料消費量標準： 材料の種類ごとに科学的に決定した製品単位当たりの標準消費量
   ② 材料価格標準： 材料の予定価格あるいは正常価格
2) 直接労務費標準の設定
   ① 標準作業時間： 時間研究などの科学的調査により各区分作業ごとに設定した標準時間
   ② 標準賃率： 作業に対する予定賃率あるいは正常賃率

3) 製造間接費標準の設定
① 変動予算： 正常操業圏内の各操業度に対応して算定する製造間接費予算

製造間接費を変動予算として設定する方法については，第5章において説明した．たとえば，費目別精査法を用いれば，各種の費目を固定費と変動費に分類することによって，それぞれの操業水準に応じた製造間接費が予定できる．このとき，標準原価計算では，ただ単に固定費と変動費の金額を決定するのではなく，科学的に適切な能率水準でそれぞれの発生額を予定しなければならない．図示すると，結果的に設定される変動製造間接費予算は図6.3のようになる．

標準原価計算の実施期間において，正常操業圏のなかで，予定とする正常な操業度，つまり基準操業度を決定し，それをもとに製品単位当たりの標準製造間接費配賦率を決定する．この標準製造間接費配賦率は以下の式で計算する．

$$標準製造間接費配賦率 = \frac{基準操業度の変動費予算額}{基準操業度}$$

② 固定予算： 予定の操業度に対応する固定的製造間接費予算

固定予算は，変動予算とは異なり，唯一の目標予算額が決定される予算設定方法である．すなわち，作業時間などについて，目標とする基準操業度を決定すると，その操業度に対応する予算額が決定される．この予算は，固定

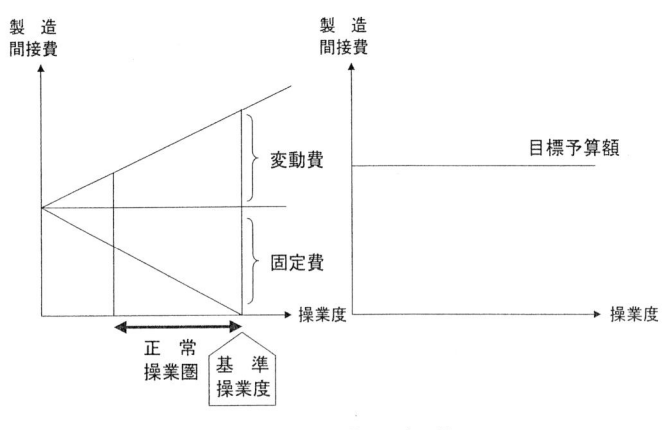

図 6.3 変動予算と固定予算

予算という名前のとおり，固定的な目標金額となる．したがって，予算決定後に目標としていた操業度と実際の操業度が異なっていたとしても，それを考慮せずに予算額と実際額の比較・検討が行われる．当然，操業度水準が異なれば製造間接費も異なるが，それを考慮しないため，理論的には問題がある．図示すると，固定予算は図6.3のようになる．

このようにして決定したそれぞれの原価標準は，標準製品原価表（標準原価カード）に記載し，その後の計算に利用される．例題6.1には，このカードを簡略化したものが示されている．

標準原価計算における原価差異計算方法

標準原価計算には，勘定を用いた簿記一連の手続きにおいて，どの段階で標準原価を計算に組み入れて各種の原価差異を計算するかによって，パーシャル・プランとシングル・プランという2通りの方法がある．パーシャル・プランは，期末の実際生産量をもとに標準原価を算定して差異を計算する方法であり，期末になって各種原価差異の計算が行われる．一方，シングル・プランは，製造開始あるいは完成時に原価差異を計算するという方法である．勘定でみると，仕掛品勘定にその違いが現れる．シングル・プランでは，早ければ材料などの投入段階で差異が計算されるため，仕掛品勘定の借方がすでに標準原価で計算される．ところが，期末に差異を計算するパーシャル・プランでは，仕掛品勘定の借方は実際原価である．いずれの方法も仕掛品勘定の貸方以降は標準原価で計算され，製品は標準原価で計算される．以下ではパーシャル・プランの計算方法について説明する．

1) 直接費の差異計算

直接材料費の差異計算は，各材料ごとに，次の式に従って行われる．この計算では実際発生額から目標とする標準金額を差し引くため，プラスの値は実際額が目標を上回っているという不利な差異を表す．逆に，マイナスの値は有利な差異を表す．直接材料費の価格差異と数量差異を図示したのが図6.4である．

　　　　総差異＝実際直接材料費－標準直接材料費
　　　　　　　＝価格差異＋数量差異
　　　　価格差異＝（実際価格－標準価格）×実際材料消費量
　　　　数量差異＝（実際材料消費量－標準材料消費量）×標準価格

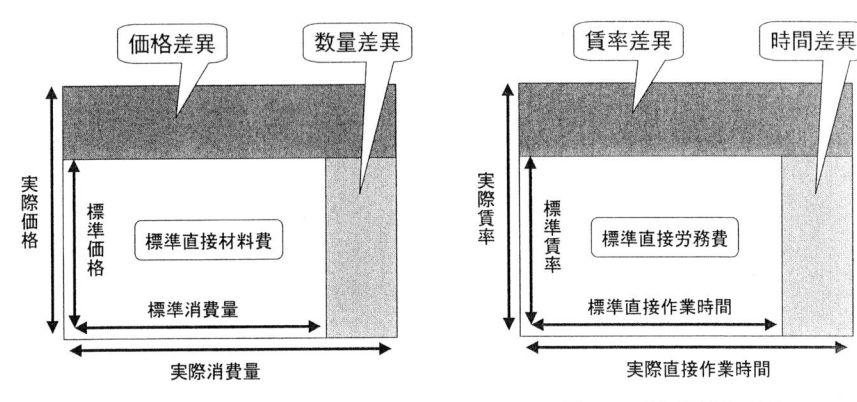

図 6.4 直接材料費の差異   図 6.5 直接労務費の差異

直接労務費についても同様に，次の式に従って差異計算が行われる．直接労務費の賃率差異，時間差異が図 6.5 に示されている．

総差異 ＝ 実際直接労務費 － 標準直接労務費
　　　 ＝ 労働賃率差異 ＋ 労働時間差異
労働賃率差異 ＝ (実際賃率 － 標準賃率) × 実際直接作業時間
労働時間差異 ＝ (実際直接作業時間 － 標準直接作業時間) × 標準賃率

【例題 6.1】
次の資料から，当月の直接材料費および直接労務費の差異を計算せよ．
[資料]
① この製品の原価標準カードは以下のとおりである．

```
標準原価カード
 標準設定日：2000 年 4 月 1 日
 改訂日：
 直接材料費   （標準価格）      （標準消費量）
   a 材料     100 円    ×    4 kg        400 円
 直接労務費   （標準賃率）      （標準作業時間）
   a 部門     200 円    ×    3 時間      600 円
 製造間接費   （標準配賦率）    （標準作業時間）
             100 円    ×    3 時間      300 円
 標準製造原価                            1,300 円
```

② 当月生産量
月初仕掛品　　なし
完成品　　500個
月末仕掛品　200個（直接労務費の進捗度50%）
③ 当月の実際データ
直接材料費　2,500 kg×110円/kg＝275,000円
直接労務費　2,160時間×190円/時＝410,400円

▷解答
◆ 直接材料費

月初仕掛品はゼロで，進捗度は考慮する必要がないので，標準直接材料費の計算は，当月の生産量の（500個＋200個）をもとに計算する．

総差異＝275,000円－{400円/個×(500個＋200個)}＝－5,000円(有利差異)
価格差異＝(110円－100円)×2,500 kg＝25,000円(不利差異)
数量差異＝{2,500 kg－(500個＋200個)×4 kg}×100円＝－30,000円(有利差異)
∴ 総差異＝25,000円－30,000円＝－5,000円

◆ 直接労務費

直接労務費については，直接材料費と異なり，進捗度を考慮して計算する．

総差異＝410,400－{600円/個×(500個＋200個×50%)}＝50,400円(不利差異)
賃率差異＝(190円－200円)×2,160時間＝－21,600円(有利差異)
時間差異＝{2,160時間－3時間/個×(500個＋200個×50%)}×200円
　　　　＝72,000円(不利差異)
∴ 総差異＝－21,600円＋72,000円＝50,400円

2） 製造間接費の差異計算

製造間接費の差異計算にはいくつかの方法があるが，ここでは差異を4つに分類する四分法を説明する．差異計算は次の式に従って行われる．直接材料費，直接労務費と同様に，実際発生額から標準額を差し引くため，プラスの値は不利な差異を，マイナスの値は有利な差異を表す．

総差異＝実際製造間接費－標準製造間接費(標準配賦額)
標準製造間接費＝標準配賦率×(実際生産量に対応する)標準作業時間

以下の4つの差異については，図6.6を参照しながら計算式をたどり，その意味を確認してほしい．

予算差異＝実際製造間接費－実際作業時間に対応する変動製造間接費予算額

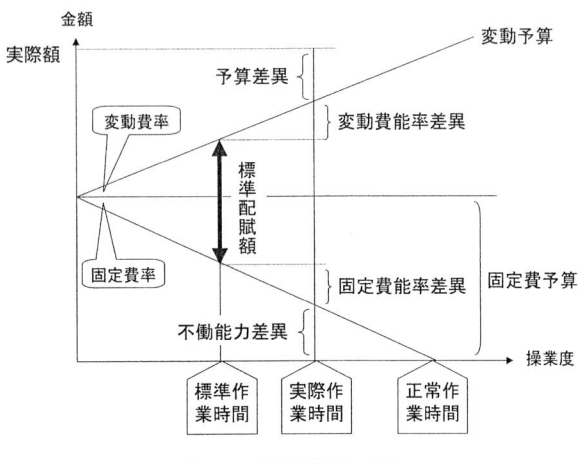

図 6.6 製造間接費の差異

変動費能率差異＝（実際作業時間－標準作業時間）×変動費率
固定費能率差異＝（実際作業時間－標準作業時間）×固定費率
不働能力差異＝（正常作業時間－実際作業時間）×固定費率

【例題 6.2】
　A工業は，製品 X を生産し，標準原価計算を採用している．以下のデータをもとに，四分法による製造間接費の原価差異の計算を行うこと．
　［データ］

①	製品単位当たり標準直接作業時間		2 時間
②	年間正常直接作業時間		72,000 時間
③	年間製造間接費予算	変動費	1,800,000 円
		固定費	1,440,000 円
		合計	3,240,000 円
④	当月実際直接作業時間		5,800 時間
⑤	当月実際製造間接費	変動費	180,000 円
		固定費	120,000 円
		合計	300,000 円

⑥　当月生産データ　　月初仕掛品　　100 個(進捗度 50%)
　　　　　　　　　　　当月完成品　　2,800 個
　　　　　　　　　　　月末仕掛品　　50 個(進捗度 50%)

▷**解答**

まず，データ②と③を用いて，変動費率，固定比率，月間固定費予算を計算する．

$$\text{変動費率} = \frac{1{,}800{,}000\ \text{円}}{72{,}000\ \text{時間}} = 25\ \text{円/時}$$

$$\text{固定費率} = \frac{1{,}440{,}000\ \text{円}}{72{,}000\ \text{時間}} = 20\ \text{円/時}$$

$$\text{月間固定費予算} = \frac{1{,}440{,}000\ \text{円}}{12} = 120{,}000\ \text{円}$$

これらの値から総差異および各差異を計算する．

総差異＝300,000 円－(25 円/時＋20 円/時)
　　　　×(2,800－100×50%＋50×50%)個×2 時間/個
　　＝50,250 円(不利)
予算差異＝300,000 円－(25 円/時×5,800 時間＋120,000 円)
　　　　＝35,000 円(不利)
変動費能率差異＝(5,800 時間－5,550 時間)×25 円/時＝6,250 円(不利)
固定費能率差異＝(5,800 時間－5,550 時間)×20 円/時＝5,000 円(不利)
不働能力差異＝(6,000 時間－5,800 時間)×20 円/時＝4,000 円(不利)
総差異＝35,000 円＋6,250 円＋5,000 円＋4,000 円＝50,250 円

原価差異の原因分析

　標準原価計算は原価管理のための原価計算である．原価管理のためには，すでに示した各種原価差異を計算すると同時に，それらが有利差異か不利差異かにかかわらず調査を行い，その原因を明らかにすることが重要である．

　差異の原因については，それを管理可能なものと管理不可能なものの 2 つに分類して検討する必要がある．たとえば，直接材料費において数量差異が発生したとする．数量差異は材料の消費量の超過を示しているが，それが単純な作業ミスによる場合には管理可能な差異である．ところが，当初設定した標準自体が過少に予測されていたために，作業内容には関係なく必然的に発生することもある．その場合には管理不可能な差異ということになる．直接労務費，製造間接費についても同様に，詳細な調査を行って，各種原価差異の原因分析を行う必要がある．

6.3 ABC

ABC（Activity-Based Costing）は，第3章において説明した，財務諸表の作成を主目的とする「伝統的原価計算」に対し，それに代わる新たな原価計算・管理会計システムとして提唱され，欧米を中心に広く普及している．「伝統的原価計算」は，20世紀初頭に定着して以来，多くの企業で実践されてきた．しかし，製造を取り巻く環境はその当時とは比べようもなく激変している．これは，コスト計算の構造にも影響を与える．特に頻繁に言及されるのが製造間接費の資源消費状況の変化である．この資源消費状況の変化に注目し，現在の製造環境の下で，適切な原価計算はどのようなものかについて，製造現場と密着して研究を行うことにより，ABCが誕生した．

当初，ABCは，製造業における製品原価計算の手法としてスタートしたが，その後，サービス業の原価計算方法としても高く評価され，相次いで導入されている．さらに現在では，ABM（Activity-Based Management）として適用範囲を拡大し，重要なコスト・マネジメントの手法と認識されている．

「伝統的原価計算」の問題点

企業および原価計算をめぐる環境変化として，生産自動化，多品種少量化などが挙げられる．これは，「伝統的原価計算」の計算の前提とは大きく異なる．「伝統的原価計算」は，製品の加工をはじめとして各種作業は人手によるものが大半を占めるという前提で，生成，発展してきた計算手法である．ところが，現在では，設備が製造を行い，そのための段取や設計など製造のための各種サポート活動に多くの人手を要するという製造環境に変化している．このため，以前に比べ直接労務費が減少し製造間接費が激増することとなった．この結果，製造間接費の製品への配賦が以前に比べて飛躍的に重要な意味をもつようになってきたのである．

ところが，製造間接費が製品原価の構成割合としては小さかった製造環境の下で発展してきた「伝統的原価計算」は，詳細な製造間接費の配賦を必要としなかった．さらに，かつては直接費を要する製品ほど製造間接費も消費するという比例関係を考えても差し支えなかったために，製品への配賦の基準として直接作業時間や直接労務費などの直接費を採用していた．現在では，製品による直接費の

消費と製造間接費の発生との間には，比例的な関係，あるいは何らかの因果関係が認められないことが多くなっている．そのため，直接費の消費に基づく製造間接費の配賦は疑問視され，製品原価に「歪み」が生じているという問題が提起されることとなったのである．

このような製品原価の「歪み」を解消するために，現代の製造環境に適応した正確な製造間接費の配賦を行うための原価計算として ABC は誕生した．

ABC の特徴

ABC は，通常の原価計算と同様に，直接材料費，直接労務費，製造間接費の各費目別計算から構成されている．ここで注意するべきことは，直接費については製品がどのように材料や労働力を消費しているか明らかであるため，ABC でも，その計算は通常の原価計算と同じだということである．つまり，ABC と「伝統的原価計算」では製造間接費の配賦計算のみが異なるのである．

ABC の場合，製造間接費については，各種間接業務活動であるアクティビティに注目し，次のような視点から計算を行う．

① 製品はアクティビティを消費する．

② アクティビティは資源を消費し，それによりコストが発生する．

製品を製造するためには間接業務活動が必要であり，その各種活動を行うことによってさまざまな資源が消費され，その結果，製造間接費が発生すると考えるのである．たとえば，製品製造のためには材料の加工が必要であるが，そのためには材料購入，検査，工程搬出入などの間接作業であるアクティビティが必要となる．そのアクティビティの遂行のために，物品を購入したり従業員を雇用したりすることとなり，そのような資源消費により原価が発生しているのである．

このように，製品製造という原価の発生原因に注目することで，結果的に，次の2点が「伝統的な原価計算」における製造間接費の計算手続きとは異なるものとなっている．

① 製造間接費の構成については，従来の各費目ではなくアクティビティに区分した構成とする．

② 製造間接費の配賦基準には直接費関連の基準ではなく，コストの発生原因に関連するものを選択する．

ABC の計算手続き

以上のような ABC の特徴を踏まえて，ABC における製造間接費の配賦に関する計算手続きをみていくことにしよう．ABC の計算手続きは図 6.7 にあるような 5 段階から構成されている．以下では，これらの 5 つの計算手続きを説明する．

Step 1： アクティビティの識別と決定

第 1 段階のアクティビティ（間接作業）の識別と決定は，製品製造に関わる，目標をもったすべての活動を認識し体系的に分析することから開始される．製造現場で実際の作業を観察したり，あるいは作業担当者から聴取するなどして，製品製造の補助を行う間接活動について，それがどのようなアクティビティから構成されているか分析・識別される．この分析を行うことによって，購買，段取，仕様変更，材料搬出入，品質管理，生産管理などのアクティビティが抽出される．

これらのアクティビティは，部門横断的な細分化されたプロセスとしての個々の業務活動であり，原価部門と必ずしも一致する必要はない．しかし，実際には便宜上，原価部門をベースに行われることが多い．これらアクティビティをいくつに設定するかについては，製品原価の計算で，どのくらいアクティビティのコストを正確に割り当てたいかという視点から決定すればよい．その業務の内訳を正確に反映するように，詳細にコストを配分したければ，それだけアクティビティを細分化する必要がある．たとえば，購買アクティビティについて，それを 1 つのアクティビティとしてまとめずに，調達計画，業者決定，注文などのように購買業務をさらに細分化すればよいのである．

- Step 1　アクティビティの識別
- Step 2　各アクティビティへのコストの集計
- Step 3　コスト・ドライバーの決定
- Step 4　チャージ・レートの計算
- Step 5　製品へのコスト配賦

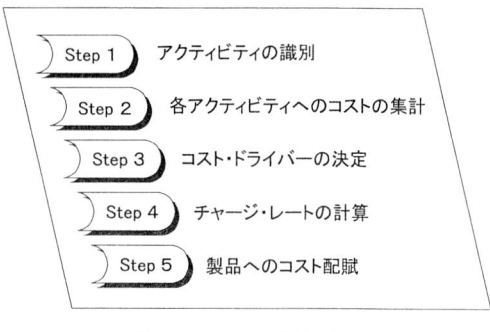

図 6.7　ABC の計算手続き

Step 2: 各アクティビティへのコストの集計

次の段階で行うのは各アクティビティへのコストの集計である．集計対象となる各アクティビティは，アクティビティ・コスト・プールと呼ばれている．

通常の原価計算では，間接材料費，間接労務費，間接経費の諸費目について，部門ごとにコストを割り当てる計算を行っていた．しかし，ABCでは，製造間接費の諸費目を部門ではなくアクティビティごとに，そのおのおのがどれくらい資源を消費したかに応じてコストを集計する．たとえば，通信費であれば各アクティビティに要した通信回数，建物に関するコストであれば各アクティビティの使用した面積などによって，各アクティビティにコストを割り当てて集計するのである．このとき，コストを割り当てる基準は資源ドライバー（resource driver）と呼ばれている．このように行われるコストの集計は，アクティビティ・コスト・プールへのコスト集計とも呼ばれている．

Step 3: 各アクティビティにおけるコスト・ドライバーの決定

第3段階では，コスト・プールごとに集計した原価を製品に割り当てるためのコスト・ドライバーを決定する．コスト・ドライバーは，アクティビティ・コスト・プールのコストを製品に配分するための基準として用いられるが，これは製品製造における，コスト発生原因である．つまり，あるアクティビティが遂行されているときに，その遂行されているアクティビティの具体的な水準を示すものである．

この段階では，個々の製品によるアクティビティの具体的な消費量を，このコスト・ドライバーに基づいて計算する．したがって，コスト・ドライバーの選択に際しては，アクティビティとそのコストに因果関係が存在することが望ましい．可能であれば，アクティビティの遂行によって発生するコストの水準を最も説明できる要因を見つけだすべきである．たとえば，購買アクティビティが遂行されているときに，そのコストは購買注文することによって生じ，その回数が多いほど増加すると考えられる．このような関係を抽出できれば，購買アクティビティのコスト・ドライバーを購買注文回数とすることができる．アクティビティとコスト・ドライバーの具体的な例は，図6.8に示すとおりである．

Step 4: コスト・ドライバーごとの原価配賦率（チャージ・レート）の計算

以上のようにコスト・ドライバーが決定できると，各アクティビティのコスト・プールに集計されていたコストを，各製品が消費したコスト・ドライバー量

アクティビティ	コスト・ドライバー
設備の段取	段取の回数・時間
購　買	購買回数・所要時間・重量
製品仕様の変更	仕様変更回数
材料の搬出入	搬出入の回数・距離・時間
品質管理	検査回数・時間
作業管理事務	作業時間・作業員数

図 6.8　コスト・ドライバーの決定

に応じて配分することができる．このために用いる一種の配賦率がコスト・ドライバー別チャージ・レートである．これは，次のように計算する．

$$\frac{一定期間のアクティビティのコスト}{その期間のアクティビティのコスト・ドライバー量}$$

Step 5：　製品の消費したコスト・ドライバー量に応じたコスト配賦

最終的に，このようにして計算したチャージ・レートを用いることによって，製品の消費したコスト・ドライバー量に応じて，製造間接費が配賦される．ABCによれば，たとえば購買に関する問い合わせや注文に多くの回数を要する手間のかかる製品ほど高コストになる．従来のように，製造間接費を製造部門に集計して，直接費関連の数値の多寡で製品に配賦されることはなく，原価の発生

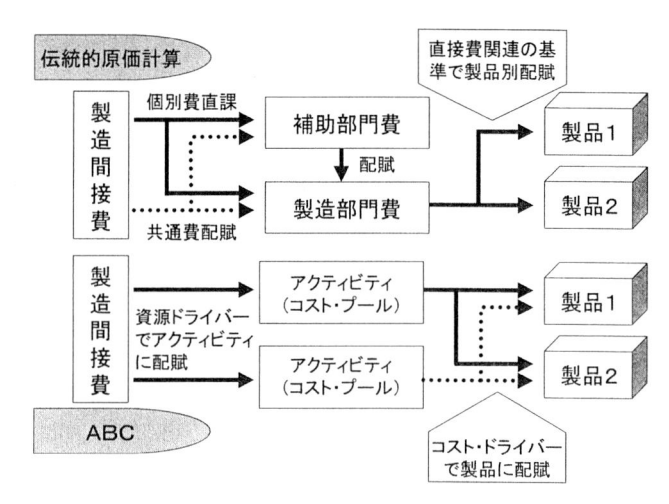

図 6.9　伝統的原価計算と ABC

原因となるアクティビティをより多く消費する製品ほど製造間接費が多く配賦される原価計算であることが容易に理解できる．簡略化して伝統的原価計算とABCを比較すると図6.9のようになる．

【例題 6.3】

X社は実際部門別原価計算を実施している．しかし，製造環境の変化を考慮して，ABCの導入を検討している．そこで，これら2つの原価計算方法の計算結果を算出することにした．以下のデータを用いて，次の問いに答えよ．

1) 実際部門別原価計算によって，製品AおよびBの製品原価を計算せよ．ただし，補助部門費の配賦は階梯式配賦法によることとする（第3章を参照せよ）．
2) ABCによって，製品AおよびBの製品原価を計算せよ．

[部門別原価計算のためのデータ]

① 直接費に関するデータ（単位：円）

	製品A	製品B
直接材料費	200,000	250,000
直接労務費	350,000	400,000

② 製造間接費に関するデータ（単位：円）

	合計	製造部門		補助部門	
		切削	組立	動力	工場事務
部門個別費	880,000	300,000	460,000	80,000	40,000
部門共通費	400,000				

a. 共通費は以下の各部門の面積比で配賦する．

切削	組立	動力	工場事務
400 m²	300 m²	100 m²	200 m²

b. 補助部門費は以下の配賦基準とその数値を用いる．

	切削	組立	動力	工場事務
動力部門(動力消費量)[ワット]	30,000	60,000	—	10,000
工場事務部門(作業員数)[人]	30	10	10	—

c. 部門費の計算は次表に記入すること．

	製造部門		補助部門	
	切削	組立	(　　)	(　　)
部門個別費				
部門共通費				
部門別合計				
(　　　　)				
(　　　　)				
製造部門費合計				

③ 製品別配賦では，切削部門費には機械運転時間，組立部門には直接作業時間を用いる．当月の総機械運転時間 2,000 時間のうち，A を製造するために 400 時間，B を製造するために 500 時間を費やした．当月の総直接作業時間は 700 時間であり，A を製造するために 150 時間，B を製造するために 200 時間を要した．

[ABC のためのデータ]

ABC 実施を検討するために，製造間接費を調査し，アクティビティとコストに関する分析を行った．その結果，以下のように，各アクティビティのコスト・プールに原価を集計し，そのコスト・ドライバーを決定した．

アクティビティ・コスト・プール	(円)
購買アクティビティ	240,000
材料取扱アクティビティ	240,000
機械関連費	600,000
段取アクティビティ	200,000

アクティビティ(コスト・ドライバー)	A	B	工場合計
購買アクティビティ(発注回数)[回]	8	2	24
材料取扱アクティビティ(材料運搬回数)[回]	10	2	60
機械関連費(機械運転時間)[時間]	40	50	200
段取アクティビティ(段取時間)[時間]	4	1	10

▷ **解答**

1) 製品原価は直接材料費，直接労務費，製造間接費からなる．直接費はすでに，それぞれ集計ずみなので，第 3 章の個別原価計算における，製造間接費の部門別計算を参照し，補助部門費を製造部門に配賦し，それを製品へと配賦すればよい．

補助部門費の配賦では，階梯式配賦法を行うので，補助部門のいずれを右にするかの決定が必要である．このとき，次の 3 点が重要である．

① 各補助部門の他補助部門へのサービス提供先数

② 個別費と共通費の部門費合計
③ 補助部門が他部門から受けたサービスの金額

そこで，まず共通費を配賦する．配賦基準である各部門の面積比で共通費を割り当てると次のようになる．

	合計	切削	組立	動力	工場事務
部門個別費	880,000	300,000	460,000	80,000	40,000
部門共通費	400,000	160,000	120,000	40,000	80,000
部門費合計		460,000	580,000	120,000	120,000

次に，補助部門費配賦表を記入するため，補助部門のいずれを右にするか決定しなければならない．サービス提供先数はともに相手の補助部門であり同一であり，部門費合計も同額である．したがって，お互いのサービス授受の金額を計算して，より多く相手にサービス提供を行っている方を右にする．それぞれの補助部門費の配賦基準で，その授受額を計算する．

動力から工場事務へ： $120{,}000 \times \dfrac{10{,}000}{100{,}000} = 12{,}000$

工場事務から動力へ： $120{,}000 \times \dfrac{10}{50} = 24{,}000$

このように，工場事務の方が動力により多くのサービスを提供しているため，工場事務部門を表の右に記入し，先に配賦する．それぞれの配賦基準により配賦すると以下のとおりになる．

	製造部門		補助部門	
	切削	組立	（動力）	（工場事務）
部門個別費	300,000	460,000	80,000	40,000
部門共通費	160,000	120,000	40,000	80,000
部門費合計	460,000	580,000	120,000	120,000
（工場事務）	72,000	24,000	24,000	120,000
（動力）	48,000	96,000	144,000	
製造部門費合計	580,000	700,000		

以上で計算した製造部門に集計した製造間接費を③の配賦基準により製品に配賦し，直接費と合計すれば各製品の製品原価となる．

製品A： $200{,}000 + 350{,}000 + 580{,}000 \times \dfrac{400}{2{,}000} + 700{,}000 \times \dfrac{150}{700} = 816{,}000$

製品B： $250{,}000 + 400{,}000 + 580{,}000 \times \dfrac{500}{2{,}000} + 700{,}000 \times \dfrac{200}{700} = 995{,}000$

2) この問題では，すでに資源ドライバーによる各コスト・プールへのコスト集計は終了しているため，コスト・ドライバーごとのチャージ・レートを計算し，コスト・ド

ライバー量に応じ各製品に配賦すればよい．チャージ・レートと各製品の原価は以下のとおりである．

◆ チャージ・レート

購買アクティビティ： $\dfrac{240,000 \text{ 円}}{24 \text{ 回}} = 10,000$ 円/回

材料取扱アクティビティ： $\dfrac{240,000 \text{ 円}}{60 \text{ 回}} = 4,000$ 円/回

機械関連費： $\dfrac{600,000 \text{ 円}}{200 \text{ 時間}} = 3,000$ 円/時間

段取アクティビティ： $\dfrac{200,000 \text{ 円}}{10 \text{ 時間}} = 20,000$ 円/時間

◆ 製品原価

	A	B
直接材料費	200,000	250,000
直接労務費	350,000	400,000
製造間接費		
購買アクティビティ	80,000	20,000
材料取扱アクティビティ	40,000	8,000
機械関連費	120,000	150,000
段取アクティビティ	80,000	20,000
	870,000	848,000

　以上のように，伝統的な原価計算とABCでは異なった計算結果が得られる．このような結果となるのは，伝統的原価計算では，機械を長時間使い作業量の多い製品ほど製造間接費をより多く負担するのに対し，ABCではアクティビティの消費に基づいて製造間接費を負担するからである．このため，伝統的原価計算では製品Bが高コストであるが，ABCでは製造に関して手間のかかる製品Aの方が高コストとなる．

ABCとサービス・コスト計算

　無形の財であるサービスに関するコスト計算は，以前から重要課題として認識されていた．しかし，それは企業の財産として次期に繰り越しできず，会計上，提供するサービスごとのコスト計算は要求されてはいない．しかし，現在では，そのようなサービスのコストが激増し，コストを管理するにはサービスのコスト計算が不可避の課題となっている．そこで，当初，製品原価計算の技法としてス

タートしたABCが注目を浴びることとなった．

ABCでは，製造間接費をアクティビティごとに割り当て，そのアクティビティのコストを，アクティビティ消費量に応じて，アウトプットとしての製品に配分している．このようなABCの原則を適用すれば，アウトプットを製品ではなく，サービスにして間接費を割り当てることも可能である．ABCは，アクティビティの消費量を用いてアウトプットにコストを割り当てるので，原価の発生原因との関連性に基づいてコストが配分されるという利点をもつ．したがって，あるサービスについても，それを提供するために，個々のサービスがどれくらい資源消費したかを合理的に跡づけたコスト計算が可能である．

現在では，ABCが非製造業の原価計算手法として注目を集め，実際に導入している企業も少なくない．まだ欧米企業が中心ではあるが，その適用範囲は金融，物流，電気通信，病院，さらには政府機関にまで及び，サービスのコスト計算手法として定着しつつある．また製造業においては，製造間接費のみならず，従来からサービス業務のコストとして重視されてきた販売費や一般管理費にABCを適用する企業もみられるようになった．これらの企業では，原価計算対象を事業部などの組織部門として，ABCを用いて各部門にコストを配分する計算が試みられている．

ABM

ABMは，ABCによるコスト情報に基づいたコスト・マネジメント技法である．上述したABCはあくまで，原価の実績値を製品に割り当てるための計算である．この情報を用いてコスト・マネジメントを行うには，計画設定と統制の両者が備わっていなければならない．すなわち，適切なマネジメントを行うためには，あるべきコストがどのようなものかを検討し，その数値を計画し，それに基づいて統制を行う必要がある．このような計画と統制を行うという点で，ABMは，文字どおり，アクティビティに基づいたマネジメントといえよう．

ABCではアクティビティのコストを製品へと原価集計することが中心であるのに対し，ABMでは，ABCが提供する各種アクティビティの情報に注目し，そのアクティビティの内容の改善を行う．ABMで行われる主要な分析技法は，コスト・ドライバー分析とアクティビティ分析の2つである．

1) コスト・ドライバー分析

コスト・ドライバー分析では，コストの発生原因であるコスト・ドライバーが何かを明らかにし，それについて検討を加える．ここでは，アクティビティ間の相互関係，つまりあるアクティビティが次のアクティビティをどのように引き起こすかを明らかにし，継続的な改善活動を行うことを通して，コスト削減を目指す．たとえば，在庫管理部門でのアクティビティで，完成品入庫，入庫記録，出庫という流れを仮定する．もし，販売ネットワークを整備して，完成時に顧客に納入できれば，入庫以下のアクティビティを不要にすることも可能である．それにより，多大なコストが削減できる．

2) アクティビティ分析

アクティビティは企業組織で行われる業務活動を細かく分割したものである．アクティビティ分析では，まず，これらアクティビティについて，それが付加価値的なものか，非付加価値的なものかに分類する．ここで，付加価値的か否かの判断は，そのアクティビティの存否が顧客満足に影響を与えるか否かによって行われる．もし，そのアクティビティがなくても顧客満足に影響がないと考えることができるならば，そのアクティビティは非付加価値的なものと判断される．この分析によって非付加価値的アクティビティに分類されたものは，削減の対象とされ，その具体的な削減方法が検討される．非付加価値的アクティビティの例としては，購買部門における仕入部品の検品などを挙げることができる．顧客にとっては，最終製品の品質保証さえ得られればよいのであって，部品を検品すること自体に何の興味もない．部品の検品は顧客満足に影響を与えないのである．よって，このアクティビティについては，仕入体制の改善によって削減を目指すことが望ましい．

その他に，ABM では，ABC の予算化である ABB（Activity-Based Budgeting）や，各顧客別にコストを配分して，そのおのおのの収益性について検討する，顧客収益性分析などが実施されている．

6.4 原 価 企 画

熾烈なグローバルな競争の渦中にある企業は，製品の提供に際して顧客満足の向上を追求しており，より高いコスト・パフォーマンスの実現を目指している．

コスト・パフォーマンスの向上を実現するためには，その方策の1つとして，低コストでの製品製造が必要不可欠な前提条件となる．このような状況では，かつてのように，発生する原価を一定の許容範囲に収めるという意味での原価管理では不十分であり，積極的に原価引き下げを目指す原価低減へと，コスト・マネジメントの目標も変化している．このため，コスト・マネジメントの技法についての重要性も，かつて重視された製造段階における原価管理のための標準原価計算から，製造事前段階での原価低減を目指す原価企画へと移行してきている．

原価企画の意義

原価企画は，日本の製造業の象徴ともいえる自動車，家電などの加工組立型産業で広く実施されている．これらの産業に属する企業では，顧客ニーズの変化が早く，製品のライフ・サイクルが短いため，製造段階で原価削減を目指しても，そのときにはすでに手遅れということになってしまう．したがって，製品の製造を開始する前の段階，つまり製品企画や設計段階から，低コストの実現に向けた取り組みを行うことが重要になっている．

原価企画は，企業実践から創出された優れた管理会計技法として認識されている．現在，相当数の企業において，企業の原価低減，そして最終的には利益の獲得に貢献している．実際には，各種各様の原価企画が実施されているが，共通にみられる基本的な特徴としては，製造の事前段階でコストの予定額を設定することと，そのときにVE（value engineering）を利用することが挙げられる．VEとは，製品・サービスを機能の集合体として捉え，その機能を実現できるさまざまな方法を考案し，そのなかで最も低コストで実現できる方法を評価し選択するツールである．VEは，製品企画段階，製品化段階，製造段階でそれぞれ行われるが，ここでは製品企画段階におけるVE（0 Look VE）に注目している．これらによって，製造の事前段階でほとんど決まってしまい，製造後には削減の余地が限られるコストを，大幅に削減することができるのである．

原価企画の手続き

1つの製品について，原価企画を実行していく一連のプロセスには，2つの重要なフェーズがある．1つは，その製品の目標とする原価を設定するフェーズであり，もう1つは，その目標原価を達成するために，どのような方法をとるべき

かを検討するフェーズである.

　原価企画は，最終的には，利益の獲得に貢献することが要求される.したがって，原価企画では，目標原価の設定よりも先に利益計画が前提となる.利益計画では，目標利益が確定しており，さらに個々の製品種類ごとの目標利益までも予定していなければならない.というのは，この利益を獲得できるように，製品の価格と原価を見積もることになるからである.

　このように，目標利益と関連づけた目標原価の設定は，新製品ライフ・サイクルの初期に行われる.製品製造のライフ・サイクルは，製品企画，設計，製造準備，製造という順序をとるため，当然，その設定は，企画および設計段階で行われる.このとき，実務上は，次式の関係が計算の基礎となる.

　　　許容原価＝予想販売価格－目標利益

このようにして計算した，理想的な原価である許容原価を基礎として，調整を行い目標原価を決定するのが一般的である.

　こうして目標原価が決定すると，それを達成するために，どのような方法をとるかについて，多面的な検討を加えるという次のフェーズに入る.ここでは，設定された目標原価をさらに細分化して，いかにして目標原価を達成するかを検討するため，VEを実施する.VEでは，対象とする製品の機能を維持しながら，材料費や労務費などの原価削減を目指す.そのため，材料や形状の変更，作業方式の変更などが検討される.原価企画では，このような分析を継続的に行い，目標原価を達成できる製品へと近づけていくのである.

Column 5

ライフサイクル・コスティング

　　製品・サービスのコストは通常，比較的短期，たとえば1カ月を単位として測定され報告される.これに対し，ライフサイクル・コスティングは，製品・サービスのライフサイクル全体を対象とするため，長期的な視点を提供する.たとえば，設計にあまり投資しなければ，ライフサイクルの後半におけるマーケティングやサービスのコストが大きくなるかもしれない.これまで，コスト・マネジメントは製造コストに焦点を当てる傾向が強かったが，産業によってはそれ以外のコストの方が大きなウエイトを占めることがあるため，ライフサイクル全体にわたる総コストに注目する必要がある.

製品・サービスのライフサイクル全体にわたる総コストは一般に，以下の3つに大別できる．
① 上流コスト：　研究開発，設計，品質管理
② 製造コスト：　購買，直接製造費，間接製造費
③ 下流コスト：　マーケティング，物流，サービス，製品保証

たとえば，上・下流コストの両方が大きい産業として医薬品や自動車，上流コストの大きい産業としてソフトウェア，下流コストの大きい産業として小売や化粧品などが挙げられる．

　上・下流コストのマネジメントは，供給業者や流通業者との関係強化や情報技術の利用などを含む，さまざまな方法で行われている．サプライチェーン・マネジメント，コンカレント・エンジニアリングなどは，製品の開発・流通という視点だけでなく，ライフサイクル・コスティングという視点からも重要な取り組みといえる．ライフサイクル・コスティングにおいて，特に重視されているのが，設計段階における意思決定である．設計段階で発生するコスト自体は，製品・サービスのライフサイクル全体のコストからみればほんのわずかであるが，その段階における決定が残りのライフサイクル・コストの大部分を左右することになる．この段階で，リードタイム，製造しやすさ，将来のサービス・コストなどをどれくらい考慮に入れられるかということが，製品・サービスの総コストをほぼ決定してしまうのである．

　最近，ライフサイクル・コスティングは，地球環境問題への関心の高まりを背景に，大きな注目を集めている．家電リサイクル法などの規制の影響もあるが，企業は，製品を顧客に販売するまでだけでなく，顧客が使用し廃棄するときに発生するコストまで考慮する必要がある．具体的には，廃棄物の処分や廃出量削減の方法，製品や部品，原料のリサイクルやリユースの方法などを，環境への負荷とコスト効率性の両方を考慮して開発することが，重要な課題となっている．

7 戦略的投資の評価と決定

　企業は，将来に向けて長期的な展望をもちながら，毎期の経営活動を行っている．企業理念やミッションに沿った長期的展望は，経営戦略や競争戦略として策定され，それらに基づいて数値的な裏付けをもつ戦略経営計画が策定される．設備投資や研究開発投資をはじめとする企業の資本的支出は，この戦略経営計画のなかで投資プロジェクトという形で具体化され，戦略との一貫性をもって計画・遂行される．

　これらの投資プロジェクトは，戦略的一貫性とともに，その経済性あるいは採算性という視点から分析・評価する必要がある．投資プロジェクトは大量の資金を長期にわたって拘束するため，資本コストを上回るリターンをあげる投資プロジェクトを選択するかどうかが，企業の業績に影響を与えるだけでなく，企業の競争力や成長性を左右することになるからである．そのため，資金の調達可能性などとともに，投資プロジェクトのリターンとリスクを慎重に分析・評価する必要がある．

7.1　投資プロジェクトの特徴と分類

　プロジェクトへの投資は，企業予算の体系において資本予算として位置づけられており，予算の結果が企業の財政状態の影響を及ぼす財務予算の一部となっている．予算と呼ばれているものの，機械，設備，新製品，証券など数多くの投資対象のなかから，どれを選択すべきかを決定するという意味で，それはまさに意思決定の問題である．本章では，製造業の中心課題である製造戦略において，主に投資意思決定の対象となっている設備投資を中心に取り上げることにする．

投資プロジェクトの分類

投資プロジェクトは，利益獲得や価値創造という企業目標を達成するための有効な手段と位置づけられる一方，誤った意思決定によって企業に致命的な影響を与えかねない．したがって，投資プロジェクトのリスクとリターンを慎重に分析・評価する必要がある．それには，市場や技術に関する情報の収集や経営環境の監視に膨大な時間とコストがかかる．マクロ経済や特定市場の動向，技術動向などを踏まえた需要予測から始まり，それらに基づく生産・販売目標の設定，それらの目標を達成するための戦略代替案の策定，その分析・評価，そして最終的な資本支出水準や配分の決定まで，長期にわたり，不確実性を伴うさまざまな要素を検討するからである．また検討している間にも，経営環境の変化は待ってはくれない．資本予算の前提となる需要や技術，市場に関する仮定が変化すれば，それに応じて投資計画も変更されなければならない．

しかし，すべての投資プロジェクトについて，あらゆる要素を詳細に分析・評価していては，時間も資金も足りなくなってしまう．プロジェクトのなかには，徹底的に分析すべきものと，そうするとコストに見合わないものがある．そこで，投資リスクの大きさを考慮して，次のように投資プロジェクトを分類することには意味があると考えられる．

---

① 取替投資： 既存プロジェクトを維持するための投資．たとえば，現状の製造状況を維持するために，壊れたり故障の多い設備を同種の設備と取り替えるための投資．
② 拡充投資： 既存市場の成長や技術動向の変化に合わせた投資．たとえば，利用可能だが陳腐化した設備を新鋭設備と取り替えるための投資．
③ 新規投資： 新製品を投入するための新規投資．
④ 強制投資： 法規制などによる安全・環境対策などのための設備導入．
⑤ その他の投資

策定された生産・販売目標を達成するための投資プロジェクトは，複数作成されることが多い．これらを分析・評価するには，それらのプロジェクトがどのような関係にあるかを捉える必要がある．なぜなら，その関係によって，分析・評価の方法が異なるからである．

投資プロジェクト間の関係は，一般に，それらから生み出される期待キャッシ

ュ・フローの関係によって判断される．たとえば，2つの投資プロジェクトX，Y間の関係を考えてみよう．プロジェクトXを実行した結果として生み出されるキャッシュ・フローが，Yの実行に何の影響も与えない場合がある．このとき，XとYは独立であるという．これに対し，プロジェクトXの実行がYに何らかの影響を与える場合もある．このとき，YはXに従属しているという．従属関係は，さらに相互排他関係，補完関係，前提関係の3つに分けられる．

---

1) 独立投資： 複数の投資プロジェクトについて，それぞれが他のプロジェクトの期待キャッシュ・フローに影響を与えることなく個々に実行可能である場合．
2) 従属投資： ある投資プロジェクトの実行が，他の投資プロジェクトの期待キャッシュ・フローに影響を与える場合．
   ① 相互排他的投資： 複数の投資プロジェクトについて，それらの期待キャッシュ・フローが同時に生み出されることはなく，そのうちの1つしか実行できない場合．
   ② 補完投資： ある投資プロジェクトの実行が，すでに行われている別のプロジェクトの期待キャッシュ・フローを増大させる場合．
   ③ 前提投資： ある投資プロジェクトの実行がなければ，期待キャッシュ・フローを生み出すことのできない投資プロジェクト．

投資プロジェクトの特性による分類およびプロジェクト間の関係に関する分類を要約したのが図7.1である．投資プロジェクトの検討においては，このような

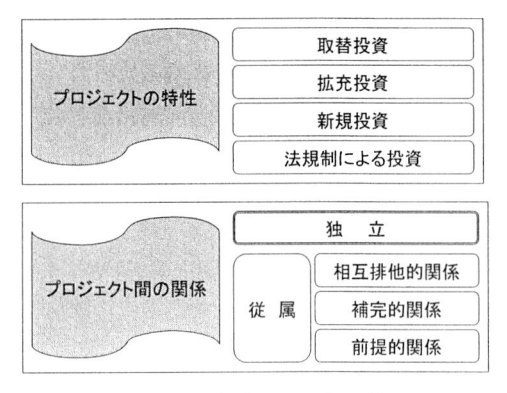

図 7.1 投資プロジェクトの分類

投資プロジェクトの特性や関係を認識することが必要である．なぜなら，これらを適切に認識しないと，投資プロジェクトの評価に重要な期待キャッシュ・フローの予測や評価方法の選択を誤り，間違った意思決定をしてしまうからである．したがって，投資プロジェクトの置かれた状況を，最初に，的確に判断しておくことが不可欠である．

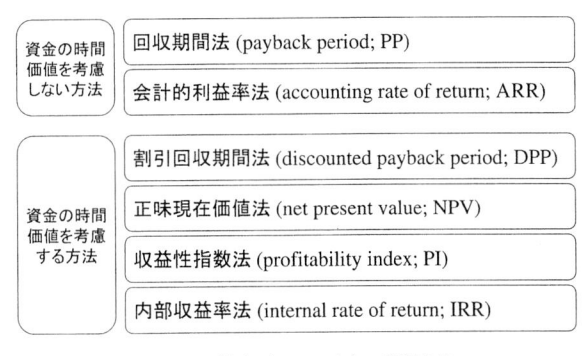

7.2 投資プロジェクトの評価方法

資本予算，すなわち設備投資の意思決定においては，各種プロジェクトの評価を行う際に，資金の時間価値を考慮する評価方法と考慮しない評価方法の2つに大別される．これらをまとめたのが図7.2である．

```
資金の時間       ┌ 回収期間法 (payback period; PP)
価値を考慮      ┤
しない方法       └ 会計的利益率法 (accounting rate of return; ARR)

                 ┌ 割引回収期間法 (discounted payback period; DPP)
資金の時間      │ 正味現在価値法 (net present value; NPV)
価値を考慮      ┤
する方法        │ 収益性指数法 (profitability index; PI)
                 └ 内部収益率法 (internal rate of return; IRR)
```

図 7.2 投資プロジェクトの評価方法

以下では，これらの評価方法の特徴と計算方法を説明するが，計算方法をより深く理解するために，次のような仮設例を導入する．

MV社は現在，新製品を製造・販売する新規プロジェクトを検討している．プロジェクトの計画期間は4年である．初期投資額は10億円で，このうち4億円が減価償却対象となる．減価償却は，残存価額0円とし，定額法を用いて4年間で均等償却される．これらの条件を前提として，この投資プロジェクトの予想業績は，図7.3のように見積もられた．また資本コストは10%であると仮定する．

年度	第0年度	第1年度	第2年度	第3年度	第4年度
税引後営業利益		400	300	100	0
減価償却費		100	100	100	100
キャッシュ・フロー	-1000	500	400	200	100

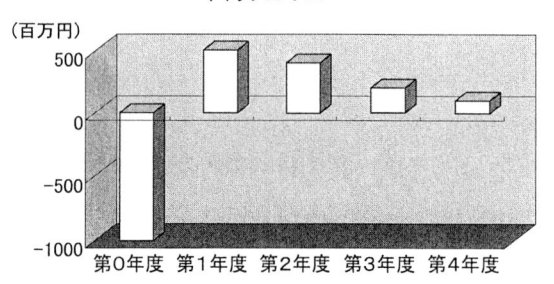

図 7.3 投資プロジェクトの仮設例

回収期間法

　回収期間 (payback period; PP) 法は，期待キャッシュ・フローによって，初期投資額をどれくらいの期間で回収できるかを計算し，それが目標回収期間よりも短ければ，その投資プロジェクトを採択するという方法である．この方法は，投資プロジェクトから生み出される期待キャッシュ・フローが不確実であるため，初期投資額をより速く回収できるプロジェクトを選択するのが望ましいという考え方に基づいている．実務上，意思決定計算としては最も多く採用されている．

　回収期間は，次式を満たす T を計算することによって求められる．ここで，I_0 は初期投資額，CF_t は第 t 年度の期待キャッシュ・フローである．

$$\sum_{t=1}^{T-1} CF_t < I_0 \leq \sum_{t=1}^{T} CF_t$$

すなわち，第1年度からの累積期待キャッシュ・フローが何年目で初期投資額を上回るかを計算すればよいのである．上述の仮設例では，第2年度までの累積期待キャッシュ・フローが900百万円，第3年度までの累積期待キャッシュ・フローが1,100百万円なので，3年目に初期投資額を回収できると期待される．より正確にいえば，2.5年（＝2年＋第3年度の期待キャッシュ・フローの1/2）ということになる．

　この方法は，計算が容易であり，実務への適用も簡単である．回収期間が短い

プロジェクトを選択するということは，投資の安全性を重視するときには有用な方法といえる．しかし，① 資金の時間価値を考慮していない，② 理論に基づく明確な判断基準が存在しない（実務では3～5年が目安とされることが多い），③ プロジェクトの寿命を考慮していない，④ 回収後に生み出される期待キャッシュ・フローを無視しているなどの欠点がある．ただし，①の問題に対しては，期待キャッシュ・フローを資本コストで割り引いて回収期間を計算する割引回収期間（discounted payback period；DPP）法が提案されている．

会計的利益率法

会計的利益率（accounting rate of return；ARR）法は，平均利益率（average rate of return または average return on book value）法とも呼ばれ，意思決定で用いるべきキャッシュ・フローではなく，一般の会計手続きによる利益数値を用いてプロジェクトを評価する方法である．会計的利益率は，分子にプロジェクトの平均利益や典型的な年度の利益，分母に平均投資額や初期投資額がとられ，投下資本利益率あるいは平均投下資本利益率として計算されることが多い．

$$会計的利益率 = \frac{平均税引後利益}{平均投資額}$$

上述の仮設例を用いて投下資本利益率および平均投下資本利益率をそれぞれ計算すると，

$$投下資本利益率：\frac{(400+300+100+0)/4}{1,000} = 20\%$$

$$平均投下資本利益率：\frac{(400+300+100+0)/4}{600+400/2} = 25\%$$

となる．平均投下資本額の計算では，償却対象資産と非償却対象資産を区別し，前者についてのみ平均をとることに注意する．会計的利益率法では，算出された利益率を目標の利益率と比較し，目標値よりも大きければそのプロジェクトが採択される．

この方法も，一般の会計データを利用しているため計算が容易であり，実務への適用も簡単である．また財務諸表や財務比率への影響を捉えやすいという利点もある．しかし，回収期間法と同様に，① 資金の時間価値を考慮していないため，利益が発生するタイミングを無視している，② 理論に基づく判断基準が存在しないという欠点がある．

正味現在価値法

　正味現在価値（net present value ; NPV）法は，プロジェクトから生み出される期待キャッシュ・フローを資本コストで現在価値（present value）に割り引き，それらの総計から初期投資額を差し引いて正味現在価値（net present value）を計算する方法である．異時点で発生する期待キャッシュ・フローを，資本コストで割り引くことによって，同じ価値に変換しているため，それらを加減することができるのである．現在価値への変換は，遠い将来に発生する期待キャッシュ・フローより，近い将来に発生する期待キャッシュ・フローの方が価値が大きいことを意味するため，期待キャッシュ・フローが発生するタイミングを考慮することができるのである．

　NPV は，I_0 を初期投資額，CF_t を第 t 年度の期待キャッシュ・フロー，k を資本コスト，n をプロジェクトの寿命とすれば，次のように計算される．

$$NPV = -I_0 + \frac{CF_1}{(1+k)} + \frac{CF_2}{(1+k)^2} + \cdots + \frac{CF_n}{(1+k)^n}$$
$$= -I_0 + \sum_{t=1}^{n} \frac{CF_t}{(1+k)^t}$$

　プロジェクトの NPV がプラスであれば採択し，マイナスであれば却下される．複数の独立の投資プロジェクトを比較する場合には，NPV が大きいほど企業にとって望ましいプロジェクトとなるため，大きい順に採択すればよい．

　上述の仮設例を用いて，NPV は次のように計算される．

$$NPV = -1,000 + \frac{500}{(1+0.10)} + \frac{400}{(1+0.10)^2} + \frac{200}{(1+0.10)^3} + \frac{100}{(1+0.10)^4}$$
$$= 3.69 \text{（百万円）}$$

【例題 7.1】
　A 社は新製品製造用の新型設備の導入を検討中である．その設備は 10 年間使用する予定であり，その設備の製造する製品の販売によって，毎年 100 万円の期待キャッシュ・フローがもたらされると予想される．この設備購入のための投資額は 700 万円と見積もられる．資本コストが 7% のときと 8% のときについてそれぞれ，この設備投資を行うべきかどうかを，正味現在価値法を用いて意思決定せよ．

　▷解答
　この投資プロジェクトから得られる期待キャッシュ・フローが毎年同額なので，年金の現在価値を表す係数（年金現価係数）を用いて現在価値を計算すればよい．

◆ 資本コスト　7%

$$NPV = -700 + \frac{100}{(1+0.07)} + \frac{100}{(1+0.07)^2} + \cdots + \frac{100}{(1+0.07)^{10}}$$
$$= -700 + 100 \times 7.0236$$
$$= 2.36 (万円)$$

NPV がプラスなので，この設備投資プロジェクトは採択される．

◆ 資本コスト　8%

$$NPV = -700 + \frac{100}{(1+0.08)} + \frac{100}{(1+0.08)^2} + \cdots + \frac{100}{(1+0.08)^{10}}$$
$$= -700 + 100 \times 6.7101$$
$$= -28.99 (万円)$$

NPV がマイナスなので，この設備投資プロジェクトは却下される．

収益性指数法

収益性指数（profitability index；PI）法は，投資プロジェクトから生み出される期待キャッシュ・フローの現在価値の総計を初期投資額で割った値を用いて，投資プロジェクトを評価する方法である．PI の値が 1 を上回るプロジェクトを採択し，1 を下回るプロジェクトを却下する．独立の投資プロジェクトを評価する場合には，その採否は NPV 法と全く同じになる．しかし，資本制約あるいは予算制約がある場合には，投資プロジェクトの採否に相違が生じることがある．これは，NPV 法が絶対額で評価するのに対し，PI 法は投資効率あるいはプロジェクトの相対的な収益性で評価するからである．

PI の値は，I_0 を初期投資額，CF_t を第 t 年度の期待キャッシュ・フロー，k を資本コスト，n をプロジェクトの寿命とすれば，次のように計算される．

$$PI = \left\{ \frac{CF_1}{(1+k)} + \frac{CF_2}{(1+k)^2} + \cdots + \frac{CF_n}{(1+k)^n} \right\} \Big/ I_0 = \left\{ \sum_{t=1}^{n} \frac{CF_t}{(1+k)^t} \right\} \Big/ I_0$$
$$= (NPV + I_0)/I_0$$

上述の仮設例を用いて，PI の値を計算すると，次のようになる．

$$PI = \left\{ \frac{500}{(1+0.10)} + \frac{400}{(1+0.10)^2} + \frac{200}{(1+0.10)^3} + \frac{100}{(1+0.10)^4} \right\} \Big/ 1{,}000$$
$$= \frac{1{,}003.69}{1{,}000} = 1.00369$$

内部利益率法

内部利益率 (internal rate of return ; IRR) とは，投資プロジェクトの正味現在価値がゼロとなる，あるいは同じことであるが，投資プロジェクトの期待キャッシュ・フローの現在価値の総計が初期投資額と等しくなる割引率 r である．内部利益率法 (IRR 法) では，計算された内部利益率と資本コストを比較することによって，投資プロジェクトの採否を決定する．

IRR は，I_0 を初期投資額，CF_t を第 t 年度の期待キャッシュ・フロー，n をプロジェクトの寿命とすれば，次式を満たす割引率 r となる．

$$NPV = -I_0 + \frac{CF_1}{(1+r)} + \frac{CF_2}{(1+r)^2} + \cdots + \frac{CF_n}{(1+r)^n} = 0$$

あるいは

$$NPV = -I_0 + \sum_{t=1}^{n} \frac{CF_t}{(1+r)^t} = 0$$

この式から計算される内部利益率 r は，個々の投資プロジェクトに固有の利益率であり，これが目標とする資本コスト k より大きければプロジェクトは採択され，小さいときには却下される．資本コストを上回る利益率をあげるどんな投資プロジェクトも NPV がプラスになるので，IRR がただ 1 つ決まれば，IRR 法によるプロジェクトの採否は NPV 法と同じになる．NPV と IRR との間には，図 7.4 のような関係がある．

上述の仮設例を用いると，IRR を求める計算式は次のようになる．

$$1,000 = \frac{500}{(1+r)} + \frac{400}{(1+r)^2} + \frac{200}{(1+r)^3} + \frac{100}{(1+r)^4}$$

表計算ソフトを用いて，何度か試行錯誤を繰り返すことにより，$r \fallingdotseq 10.22\%$ と

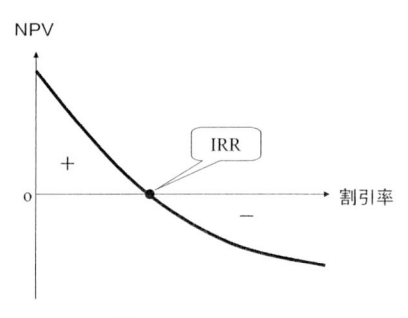

図 7.4 NPV と IRR

いう IRR の値を求めることができる．

IRR 法を用いる利点は，投資プロジェクトの資本コストを NPV 法ほど詳細に求める必要がない点に求められる．NPV 法の場合には，資本コストのわずかな差が NPV の値を大きく左右することになるので，時間とコストをかけて慎重に資本コストを推計する必要がある．これに対し，IRR 法の場合には，IRR の値と資本コストとの大小関係がわかればよいので，それらがきわめて近い値でない限り，資本コストをそれほど厳密に推計する必要はない．このため，IRR 法は実務において広く利用されている．

しかし，IRR 法には大きな欠点がある．期待キャッシュ・フローの符号が複数回変わるような場合には，IRR が複数個存在するため，投資プロジェクトの採否を決定することができないのである．

Column 6 ――

リアル・オプション

割引キャッシュ・フロー（discounted cash flow; DCF）法（169 ページ参照）を用いたからといって，経済合理性のある投資プロジェクトの評価ができるわけではない．DCF 法も万能ではない．問題点としては，少なくとも次の 3 点を指摘できる．

① DCF 法では，すべての投資意思決定があらかじめ設定され，経営者はそのシナリオを変更できないことを仮定している．しかし，投資プロジェクトは延期，中止，拡大，縮小などの柔軟性を備えている．

② パイロット・プロジェクトや研究開発投資などでは，プロジェクトの進行が各フェーズの成否に大きく依存するため，確定的なシナリオを描くことができない．

③ DCF 法では，各プロジェクトを独立の投資機会であると仮定しているが，実際には，各プロジェクトは以前に行われたプロジェクトや同時期に行われているプロジェクトの影響を受ける．DCF 法ではプロジェクト間の相互作用から生じる戦略的価値を捉えることができない．

このような問題点が明確になるにつれ，資本投資を分析・評価する新しいアプローチが提案されるようになった．主なものとしてダイナミック DCF 法，意思決定分析アプローチ，リアル・オプション・アプローチが挙げられる．これらのアプローチもいずれも一長一短があり，実務への適用には細心の注意が必要である．ここでは，リアル・オプション・アプローチを紹介しよう．

オプションとは一般に，商品や有価証券などを購入したり売却する権利である（86ページ参照）．金融資産に対するオプション契約（金融オプション）は，あらかじめ決められた価格で，あらかじめ決められた期日に（あるいは期日までに）資産を取得する（あるいは売却する）権利をその所有者に与え，所有者は利益をあげられるときにその権利を行使する．プロジェクトの柔軟性やプロジェクト間の相互作用から生じる戦略的価値がこの金融オプションと類似の性質をもつことから，それとの対比で実物資産に対するオプション契約（リアル・オプション）と呼ばれている．プロジェクトの柔軟性，具体的には延期，中止，拡張，縮小などの変更可能性は義務ではなく権利として捉えることができ，またプロジェクト間の相互作用も複合オプションとみなすことができる．したがって，投資機会をリアル・オプションの束とみなすことにより，条件付請求権分析（CCA）に基づくテクニックを用いて適切に分析・評価できるということになる．しかし，オプション価値を数量化するには，原資産の市場価格，原資産の収益率の分散，オプションを行使するコスト，オプションを行使する機会が失われるまでの期間，無危険利子率，株式オプションの配当に相当する機会コストの6つが必要であるが，投資プロジェクトについてこれらを厳密に推計することは難しいため，その適用範囲が限定されてしまう．しかし，これらの変数を求めることができれば，簡単な方程式から投資機会の価値が導出でき，意思決定者のリスク選好，リスク調整割引率および実際の生起確率を推計する必要がないという利点をもっている．

7.3 投資プロジェクト評価の課題

複数の投資プロジェクトが独立の関係にあり，その採否に影響を与える制約がなければ，上述した評価方法，特に資金の時間価値を考慮する評価方法を用いて，それぞれに判断基準に従って，より大きい価値を創出する投資プロジェクトを選択すればよい．しかし，従属関係にある場合や資金制約がある場合には，これが必ずしも当てはまるとは限らない．ここでは，このような場合に，どのように対処すべきかを述べることにする．

差額原価収益分析

意思決定の計算では通常，複数の代替案が比較・検討される．このとき，それらの代替案が相互排他的な関係にあり，それらの代替案を同時に採択することができないこともある．このような場合に，複数の代替案を比較するには，それぞ

れの案の採択によって生じる差額あるいは増分，場合によっては減少分の収益や原価を計算する必要がある．特に，2つの代替案の比較を行う場合には，この計算が有用とされる．つまり，それぞれの案の収益と費用の総額を計算して算出した利益により意思決定するのではなく，一方を採択したと仮定して，そのときに差額が発生する収益と費用のそれぞれを比較する計算を行えばよい．

設備投資のような長期的意思決定では，この計算が期待キャッシュ・フローを用いて，資金の時間価値を考慮して行われる．すなわち，競合する投資プロジェクトの生み出す期待キャッシュ・フローの差をとり，それによってつくられる新しいキャッシュ・フローの流列を現在価値に割り引くことによって評価するのである．

【例題 7.2】

YK 社は，ある地方の中核都市に保有している土地に，マンションを建設する（プロジェクト A）か，ショッピングモールを建設する（プロジェクト B）かを検討している．これらのプロジェクトの調査対象期間は 3 年で，期待キャッシュ・フロー，IRR，NPV は次のように推計されている．このとき，いずれのプロジェクトを採択すべきか．

時点	0	1	2	3	IRR	NPV 0%	NPV 10%	NPV 20%
A	$-10{,}000$	10,000	1,000	1,000	16.0%	2,000	669	-394
B	$-10{,}000$	1,000	1,000	12,000	12.9%	4,000	751	$-1{,}528$

▷ 解答

NPV をみると，プロジェクト A の方が早期に期待キャッシュ・フローが発生し，プロジェクト B の期待キャッシュ・フローの発生の方が遅いため，資本コストが高い場合には A が，低い場合には B が望ましいことがわかる．

また IRR をみると，プロジェクト A が 16.0%，B が 12.9% と計算されている．このとき，プロジェクト A の方が望ましいといえるだろうか．

このような相互排他的な関係にあるプロジェクトを評価する場合には，B−A というプロジェクトを作成し，その IRR を計算することにより，採択すべきプロジェクトを求めることができる．この新たにつくられたプロジェクトの IRR は 10.6% と計算され，プロジェクトの資本コストが 10.6% より高ければ A が望ましく，低ければ B の方が望ましい．これらを図示したのが図 7.5 である．

時点	0	1	2	3	IRR	NPV		
						0%	10%	20%
B−A	0	−9,000	0	11,000	10.6%	2,000	82	−1,134

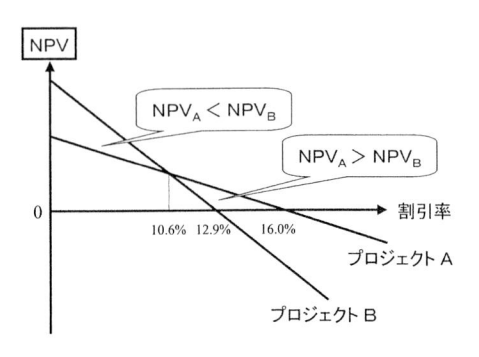

図 7.5 差額キャッシュ・フロー分析

資本制約

　企業は，無数の投資機会をもっているが，そのなかから価値を創出するすべての投資プロジェクトを採択できるわけではなく，資本予算の規模に制約を受ける．このような資本制約（capital rationing）は，自ら課す場合（内部制約）と外部から課される場合（外部制約）がある．内部制約としては，無借金主義経営，債券格付けの引き上げ，内部資金の量，経営者の能力や時間などが挙げられる．外部制約としては，金融機関による追加融資の拒否，財務制限条項，大株主が経営権の希薄化を嫌って増資に難色を示すことなどが挙げられる．

　資本制約がある場合には，制約の範囲内で創出される価値が最大になるように投資プロジェクトを選択しなければならない．初期投資が多期間にわたって発生するプロジェクトが存在する場合には，線形計画法・数理計画法などを用いる必要がある．初期投資が初年度に限定できるプロジェクトのみの場合には，収益性指数（PI）を計算してランキングし，PIが1以上のプロジェクトを大きい順に採択すればよい．このとき，PIによるランキングとNPVによるランキングは必ずしも一致しない．原則として，絶対額ではなく，投資効率を考慮して，投資プロジェクトを選択すべきである．

寿命の異なるプロジェクトの比較

投資プロジェクトの寿命（経済的耐用年数）が異なる，相互排他的な関係にあるプロジェクトは，単純に NPV を計算して比較しても意味がない．

たとえば，プロジェクト X が 3 年，プロジェクト Y が 5 年の寿命をもつプロジェクトで，これらが両方とも価値を創出するとしても同時には採択できないとする．これまでの評価原則を適用すれば，NPV，PI，IRR を計算し，それぞれの判断基準に従って，採択すべきプロジェクトを決定することになる．あるいは，Y－X という新たなプロジェクトを作成し，評価すべきということになる．しかし，これらのプロジェクトは想定している期間が異なるため，厳密には比較することができない．厳密には，プロジェクト X が 3 年までに生み出した期待キャッシュ・フローが，4 年度，5 年度にどのように投資されるかを考えなければならないのである．

このような投資プロジェクトを比較するには，期間をそろえる必要がある．期間をそろえる方法はいくつか考えられるが，一般には次のような方法が用いられる．

① 寿命の短いプロジェクトに合わせて，寿命の長いプロジェクトの残存価額を見積もる．上述の例でいえば，プロジェクト Y が 3 年度末に売却されると，どれくらいの金額になるかを見積もることができれば，両方とも 3 年間のプロジェクトとして比較することができる．

② 比較するプロジェクトの寿命の最小公倍数を計算し，その期間についてプロジェクトが繰り返されると仮定する．上述の例でいえば，3 年と 5 年の最小公倍数 15 年を共通のプロジェクト期間とし，プロジェクト X が 5 回，Y が 3 回繰り返されると仮定して，15 年間のプロジェクトとして比較する．

③ 比較するプロジェクトが永久に繰り返されると仮定し，各プロジェクトの等価年金額（annualized cash flow；ACF）を計算する．等価年金額とは，各プロジェクトの NPV を実現する年金額であり，この値がより大きいプロジェクトを採択すればよい．等価年金額 ACF は，プロジェクトの NPV を年金現価係数で割ることによって求められる．k を資本コスト，n をプロジェクトの寿命とすると，次のように計算される．

$$ACF = \frac{NPV}{\sum_{t=1}^{n}\{1/(1+k)^t\}}$$

しかし,現実には②,③のように同じ投資プロジェクトが繰り返し行われるという仮定が成立することは少ないだろう.したがって,可能であれば,将来利用可能な再投資機会を想定することによって,同じ期間のプロジェクトとして比較するのが望ましい.

7.4 期待キャッシュ・フローの予測

投資プロジェクトの意思決定は,その影響が長期にわたるため,会計数値によるのではなく,キャッシュ・フローによるべきである.ここまではキャッシュ・フローの数値を所与として計算を行ってきたが,実際には,このキャッシュ・フローの予測がきわめて重要であり,この数値の大小が意思決定を左右する.そこで,キャッシュ・フローの予測計算の方法について詳細に示すこととする.ここでは,新規設備の購入の意思決定を想定し,設備投資を行って,その設備で製品を製造し,販売するケースを考える.

設備購入に始まる設備投資プロジェクトを概観すると,設備導入→製品の製造・販売→設備の最終処分,という基本的サイクルをとる.このサイクルにおいて,次のような各時点でキャッシュ・フローが発生する.

1) 投資時点の期待キャッシュ・フロー(初期投資額)
2) 各期の営業活動による期待キャッシュ・フロー
3) プロジェクト終了時の期待キャッシュ・フロー

投資時点のキャッシュ・フロー

製品の製造・販売を立ち上げるために,投資時点では次のような期待キャッシュ・フロー,特にアウトフローが発生する.

① 設備の取得原価

設備の取得原価は,設備の購入代価に加えて,その購入に関わる手数料や据付費などを含めて計算する.

② その他の支出

新規の設備導入，特に近年の先端的な設備では，その使用に際し，設備運転者つまりオペレータに対する訓練を必要とすることが多い．設備導入時において，製造工程の円滑な業務遂行に必要な諸費用を含める必要がある．

③ 運転資本

設備の導入は製造工程以外にも影響を与える．たとえば，新設備が大量生産型で今まで以上の材料在庫を必要としたり，あるいは故障その他に備えて現金の準備を必要とすることがある．その場合，棚卸資産や現金預金などの流動資産が企業内に固定化され，自由に使うことができない．このため，そのような流動資産は投資額の一部を構成すると考えられる．したがって，新規投資によって発生する正味運転資本（net working capital）の増加額を投資額に含めるべきである．

各期の営業活動によるキャッシュ・フロー

当初計画に基づく設備の設置，材料などロジスティクスの整備，オペレータの訓練などが終了して製品が製造され，販売を行う時点になると，営業活動による期待キャッシュ・フローが計算される．この期待キャッシュ・フローは，第2章で説明したフリー・キャッシュ・フローが計算される．

フリー・キャッシュ・フローは，営業キャッシュ・フローと必要な資本支出から構成される．推計された営業利益を起点として，その利益に対する税金が控除され，減価償却費に代表される資金支出を伴わない費用（非現金支出費用）が加えられ，収益の増加・減少に伴って生じる棚卸資産や売上債権などの運転資本の変化額が加減されて，営業キャッシュ・フローが計算される．次に，時間の経過に伴って生じる設備や機械の減耗，経済的陳腐化に対処するために必要とされる新規投資額が控除され，フリー・キャッシュ・フローが計算される．

ここで，減価償却費に代表される非現金支出費用は，費用として利益から控除されるが，現金支払が行われないという特徴をもっている．そのため，キャッシュ・フローの一部として加えられるのである．減価償却費の金額の計算方法は，毎期一定額が計上される定額法，毎期一定率が計上される定率法では，それぞれ次のように計算される．

$$\text{定額法：}\quad \text{毎期の減価償却費} = \frac{\text{取得原価} - \text{残存価額}}{\text{耐用年数}}$$

$$\text{定率法：} \quad t\text{期の減価償却費} = \left\{1 - \left(\frac{残存価額}{取得原価}\right)^{1/耐用年数}\right\} \times 取得原価$$

プロジェクト終了時のキャッシュ・フロー

かつては高性能であった設備であっても，時の経過につれて，消耗あるいは技術的な陳腐化を迎える．投資プロジェクトでは，初期投資に始まり，このようにして使用不能となり，最終処分されるまでの期間全体についてキャッシュ・フローを予測する必要がある．プロジェクト終了時のキャッシュ・フローとは，この設備の最終処分時点でのキャッシュ・フローである．

① 運転資本回収額

設備を処分して，製造と販売を終了すると，投資時点以来，拘束されていた現金や材料在庫などの運転資本が使用可能となる．これは，企業にとって現金収入と同じであり，キャッシュ・インフローと考えられる．

② 設備処分に伴うキャッシュ・フロー

設備処分では，可能であれば除却する設備の再販が検討される．もし，再販が可能であり，それにより現金収入が得られれば，それはキャッシュ・インフローである．しかし，売却額は僅少で，除却に伴う作業への支払や投資前の状態に戻すためのコストがかかることの方が多い．これは，キャッシュ・アウトフローであり，あらかじめ予測しておく必要がある．

③ 売却損益への税金の影響額

最終的な設備処分に伴う売却損益は，税金の影響を受ける．たとえば，設備の売却額が，設備の帳簿上の価額より高ければ設備の売却益が生じ，それに対して課税されるため，この税金はキャッシュ・アウトフローとして計算に含めなければならない．

一般に，売却する設備は陳腐化しているので，その設備の売却額は帳簿価額を下回ることが多い．しかも，その設備の解体，撤去などの処分に付随する諸費用も発生し，これらを合計した固定資産売却損が発生する．固定資産売却損のように課税対象とならない損失あるいは費用の発生は，税金を節約する効果がある．この節税効果は，企業にとってキャッシュ・インフローとなるので，これもキャッシュ・フローの計算に含める必要がある．

【例題 7.3】

NH社は，現在，新製品製造の設備投資の意思決定を行う必要に迫られている．以下のデータに基づいて，次の問いに答えよ．
1) この設備投資による各年のキャッシュ・フロー
2) この設備投資の正味現在価値と投資の採否

[データ]
① 検討する設備の耐用年数は10年であり，その取得原価は5,000万円である．
② 製品は，1年目から6年目までは，1個450円で毎年70,000個販売できる見通しである．しかし，7年目と8年目は1個400円で50,000個，9年目は1個350円で30,000個，10年目には1個300円で20,000個しか販売できないと予想される．
③ 製品の製造量と販売量は同じである．製品製造に要する現金支出の金額は，変動費が1個当たり150円，固定費は年間250万円である．
④ 投資開始，予備の現金を200万円保有する必要がある．また営業期間中に追加的な運転資本の増加はない．
⑤ 減価償却の方法は定額法を用いており，残存価額は取得原価の10%である．10年後の設備処分時には，200万円で売却可能であると予想される．
⑥ 設備や機械の減耗に対処するための資本支出は必要ない．
⑦ 適用する税率は40%とする．
⑧ 資本コストは7%とする．

▷**解答**

1) ④，⑥から各期のキャッシュ・フローは次の式で計算できる．

$$(1-税率)(収益-現金支出費用)+税率\times 減価償却費$$

ここで毎期の減価償却費は450万円になる．

$$\frac{5,000万円-5,000万円\times 10\%}{10年}=450万円$$

よって，1年目から6年目までは，

$(1-0.4)(3,150万円-150円/個\times 70,000個-250万円)+0.4\times 450万円$
$=1,290万円$

7年目と8年目は，

$(1-0.4)(2,000万円-150円/個\times 50,000個-250万円)+180万円$
$=780万円$

9年目は，

$(1-0.4)(1,050万円-150円/個\times 30,000個-250万円)+180万円$
$=390万円$

最終年の営業活動のキャッシュ・フローは，

(1−0.4)(600万円−150円/個×20,000個−250万円)+180万円
　　=210万円
設備処分のキャッシュ・フローは
　　200万円−(200万円−500万円)×0.4=320万円
さらに運転資本が回収されるので，最終年度のキャッシュ・フローは，
　　210万円+320万円+200万円=730万円
　2) 資本コストは7%なので，1年目から6年目までは年金現価係数表，それ以降は現価係数表における7%および該当年の数値を利用し，各年度のキャッシュ・インフローの現在価値を計算する．さらに，それらの合計額から投資額を差し引いたものが，この投資プロジェクトの正味現在価値である．
　　1,290万円×4.7665+780万円×0.6227+780万円×0.5820
　　　+390万円×0.5439+730万円×0.5083−5,200万円=2,472万円
この計算のキャッシュ・フローを図示すると，以下のようになる．この設備投資プロジェクトの正味現在価値がプラスなので，採択すべきである．

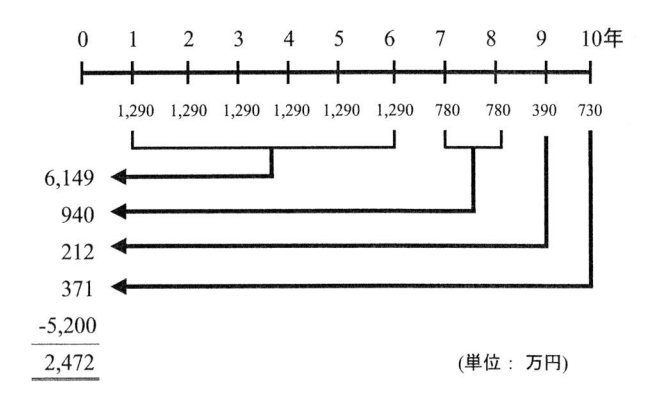

```
            0   1     2     3     4     5     6     7     8     9    10年
            ├───┼─────┼─────┼─────┼─────┼─────┼─────┼─────┼─────┼─────┤
               1,290 1,290 1,290 1,290 1,290 1,290  780   780   390   730

   6,149 ◄─────────────────────────────┘
     940 ◄───────────────────────────────────────────┘
     212 ◄─────────────────────────────────────────────────┘
     371 ◄───────────────────────────────────────────────────────┘
  -5,200
  ──────
   2,472                                              (単位：万円)
```

8 企業および事業の評価とコントロール

近年，企業価値に対する関心が高まっている．企業は，連結ベースでの価値創造を目指して，子会社再編，事業の買収・売却などに取り組むと同時に，既存事業および新規事業から生み出される利益あるいはキャッシュ・フローの向上に努めている．これらの努力が実を結ぶためには，各事業への資源配分が適切に行われるとともに，その業績が適切に評価され，その結果が迅速にフィードバックされなければならない．また業績評価は，組織構成員の動機づけ，インセンティブおよび報酬に影響を与えるため，その組織の行動様式や文化を変えてしまう可能性もある．

8.1 業績評価とマネジメント・コントロール

業績評価（performance evaluation）とは，あらゆる組織レベルの管理者がその組織のパフォーマンスに関する情報を収集・活用して，予算，計画および目標においてあらかじめ設定された基準に対してそのパフォーマンスを判断し，コントロールに役立てるプロセスを指している．この業績評価を効果的に行うために必要とされるのが，マネジメント・コントロール（management control）および業務コントロール（operational control）のシステムである．

マネジメント・コントロールと業務コントロール

マネジメント・コントロールとは経営者による中間管理者の評価およびコントロールを，業務コントロールとは中間管理者による業務に携わる従業員の評価およびコントロールを指している．これら2つのコントロールの特徴を時間的視野，コントロールの焦点，アプローチの方法からみたのが図8.1である．

マネジメント・コントロールでは，長期的な視野から戦略的課題に焦点が当て

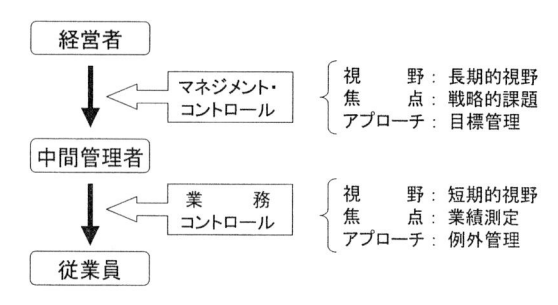

```
経営者
  ↓  ← マネジメント・コントロール    視　野：長期的視野
中間管理者                          焦　点：戦略的課題
                                    アプローチ：目標管理
  ↓  ← 業務コントロール            視　野：短期的視野
従業員                              焦　点：業績測定
                                    アプローチ：例外管理
```

図 8.1　マネジメント・コントロールと業務コントロール

られる．戦略的課題は事業単位の収益性や成長性，事業単位の存続，競争戦略の構築など多岐にわたるため，マネジメント・コントロールでは複数の長期目標が設定され，それらの目標に対して複数の測度を用いて業績を評価する．これは，目標管理（management-by-objectives）アプローチと整合的である．

　これに対して，業務コントロールでは，短期的な業績目標の達成に焦点が当てられる．その際，適切な業績測度を用いて，業績が期待と一致しない業務単位や個人を識別し，その原因を分析し問題点を迅速に修正するという例外管理（management-by-exception）アプローチがとられる．

　これらのコントロール・システムは，第2章で述べた委託・受託関係が基礎になっている．上位に位置する経営者や管理者が下位に位置する管理者や従業員に達成すべき目標を割り当て，権限を委譲して，業務の遂行を委託する．下位の管理者や従業員は，委譲された権限の範囲で裁量的に業務上の意思決定を行い，業務を執行し，その結果あるいは業績に対する責任を負うのである．この委託・受託関係は，経営環境が不確実であること，上位者が下位者の行動を観察できないことによって，利害の不一致が拡大し，うまく機能しないかもしれない．そのため，この関係あるいはシステムを適切に構築し，有効に機能させるためには，少なくとも次の3点に注意を払う必要がある．

　第1に，適切に動機づけして目標の達成に向けた努力を促すと同時に，目標に整合する決定を行うように適切なインセンティブを提供することである．これにより，それぞれ固有の利害をもつ上位者と下位者の利害の一致性，あるいは目標の一致性を高めることができる．

　第2に，評価やコントロールの対象となる業績測度や収集される情報が，組織の戦略や目標と密接な関連をもつと同時に，委譲された権限とフィットするよう

に設定されなければならない．

第3に，スキル，努力あるいは決定の成果に対する報酬を公正に決定することである．その際，コントロール不能な要因を排除すること，恣意性の入りにくい客観的な業績測度を採用することが重要である．

責任センター

多くの組織は，職能，事業，地域などに基づいて，サブユニット（あるいはビジネスユニット）に分けられ運営されている．サブユニットでは，多かれ少なかれ権限が委譲され，業務が遂行されている．委譲された権限に基づく裁量権の大きさによって，組織全体の集権化 (centralization)−分権化 (decentralization) の程度が決まる．わが国の大企業では，ローカルなニーズへの反応を高め，迅速な意思決定を行うことを目指して，分権化が進められている．しかし，分権化の程度は，その企業あるいは各事業の成長段階や経営環境，業務内容などを考慮して決定すべきであり，また全体最適が損なわれたり，活動の重複などによるコストの増加にも注意を払う必要がある．

集権化された組織であれ，分権化された組織であれ，すなわち集権化−分権化の程度には関係なく，それらの組織ではサブユニットの業績を評価するために，次のような4つの責任センター（responsibility center）の1つあるいは複数が用いられている．

① コスト・センター（cost center）

管理者が，コストについてのみ直接的なコントロール権をもち責任を負う．低コストで製品・サービスを提供する生産あるいは支援部門や，一般管理部門に多くみられる．

② レベニュー・センター（収益センター，revenue center）

管理者が，収益についてのみ直接的なコントロール権をもち責任を負う．製品別あるいは地域別に設定された販売部門に多くみられる．収益センターでは，収益ドライバーを利用して収益構造が分析され，業績評価が行われる．収益ドライバーとは，価格変更，販売促進，顧客サービス，製品仕様の変更，製品ミックスの変更などの要因のなかで，収益あるいは販売量に大きな影響を与える要因を指す．

③ プロフィット・センター（利益センター，profit center）

　管理者が，収益とコストの両方を直接コントロールすることができ，利益に対して責任を負うのがプロフィット・センターである．レベニュー・センターとの違いは，収益を生み出すためのコストの大部分を負担している点にある．レベニュー・センターの場合には通常，宣伝広告や販売促進のためのコスト，納入・保管・包装などの注文を満たすためのコストに限定されている．

　プロフィット・センターが選択される理由として，少なくとも次の3点が挙げられる．第1の理由は，開発，生産，販売，支援機能間の調整を促進するインセンティブを提供することである．たとえば，開発・生産・支援部門がコスト・センター，販売部門がレベニュー・センターになっている場合には利害が一致しないことが多いが，プロフィット・センターの場合には一致する可能性が高まる．第2の理由は，外部取引を意識させるという点にある．プロフィット・センターにすることによって，主に内部顧客に製品を提供している部門に外部への販売ができること，逆に主に内部から調達している部門に外部からの調達ができることを意識させることができる．第3の理由は，新しい利益獲得方法を開発するように動機づけることができるという点にある．新たな用途開発や複数年のサービス契約などは利益の源泉となると同時に，利益の変動性を削減し営業リスクを低下させる．これらの理由が必要とされる産業，たとえばファッション製の高い製品を販売している産業ほど，プロフィット・センターが選好されることになる．

④ インベストメント・センター（投資センター，investment center）

　管理者が費用，収益，利益だけでなく，投資にも責任をもつのがインベストメ

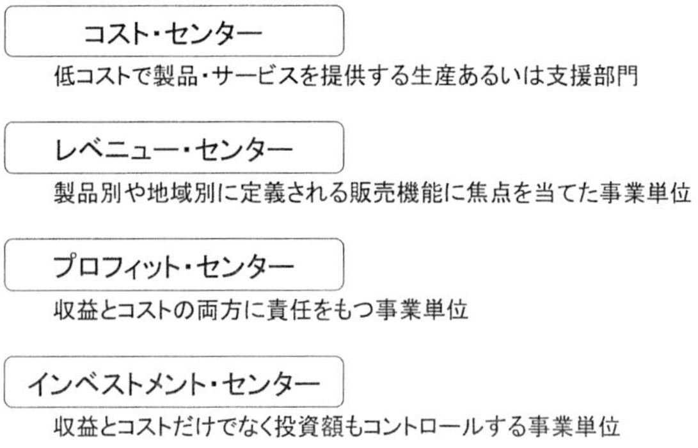

コスト・センター
低コストで製品・サービスを提供する生産あるいは支援部門

レベニュー・センター
製品別や地域別に定義される販売機能に焦点を当てた事業単位

プロフィット・センター
収益とコストの両方に責任をもつ事業単位

インベストメント・センター
収益とコストだけでなく投資額もコントロールする事業単位

図 8.2　責任センターのタイプ

ント・センターである．経営戦略の主要な目的の1つは，資源配分の決定，すなわち各事業への投資の決定である．その際，企業が利益水準や収益性だけで資源配分を決定することには限界がある．各事業の望ましい利益水準や収益性は，事業規模や事業特性，成長段階などによって異なるからである．各事業の業績を時系列に比較する場合には問題はないが，各事業や投資プロジェクトを横断的に比較する場合には評価を誤る可能性が少なくない．したがって，各事業を横断的に評価し，資源配分を決定するためには，投資水準や投資に対する収益性を比較する必要がある．その際，広く用いられている指標が各事業への投資金額当たりの利益，すなわち投下資本利益率（return on investment；ROI）である．

8.2 業績評価基準

上述した責任センターではそれぞれ，費用，収益，利益の水準や効率性，成長性などが目標あるいは予算に対して評価される．また上述したようにインベストメント・センターではROIが業績評価基準として広く用いられている．これらの共通点は，企業内部で計算される財務情報（会計情報）を利用して評価している点である．しかし，最近では，株価や株式リターンのような企業外部の財務情報，リードタイムや品質のような企業内部の非財務情報，顧客満足度（customer satisfaction）のような企業外部の非財務情報に基づく業績評価基準を採用する傾向が強まっている．ここでは，代表的な業績評価測度として，ROI，残余利益，EVA™，バランス・スコア・カードの4つを取り上げることにする．

ROI

投下資本利益率（ROI）は，投下資本額あるいは投資額に対する会計利益の比

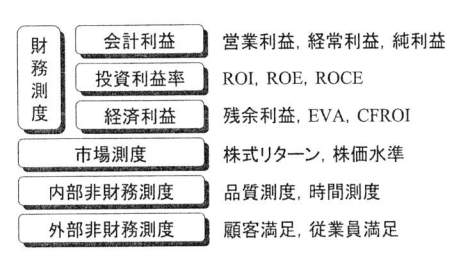

財務測度	会計利益	営業利益，経常利益，純利益
	投資利益率	ROI, ROE, ROCE
	経済利益	残余利益，EVA, CFROI
市場測度		株式リターン，株価水準
内部非財務測度		品質測度，時間測度
外部非財務測度		顧客満足，従業員満足

図 8.3　業績評価基準の類型

率であり，収益性を表す代表的な測度である．ROIの長所として，計算が容易で理解しやすいこと，収益性を測定する際に用いられる主要な要素である費用，収益および投資が含まれていること，また企業内外にある投資機会のリターンと比較可能であることなどが挙げられる．さらにROIは，次のように分解することによって，業績に関する多くの洞察を得ることもできる．

$$\text{投下資本利益率} = \frac{\text{利益}}{\text{投下資本}} = \frac{\text{利益}}{\text{収益}} \times \frac{\text{収益}}{\text{投下資本}} = \text{売上高利益率} \times \text{資産回転率}$$

このアプローチは，デュポン方式として広く知られている．これによれば，ROIを改善するには，① 売上高利益率と収益水準を維持しながら投資額を削減する，② 売上高利益率と投資額を維持しながら収益を増加させる，③ 収益水準と資産回転率を維持しながら利益を増加させる，すなわち費用を削減するという3つの方法があることがわかる．

しかし，ROIには少なくとも2つの問題がある．1つは測定上の問題である．ROIの計算には分子に会計利益，分母に投下資本額（投資額）が用いられると述べたが，これらをどのように測定すべきかについて理論的な根拠は存在しない．実際，利益として営業利益や純利益，投資額として総資産や純資産，固定資産と運転資本の和などが用いられている．また，利益に関しては会計政策や税金，共通費の配賦，投資額に関してはリースや共通資産の配分などがROIの計算や比較可能性にどのような影響を与えるかに注意する必要がある．もう1つの問題は，ROIが評価基準として用いられることによって，投資のバイアスが生じるということである．ROIの高い事業部では，事業価値を創出する投資であっても，それがROIを引き下げてしまうとすれば，その投資を見送るであろう．これに対して，ROIの低い事業部ではその逆のことが生じる．その結果，企業全体としてROIが低下してしまう．投資に対する責任を負うため，投資の経済性あるいは採算性を重視して投資プロジェクトが選択される一方で，このような危険性があることに注意する必要がある．

残余利益

残余利益（residual income）とは，利益から投下資本の機会費用の金額を引くことによって求められる．投下資本の機会費用とは，企業がある投資機会を選択したためにあきらめたリターンを指す．その投資機会を選択したのは，その他

の投資機会より高いリターンを期待できると判断したからである．そのため，その投資機会に対しては，あきらめた投資機会のなかで最も高いリターンが最低限必要なリターンを要求するのである．このとき，その投資機会を選択しなければ獲得できたはずのリターン，すなわちあきらめたリターンを費用として認識する．これが投下資本の機会費用であり，資本コストになる．したがって，会計上の費用とは異なる概念である．

　業績評価測度として残余利益を用いる利点は，残余利益の絶対額を最大化することが目標になるため，投下資本利益率が機会費用を上回っている限り，各事業で投資が行われるという点にある．したがって，ROI で指摘したような，高収益の事業部が投資を控えるという問題は回避できる．また，機会費用はリスク・クラスごとに，あるいはリスクを調整して求められるので，資本を投下する資産やプロジェクトのリスクやタイプに応じて設定することができる．たとえば，競争が激しく，製品のライフ・サイクルが短いような事業の場合には，営業リスクが大きいので，投下資本の機会費用は大きくなる．

　しかし，残余利益にも限界はある．1つは，ROI と同じように会計利益を用いるため，測定上の問題を免れることはできない．もう1つは，残余利益は比率でなく絶対額で測定されるため，規模の異なる事業の業績を比較する場合にバイアスが生じる．相対的に業績が劣っていても，規模の大きい事業の方が残余利益の絶対額は大きくなるのである．このバイアスを避けるためには，相互補完的な ROI と残余利益を併用することが望ましいと考えられる．

EVA™

　近年，経済付加価値（economic value added；EVA™）あるいは経済利益（economic profit；EP），CFROI（cash flow return on investment）などの業績評価測度が注目を集めている．これらはいずれも，税金と資本コストを考慮して，どれだけの利益をあげているかを捉える測度であり，基本的な考え方は残余利益と同じである．ここでは，その代表例として EVA™ を取り上げることにしよう．

　EVA™ は，アメリカのコンサルティング会社であるスターン＆スチュアート社によって開発された業績測度である．また単なる財務指標にとどまらず，企業価値の創造に焦点を当てた経営の基礎となる概念でもある．EVA™ は，AT&

T，コカコーラ，クエーカーオーツ，コダック，CSX などの企業が採用することによって，業績が改善し株価が上昇するなど財務的に成功を収めたことから，一躍脚光を浴びるようになった．

業績測度としての EVA™ は，税引後営業利益から資本コスト総額を控除した残余利益と定義される．営業活動を通して生み出された利益から，政府・地方公共団体への税金，債権者や株主などの資本提供者に対するリターンを支払った後に，利益がどれだけ残っているかを表す測度ということになる．資本コストとして通常は，加重平均資本コストが用いられる．

$$EVA = (投下資本利益率 - 資本コスト) \times 投下資本$$
$$= 税引後営業利益 - 資本コスト \times 投下資本$$

この式からわかるように，投下資本利益率が資本コストを上回っているときのみ，付加価値が創造される．EVA™ を改善するには，① 投下資本利益率を引き上げる，すなわち同じ資本の下で営業利益を増加させる，② 資本コストを引き下げる，③ リターンが資本コストを下回る投資，すなわち不採算事業から撤退する一方，期待リターンが資本コストを上回るプロジェクトにのみ投資するという方法が考えられる．

従来の業績測度との相違は，第1に，資本提供者に本来帰属する資本コストを考慮している点にある．これは，投資家の視点を企業経営に組み込むことを意味する．第2に，営業活動から生み出される利益あるいはキャッシュ・フローに焦点を当てている．第3に，伝統的な保守的会計に従わない点が挙げられる．企業の長期的な価値の創出に寄与する支出が資本化されるのである．こうした支出として，研究開発費，一部の宣伝広告費，教育訓練費などが挙げられる．これらの支出は通常費用化されているが，経済的価値の計算においては資本化され，それに対応して収益や費用，投資額が調整されることになる．ただし，これらの調整が多数にわたるため，計算が複雑になり，わかりにくくなっているという問題もある．

バランス・スコアカード

これまで採用されてきた業績評価測度には，非財務的な情報がほとんど反映されていなかった．しかし，適切に業績を評価するには，非財務情報を含むすべての重要な成功要因（critical success factor；CSF）に注目する必要がある．非

8.2　業績評価基準

	メリット	デメリット
ROI ＝会計利益 ／投下資本	収益性の主な要素を1つの数値で表す	新規投資へのディスインセンティブ
残余利益 ＝会計利益 －必要投資リターン	絶対額で表すため，投資抑制効果を削減	規模の異なる事業単位を比較できない　投資リターンのわずかな変化が大きく影響
EVA ＝税引後営業利益 －資本コスト額	会計の影響を排除　株主価値に焦点	資本コストの推計　キャッシュ・フローの推計（修正箇所が多い）
BSC 非財務的測度を含む4側面	CSFを包含する長期的な視点	適切な測度の選択　焦点の拡散

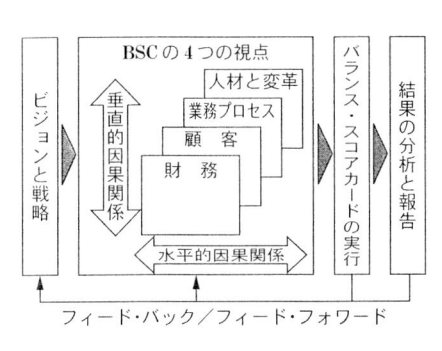

図 8.4　バランス・スコアカードの概念図　　　　　　　代表的な業績評価測度

　財務情報を含む業績評価方法の代表がバランス・スコアカード（balanced scorecard; BSC）である．現在提案されているバランス・スコアカードでは，4つの視点から業績が測定される．その視点とは，① 顧客満足，② 財務パフォーマンス，③ 内部業務プロセス，④ 学習および成長の4つである．これらの各視点から複数のCSFが選択され，各CSFのパフォーマンスがベンチマーク（benchmark）や前年の実績と比較され評価される．たとえば，ベンチマークとしては，その企業が属する産業で最良のパフォーマンスをあげている企業の90%というように設定される．

　バランス・スコアカードでは，費用，収益，利益などの財務業績は，全体評価のなかの一部にすぎない．これは，ROIなどによってもたらされる投資のバイアスや近視眼的経営を回避することができることを意味する．たとえば，短期的に利益をあげられない投資を削減することによって，財務面で目標を達成できても，業務プロセスや学習および成長の視点での評価が下がるため，視点の異なる複数の目標を設定することによってバランスのとれた事業運営が期待できると考えられる．

　容易に推察されるように，成功への進捗状況を適切に表すことのできる唯一の測度は存在しない．最も適切であると考えられる1つの測度を用いるというやり方もあるが，すべてのCSFを組み込む方が戦略と業績評価とを直接的に結びつけられるだろう．

8.3 業績評価の課題

マネジメント・コントロールおよび業務コントロールのシステムが適切に機能し，組織目標が達成されるためには，各事業の業績が適切に把握され，予算，計画および目標に対してどれくらい異なるかがわからなければならない．しかし，そのためには，どの業績測度を選択し，どのように測定し，どのようにフィードバックするか，さらにどのように報酬と結びつけるかなど，解決しなければならない課題は数多い．ここでは，コントロール・システムの中核をなす業績測度とその測定に焦点を当てることにする．これらが，組織内の資源配分や組織構成員の動機付け，インセンティブ・システムの設計などの前提になるからである．

業績測定システムの設計

業績測定システムを設計するには，次のような5つのステップが必要である．ここでは，各ステップにおいて，どういう点が問題になり，どういう点に注意して，これらのステップを進める必要があるかについて述べることにしよう．

Step 1: 適切な測度の選択

経営目標の達成に最も適切な業績測度を選択する．代表的な業績測度としては，すでに述べたように ROI，残余利益，EVA，バランス・スコア・カードなどが挙げられる．どの業績測度を選択すべきかは，各事業の業績を最も適切に表す指標はどれか，組織目標の達成を促進するか，異なる事業間の比較可能性が確保できるかなどの点に依存する．特に，業績測度の選択が，組織行動にバイアスをもたらし，組織目標の達成を損なうような行動をとるインセンティブになる可能性があるため，目標一致性には注意を払う必要がある．

Step 2: 測度の明確な定義

選択された業績測度を明確に定義する．選択された業績測度に含まれる項目や計算式が明確に定義されず，解釈の余地が残されていたり，会計政策による操作可能性が高い場合には，組織目標の達成度の判断を誤り，適切なコントロールができないだけでなく，各事業間の比較可能性が確保されず，適切な資源配分を行うことができない可能性もある．

Step 3: 測定方法の確定

選択された業績測度の測定方法を確定する．たとえば，投下資本額あるいは投

```
┌─────────────────────────────────────────────────┐
│  Step 1   適切な測度の選択                        │
│           戦略目標との適合性，組織レベル，報酬との関連性  │
│  Step 2   測度の明確な定義                        │
│           選択した測度に含まれる項目や計算式の明確化    │
│  Step 3   測定方法の確定                          │
│           簿価か，市場価値か，あるいは現在価値か      │
│  Step 4   目標の設定                              │
│           目標水準，適用範囲，ベンチマーキング        │
│  Step 5   フィードバックのタイミング              │
│           報告の頻度，適時性                      │
└─────────────────────────────────────────────────┘
```

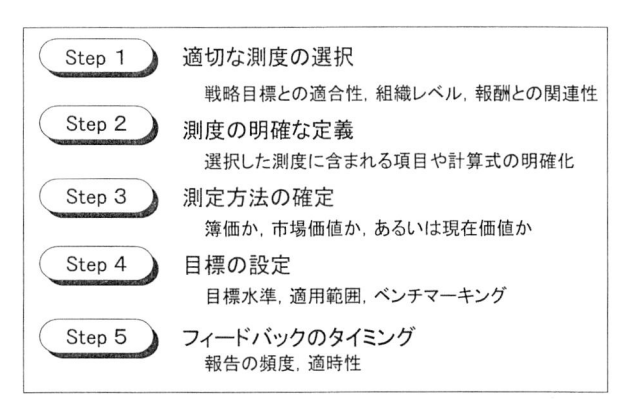

図 8.5 業績測定システムの設計

資額の測定に関してだけでも，取得原価か，取替コストか，清算価値かによって，その値は大きく異なる．またどの測定方法を用いるべきかは，数値の客観性を重視するか，継続事業を評価するか，撤退する事業を評価するかに依存する．さらに，複数の測度を用いる場合には，それらのウエイトについても明確にしておく必要がある．

Step 4： 目標の設定

実際の業績と比較すべき目標を設定する．目標の設定では，各事業の成長段階や，市場成長率や調達コストの変化などの外部環境要因を目標にどのように反映させるか，何をベンチマークしてそれをどのように反映させるかなどが課題となるだろう．

Step 5： フィードバックのタイミング

フィードバックのタイミングを確定する．フィーバックのタイミングは主に，組織の成功にとってその情報がどれくらい重要か，その情報を受け取る組織のレベル，情報技術がどれくらい洗練されているかに依存して決まる．

業績測定における課題

業績測度，特に財務測度を計算する際に生じる測定上の問題についてはすでに述べたが，それらの技術的な問題よりもっと本質的な問題が存在する．

1つは，管理可能な (controllable) 要因と管理不能な (uncontrollable) 要因との峻別である．一般に，各事業およびその管理者の業績評価には貢献利益

(contribution margin) あるいは管理可能利益 (controllable profit) を用いるべきであるといわれている．貢献利益とは売上高から各事業部門が管理可能な変動費を差し引いた利益を，管理可能利益とは貢献利益から管理可能な事業部固定費を差し引いた利益を指している．各事業部門は，委託された権限に基づいて運営されているので，その範囲で実質的な影響力を行使できる費用，収益，投資額に対してのみ，責任を負うのである．しかし，管理可能性は，業績測定期間によっても異なるし，また個々の項目ごとにその程度は異なる．たとえば，本社費や共通費の配賦，本社保有資産や共有資産の配分に関して，配分基準が十分合理的であり，各事業部門が享受しているサービスに対応していれば管理可能性は高いが，そうでない場合には管理可能であるとはいえない．また管理不能な事業環境の急激な変化，たとえば為替レートや原油価格の変動，天候や自然災害によって，業績が大きく変動することがある．これらは従来管理不能な要因と捉えられてきたが，リスク・マネジメント (risk management) 手段の発展などにより管理可能な領域が増大している．いずれにしても，管理可能な要因と管理不能な要因との間に明確な一線を引くことはきわめて難しく，主観的な評価測度を持ち込まざるをえない．

　もう1つの問題は，振替価格あるいは移転価格 (transfer price) の問題である．振替価格あるいは移転価格とは，企業内の事業部門間で製品・サービスを取引するときの取引価格を指す．この価格は，売り手側の事業部門には収益となり，買い手側の事業部門にとっては費用となるので，両者の業績に影響を与える．しかし，影響はそれだけにとどまらない．原材料や部品の調達，最終財や中間財のマーケティング，税務計画などの戦略的な決定に影響を与えることになる．たとえば，相対的に高い振替価格は外部サプライヤーからの購入を促進するだろうし，相対的に低い振替価格は外部への販売を促進し，また新規事業や弱い事業の成長を支援することになる．

　内部振替価格の決定には，① 直接原価法 (direct costing)，② 全部原価法 (full costing)，③ 市場価格法 (market price)，④ 交渉価格法 (negotiated price) の4つの方法があるが，2つあるいは3つの方法を併用することが多い．どの方法を用いるかは，代替的な外部サプライヤーの存在，売り手側の事業部門の操業度，内部取引の優先度，情報の入手可能性，価格の客観性をどの程度重視するかなどによって決まる．原則的には，組織全体にとって最適な価格の決定が

望ましいが，これを保証する一般的なルールは存在しない．ただし，内部取引のために負担する追加的な費用と内部取引のために売り手側に発生する機会費用との和を最低限の振替価格とするという考え方は，各事業運営の自律性を尊重した経済合理性のある指針となるだろう．

8.4 企業評価の方法

　企業評価の方法は，財務分析アプローチ（financial analysis approach）と企業価値推計アプローチ（valuation approach）の2つに大別できる．財務分析アプローチは，基本的には第2章で述べたように，収益性，安全性，効率性・生産性，成長性などを分析することによって，企業を評価する方法である．また上述したROIや残余利益は，そのまま企業評価にも応用できる．しかし，最近では，財務情報に基づく分析だけでなく，非財務情報を企業評価に取り込もうとする試みが多くの企業で行われている．その代表例がバランス・スコアカードである．バランス・スコアカードでは，CSFとして財務比率や売上高新製品比率などの財務情報の他に品質，リードタイム，顧客満足，従業員満足などの非財務情報が組み込まれることが多い．最近では特に，倫理や遵法性，地球環境などの社会性を意識した項目を加える企業が増えつつある．

　もう1つのアプローチが企業価値推計アプローチである．企業の経済的価値を推計し，前期や同業他社と比較することによって評価しようとする方法である．

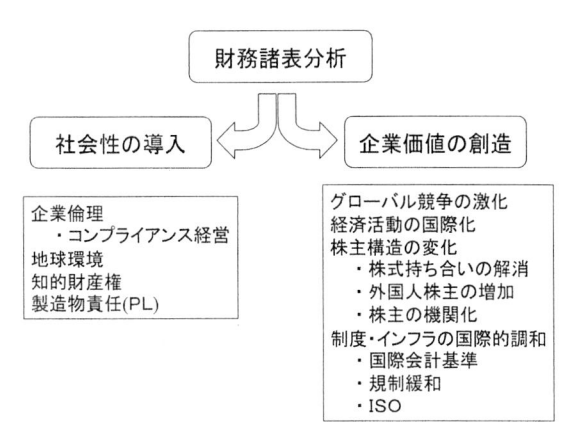

図 8.6　企業評価の流れ

最近，わが国でも企業価値に対する関心が高まっている．その背景としては，外国人株主の増加や機関化の進行，株式持ち合いの解消などにより株主構造が変化しつつあること，国際会計基準の設定に象徴されるように制度の国際的調和に対する要請が高まっていること，株主が主要な利害関係者として認知されるようになってきたことなどが挙げられる．ここでは，5つの価値推計方法を紹介することにしよう．

市場価値法

最も単純かつ直接的な方法が市場価値法（market value method）である．市場価値法では，株価に発行済株式数を乗じたものが株式価値となる．すなわち，株式市場における投資家の評価に基づいて，企業価値あるいは株式価値を推計するのである．

市場価値法の長所は，きわめて客観的であること，その他の方法から算出される推計値と比較することによって投資家の評価とのギャップを捉えることができる点に求められる．しかし，非公開企業や公開企業であってもあまり株式が取引されていない企業では株価が利用できないという問題がある．

資産価値法

資産価値法（asset valuation method）では，企業価値を推計する場合には総資産，株式価値を推計する場合には純資産が用いられ，それぞれについて簿価あるいは時価で評価される．

簿価方式では，すべての資産および負債が帳簿価額で評価される．貸借対照表が適正に作成されている限り，推計は単純で客観性も高いが，固定資産の圧縮記帳が多額にのぼる場合や資産の経過年数が大きい場合には適切に評価することができない．

時価方式では，企業の保有する資産および負債が1つ1つ時価で評価される．したがって，簿価方式にみられるような欠点は解消される．特に含み資産が大きい場合や，将来の収益性よりも現在の資産価値を評価しようとする場合には，時価方式による資産評価法は優れた推計方法といえる．時価方式には，企業が資産を処分するときの金額を推計する清算価値法（liquidation value method）と，企業がその資産を新たに調達するときの金額を推計する取替価値法（再調達価値

法，replacement cost method）がある．これら2つの時価は処分と調達という全く逆の方向を向いているため，資産を評価する目的に応じて使い分ける必要がある．

乗数法

利益，キャッシュ・フロー，純資産簿価および収益などの変数と資産価値との関係を表す乗数（multiples）を用いて，資産価値を相対的に評価する方法が乗数法である．このアプローチの代表的な例として，産業平均や複数の類似会社の株価収益率（price earnings ratio；PER），株価キャッシュ・フロー比率（price cash flow ratio；PCFR），純資産倍率（price book value ratio；PBR），EBITDA乗数（earnings before interest, tax, depreciation and amortization；株価に対する金利，税金および減価償却費控除前利益の比率）などの乗数を用いて株式価値を推計する方法が挙げられる．このとき，類似会社は，企業規模，事業内容，事業リスク，財務業績などの項目を比較検討して選択する必要がある．

PERやPBRでは，利益や純資産簿価という会計上の数値が用いられる．これらの場合には，棚卸資産の評価方法，減価償却の方法などの会計処理方法が異なるために，適切に比較できない可能性があることに注意する必要がある．

割引キャッシュ・フロー法

割引キャッシュ・フロー法（discounted cash flow approach；DCF approach）は，企業が生み出す将来のキャッシュ・フローを，そのリスクを反映する割引率で現在価値に割り引くことによって推計する方法である．DCF法には2通りの推計方法がある．1つは，株主資本に対する期待キャッシュ・フローを推計し，それを株主資本コストで割り引くことにより，株主資本の価値を推計する方法である．

もう1つは，企業全体の期待キャッシュ・フローに基づいて企業価値を推計する方法である．この方法は，負債の利用などによって生じる価値の推計方法の違いから2通りに分けられる．1つは加重平均資本コスト（weighted average cost of capital；WACC）法で，企業全体の期待キャッシュ・フローを加重平均資本コストで割り引くことによって，企業価値を推計する方法である．もう1つが，全額株主資本である場合に生み出される価値と負債の利用などによって生じる価

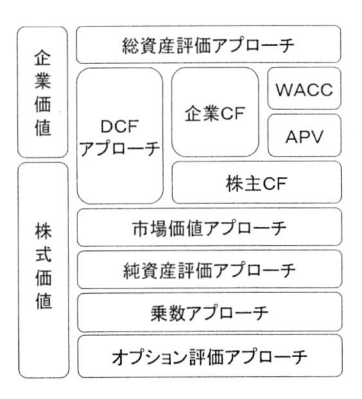

図 8.7 企業評価アプローチ

```
企業価値 ┬ 総資産評価アプローチ
         └ DCFアプローチ ┬ 企業CF ┬ WACC
                         │        └ APV
                         └ 株主CF
株式価値 ┬ 市場価値アプローチ
         ├ 純資産評価アプローチ
         ├ 乗数アプローチ
         └ オプション評価アプローチ
```

値を分離して推計し，それらを加えることによって企業価値を求める修正現在価値（applied present value；APV）法である．

DCF 法は，キャッシュ・フローに基づいて推計されるため，資産評価法や乗数法に比べて，会計政策によるバイアスにさらされにくいという利点をもつ．また資金の時間価値を考慮しており，企業や事業のリスクを反映させて推計することができる．ただし，将来の期待キャッシュ・フローを推計するため，恣意性が入り込みやすく，客観性に欠けるという問題もある．

オプション評価法

オプション評価法（option pricing approach）とは，オプションとしての特性をもつ資産に対して，オプション評価モデル（option pricing model）を用いてその価値を推計する方法である．たとえば，株式は，負債の額面価額を行使価格（strike price）とし，負債の返済期限を満期（expiration date）とする，企業価値に対するコール・オプション（call option）とみなすことができる．この性質を利用すれば，二項モデル（binomial model）やブラック=ショールズの公式を用いて，株式価値を推計することができる．

8.5 企業価値の創造

企業価値あるいは株式価値が推計できたとしても，それだけでは何の意味もな

い．それをいかに価値の創造に結びつけるかが重要である．ここでは，企業を事業，プロジェクト，業務，活動あるいは製品・サービスのポートフォリオと捉え，それら1つ1つの価値を積み重ねると企業全体の価値になると考えることにする．このように考えると，次のような価値分析を行うことができる．

価値分析フレームワーク

各事業について，将来の期待キャッシュ・フローを推計し，その事業のリスクを反映した割引率（各事業の資本コスト）で割り引くと，各事業の現在価値を求めることができる．これを縦軸とし，横軸に各事業への資源投入量，たとえば投下資本額をとると，図8.8を描くことができる．各事業は，現在価値と資源投入量で表される長方形となる．正の現在価値をもつ事業の場合には，縦長の長方形であるほど，投入した資源を効率的に価値創造に結びつけており，横長の長方形であるほど，資源を投入している割に価値が創造されていないことを示している．負の現在価値をもつ事業の場合には価値を破壊していることを示している．このような価値分析は，各事業への資源配分や事業の選択・集中を決定するうえで不可欠である．

横軸に業務，活動，製品・サービス，顧客などをとって，同様の分析を行うこともできる．これにより，価値を創造している業務や活動，破壊している業務や活動が明確になり，これは価値連鎖の再構築，たとえば一部の業務についてはアウトソーシングするなどの決定に役立つと考えられる．また製品・サービス，顧客の場合には，製品ミックスや顧客ミックスの変更に有用であると考えられる．

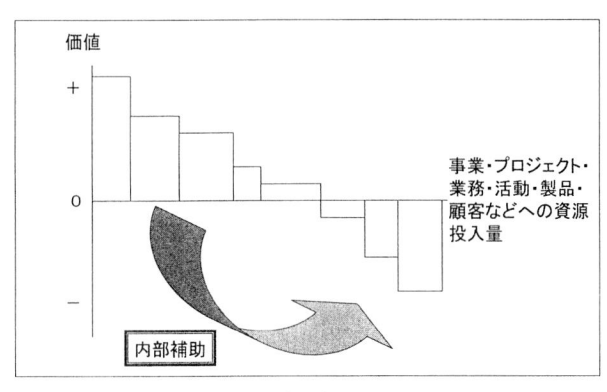

図 8.8 価値分析とリストラ

戦略へのインプリケーション

次に，割引キャッシュ・フロー（DCF）法に基づいて評価することを前提に，企業価値の創造が戦略とどのように結びついているか，あるいは企業価値を創造するにはどのような戦略が必要になるかを考えてみよう．

DCF法では，将来生み出される期待キャッシュ・フローを資本コストで割り引いた現在価値の総和が企業価値となる．このとき，期待キャッシュ・フローは既存事業からのキャッシュ・フローと成長機会からのキャッシュ・フローに大別できる．したがって，企業価値の決定要因は次のように整理することができる．

1) 期待キャッシュ・フローの水準

将来生み出されると期待されるキャッシュ・フローの基盤となるのは既存事業からの期待キャッシュ・フローであり，これが将来の成長機会を創出するための原資にもなる．

2) 期待キャッシュ・フローの成長率

企業価値を持続的に創造するには，既存事業からの期待キャッシュ・フローだけでは難しい．研究開発投資や人的資源への投資などの資本支出を通して成長機会を創出し，新たな事業からキャッシュ・フローを生み出す必要がある．

3) 期待キャッシュ・フローの成長期間

成長機会を創出しても，すぐに模倣されてしまっては，競争が激化し期待キャッシュ・フローを成長させることはできない．期待キャッシュ・フローが高成長を維持する期間をどれだけ持続できるかが企業価値創造のカギの1つになる．

4) 資本コスト（割引率）

どんなに期待キャッシュ・フローの水準や成長率を引き上げても，それらを割り引く資本コストが高くては，企業価値に結びつかない．事業やプロジェクトのリスクを削減して，資本コストをできる限り低く維持する必要がある．

これら4つの決定要因に対してそれぞれ，どのような戦略が必要になるかを例示したのが図8.9である．期待キャッシュ・フローに関する3つの要因に関しては，① 持続的な競争優位（sustainable competitive advantage）の確立，② 企業内における価値の内部補助（内部移転）の解消，③ 生み出されるキャッシュ・フローと投資支出とのバランスが課題になるだろう．割引率である資本コス

8.5 企業価値の創造

企業価値の決定要因	戦略へのインプリケーション
期待CFの水準	不採算事業の見直し,営業効率の改善,運転資本の削減,資本支出の見直し
期待CFの成長率	再投資比率の増加,資本利益率の改善,価格戦略の見直し,事業の買収・売却
期待CFの成長期間	コスト優位性の構築,法的保護,ブランドの確立,スイッチング・コストの変更
資本コスト(割引率)	営業リスクの削減,営業レバレッジの削減,資本構成の変更,適切な情報開示

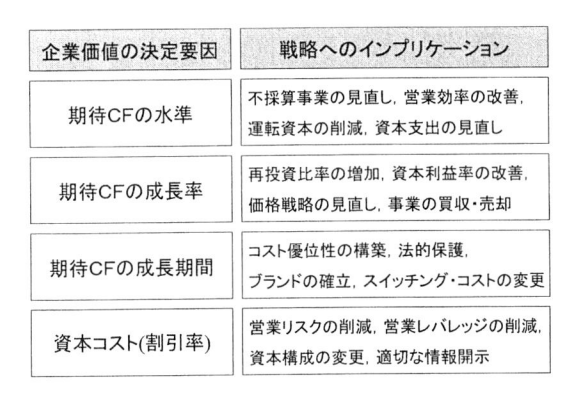

図 8.9 企業価値の創造と戦略

トに関しては,第4章でみたように資金の機会費用として捉えられるため,リスク・プレミアムをいかに引き下げるか,したがって営業リスクおよび財務リスクをどれだけ削減できるかがカギとなる.

企業価値創造のメカニズム

最後に,企業価値創造のメカニズムをまとめておくことにしよう.第1章で企業活動を資金の流れからみたサイクルを示した図1.5を,ここであらためて見直してみよう(図8.10).

企業はまず,資金を調達して投資を行い事業資産を取得する.次に企業は,その資産を用いて,ある競争ポジションの下で事業活動を行いキャッシュ・フロー

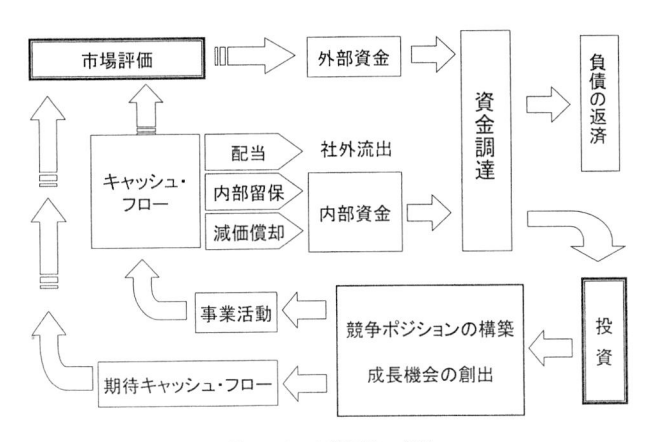

図 8.10 企業価値の創造

を生み出す一方，将来の成長機会を創出し将来においてキャッシュ・フローを生み出す能力を高める．このキャッシュ・フローおよび将来における期待キャッシュ・フローを生み出す能力が，企業の発行している証券の市場価値に影響を与える．この市場の評価によって，企業の外部資金調達が左右される．企業はまた，生み出された資金の一部を留保する．これらの留保された内部資金と外部調達された資金が，投資されて競争ポジションを維持・発展するための源泉になる．以上で価値創造サイクルが一巡し，次のサイクルに入る．成功している企業は，1つのサイクルを回ることによって，より強い競争ポジションを獲得し，より大きい成長機会を創出できる．すなわち，このサイクルを螺旋状に上方へシフトさせ，価値を創造するのである．これに対し，うまくいっていない企業は，競争ポジションを低下させ，成長機会を創出できず，このサイクルを螺旋状に下方へシフトさせ，価値を破壊するのである．

このように，企業価値の創造は，企業のあらゆる戦略や活動が複雑に絡み合った経営サイクルを好循環させることによって，はじめて可能になる．そのためには，あらゆる局面で価値に基づいた意思決定が必要になる．

Column 7

M & A

M & A（企業の合併・買収）とは，企業全体あるいは一部の事業を対象とする取引である．そのため，取引の金額が大きく，その成否が企業の将来を大きく左右するという意味で，ハイリスク-ハイリターンの取引といえる．

わが国では，1980年代前半までは同一業界における競争力強化のための水平型M & Aか，経営の破綻した企業を救済するためのM & Aがほとんどであった．これは，M & Aに対する抵抗感が強く，また株式持ち合いなどにより株式の過半数を安定株主が保有していたためである．しかし，1980年代後半から90年代初頭には，企業活動の国際化の進展，貿易摩擦の激化，急激な円高などを背景に，日本企業が外国企業を買収する内-外M & Aが急増した．その後，バブルの崩壊に伴ってM & Aは一時的に減少したが，1990年代後半から日本企業間による内-内M & Aと外国企業による日本企業の買収である外-内M & Aが増加している．M & Aが増加している主な理由として，会計基準の変更により連結経営を本格的に展開する必要が生じていることと，生き残りをかけたリストラクチャリングのなかで選択と集中が進められていること

が挙げられる．現在では，M & A は経営戦略の不可欠な一部となっている．そのなかで，マネジメント・バイアウト（management buy-out；MBO）が注目を浴びている．

　MBO とは，ある企業の経営者や従業員が，プライベート・エクイティ・ファンド（private equity fund；PEF）や自らの出資と金融機関からの融資により，株主から事業を取得し，オーナー経営者としてその事業を運営するという M & A 取引の一形態である．ここで，PEF というのは，投資家から集めた資金を未公開企業の株式に投資して資金を提供するとともに，広範なネットワークやコンサルティング経験などに基づいて経営を支援してその企業を成長させるという機能を果たすファンドの総称である．

　典型的な MBO では，企業グループのなかで中核事業との関連性の小さい事業を行っている子会社・関連会社や，経営力を強化しようとしている，あるいは事業承継に問題を抱えている中堅企業が対象として考えられている．通常の M & A 取引との相違は次のような点にみられる．

① 買い手が買収対象企業の内部者であるため，M & A に対する抵抗感が小さく，また機密事項の漏洩などのリスクが小さい．

② 一事業責任者が独立企業のオーナー経営者となるため，また非中核事業が本業となるため，経営インセンティブが高まる．

③ PEF による出資や金融機関からの融資によって，少ない自己資金で事業を取得できる．他方，株式を保有するため，事業を成功させれば大きなリターンが得られる．

9 資金の調達と管理

　連結キャッシュ・フロー計算書が財務諸表の1つとして位置づけられ，またキャッシュ・フローに基づいて企業および事業の評価が行われるようになっている．これらの事実は，従来にも増して資金の流出入，すなわち資金の調達と使途に注目が集まっていることを示している．本章では，長期的な視点から企業価値の創造を支える財務政策と，短期的な視点から企業の経営活動を支える資金管理に焦点を当てることにする．

9.1 資金調達・管理の重要性

　すでに述べたように，企業は，製品・サービスの開発，製造，販売などの経営活動を行っている．この経営プロセスが滞りなく行われるように，必要なときに必要なだけの資金を供給するのが財務活動の役割である．

　この経営プロセスを資金の流れという視点からみると，調達された資金が，機械や設備などの固定的な資産や，原材料や部品などの流動的な資産の購入にあてられ，それらを用いて生産された製品・サービスが販売され，その代金が回収されて再び資金になる．このように，資金 → 物的資産 → 資金 → … という循環を繰り返している．

　この資金循環において，第7章でみたように，固定的な資産に投入される資金は，長期間にわたってその資産に拘束され，徐々に回収されるため，循環に長い時間を要する．したがって，短期的に返済する必要のない資金で賄う必要があり，また長期にわたって拘束されることから，コストを重視しなければならない．これに対し，流動的な資産の購入にあてられる資金は，短い期間で資金 → 資産 → 資金 → … という循環を繰り返す．そのため，資金需要は短期的に変動する．したがって，コストよりも調達のタイミングや資金の流動性を重視する必

要がある.

　第7章でみたように，固定資産への投資は経営・競争戦略を具体化したものであり，優位な競争ポジションを構築すると同時に将来の成長機会を創出するうえで，きわめて重要な位置を占めている．それだけに，時間とコストをかけて慎重に検討する必要がある．

　これに対し，流動資産への投資は，日常的な経営活動から不可避的に発生する．企業は，経営活動を行っている限り，現金，売上債権，棚卸資産などへの投資を避けることはできない．特に，小規模企業の場合には，資本市場へのアクセスが相対的に限られ，取引信用や短期銀行借入に過度に頼らざるをえないので，資金の流出入の大きさやタイミングを常に注視していなければならない．

　また売上高の成長と流動資産を賄うニーズとの間には，緊密かつ直接的な関係がある．売上高の増加は追加的な売上債権や棚卸資産，また現金への直接的なニーズを生み出す．これらのニーズはすべて賄われなければならない．したがって，急成長を遂げている企業は，他の企業以上に，短期的な資金需要の変動に注意を払う必要がある．もちろん，継続的な売上高の成長は，追加的な固定資産ニーズを生み出す．しかし，固定資産への投資は一般に，流動資産への投資よりも，資金調達までのリードタイムが長いため，時間的余裕があり対処できる可能性は大きい．

資金調達の方法

　経営活動が円滑に進められるためには，その過程で生じる資金の過不足に応じた資金の調達および運用が必要になる．とりわけ，資金不足は倒産にもつながりかねないため，資金流出の大きさやタイミングに合わせて，資金を調達する，あるいは調達手段を確保しておく必要がある．

　一般に，企業の資金調達手段は図9.1のようにまとめることができる．企業がどの手段を用いて資金を調達するかは，資金調達の目的，コスト，利用可能性などに依存して決まる．資金調達手段はまず内部資金（internal financing）と外部資金（external financing）に大別できる．内部資金は，発行コストがかからず，金融環境などの外部要因に左右されることがないため，安定した資金として選好される．ただし，内部資金は投資政策（investment policy）や配当政策（dividend policy）など，資金調達以外の財務政策（financial policy）との相互

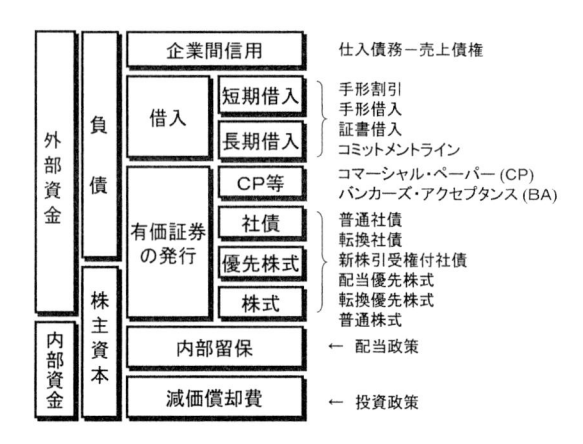

```
外部資金 ─┬─ 負債 ─┬─ 企業間信用                仕入債務－売上債権
         │        ├─ 借入 ─┬─ 短期借入  ┐ 手形割引
         │        │        │            │ 手形借入
         │        │        │            │ 証書借入
         │        │        └─ 長期借入  ┘ コミットメントライン
         │        └─ 有価証券 ─┬─ CP等       コマーシャル・ペーパー (CP)
         │           の発行    │             バンカーズ・アクセプタンス (BA)
         │                     ├─ 社債       普通社債
         │                     │             転換社債
         ├─ 株主資本           ├─ 優先株式 ┐ 新株引受権付社債
         │                     │           │ 配当優先株式
         │                     │           │ 転換優先株式
         │                     └─ 株式      ┘ 普通株式
内部資金  └──── 内部留保      ← 配当政策
               減価償却費      ← 投資政策
```

図 9.1 企業の資金調達手段

関係の結果として生み出される．外部資金は，株式，社債などの有価証券の発行によるものと，金融機関からの借入に分けられる．前者は一般に長期的な資金需要に対応するものである．借入には短期借入と長期借入があり，短期借入は商業手形の割引やコマーシャル・ペーパー（commercial paper；CP）などとともに，主に運転資金として利用されている．また，企業間の営業上の商取引では，信用取引が行われており，売上債権（accounts receivable，売掛金と受取手形）と仕入債務（accounts payable，買掛金と支払手形）が発生する．このとき，売上債権より仕入債務のほうが大きい場合には，その差額だけ実質的に資金調達を行っているということになる．特に小規模企業の場合には，重要な資金調達の源泉になっている．

9.2 短期資金管理

短期資金管理は，貸借対照表における流動資産と流動負債に影響を与える意思決定であり，運転資本管理（working capital management）とも呼ばれている．特に短期資金管理では，債務の支払期限が短く，資金需給の変動が激しいため，資金流出入のタイミングや資産と負債の期間的なマッチングに注意を払わなければならない．

調達のタイミング

典型的な営業プロセスを示したのが図 9.2 である．営業プロセスの期間は，原材料購入から最終製品が販売されるまでの期間，すなわち棚卸資産が転換される期間と，最終製品が販売されてから現金が回収されるまでの期間，すなわち売上債権が転換される期間から構成される．このうち資金調達が必要になる期間は，原材料への支払が行われた時点から売上債権が回収されるまでの期間，すなわち営業サイクルから仕入債務を繰り延べることができる期間を引いたものになる．したがって，この期間は，棚卸資産の転換期間，売上債権の転換期間，仕入債務の繰延期間によって決定される．

このため，営業プロセスからみた資金調達のタイミングに関して，少なくとも次のような 3 点が指摘できる．第 1 に，資金調達が必要になる期間の長さは，棚卸資産および売上債権の転換を早めることにより，また仕入債務の支払を遅らせることにより，短縮することができる．第 2 に，将来における最終製品の販売価格，数量およびタイミングには不確実性が伴うため，それらを考慮して資金調達の金額およびタイミングを決定しなければならない．第 3 に，企業が成長すればするほど，棚卸資産や売上債権への投資額は大きくなる．すなわち，急成長する企業は，これらの追加的な流動資産へのニーズを賄うために，資金調達の必要額が増大する．

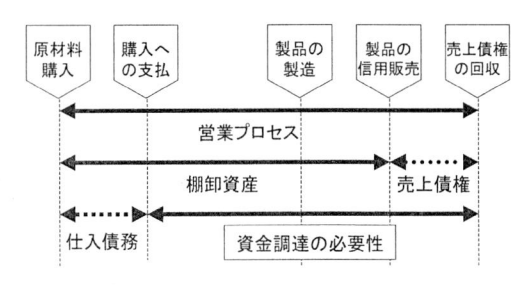

図 9.2 短期資金調達のタイミング

流動資産の保有水準

短期資金調達の必要性は，資金流出入のタイミングだけでなく，売上債権や棚卸資産などの流動資産の保有水準にも依存する．これらは，売上高の成長に伴って増加する傾向をもつが，その最適水準を決定するには保有に伴うコストを識別する必要がある．

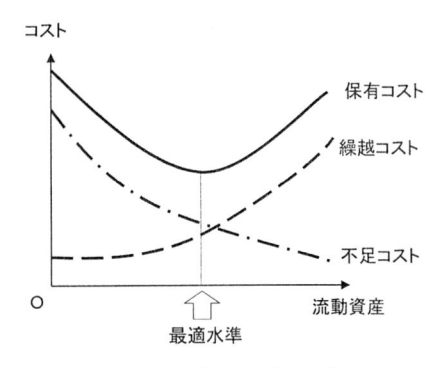

図 9.3 流動資産の保有水準

　流動資産の保有に伴うコストには，その水準の上昇に伴って増加する繰越コスト（carrying cost）と，その水準が上昇するほど減少する不足コスト（shortage cost）がある．繰越コストとしては，① 現金預金など相対的にリターンの小さい資産を保有することに伴う機会費用，② 売上債権に伴う債務不履行のコスト，③ 棚卸資産の保有に伴う保管コスト，④ 棚卸資産の保有時に生じる破損や陳腐化のコストなどが挙げられる．不足コストとなる保有の便益としては，① 現金預金や市場性のある有価証券の保有による債務不履行リスクの回避，② 売上債権を通じた信用供与による売上高の確保，③ 棚卸資産の保有による確実な製品の納入や生産プロセスの円滑化が挙げられる．これらは，顧客や取引先の信頼の喪失や生産・販売スケジュールの混乱によって生じるコストを引き下げる．これらの繰越コストと不足コストとのトレードオフによって，合計コストが最小になる点が，流動資産の最適保有水準になる（図 9.3）．

調達期間のマッチング

　企業の資産は流動資産と固定資産から構成されているが，この区分は固定的なものではなく，時間の経過に伴って変動する．その変動要因としては，① 長期的な成長トレンド，② 周期的あるいは季節的な変動，③ 不測の事態による変動が挙げられる．

　企業は，時間の経過に伴って変動する資産を長期および短期の資金で賄うことになる．その際，どのように資金調達を行うべきかを決定するには，少なくとも次のような要因を検討する必要がある．

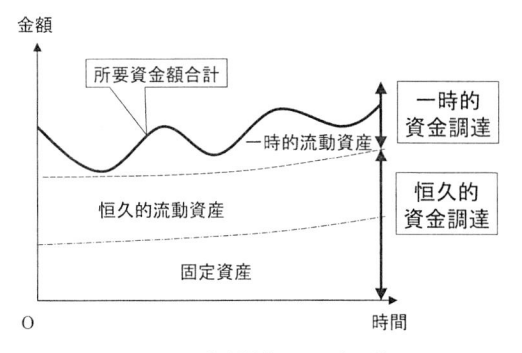

図 9.4 資金調達のマッチング

　第1に，資産の期間構造と資金の期間構造をマッチさせることである．恒久的な資産を長期資金で，一時的な資産を短期資金で賄うことにより，投資のリターンと資金コストとのスプレッドを固定でき，変動リスクをヘッジできる（図9.4）．
　第2に，流動性とリターンとのトレードオフである．必要資金額のピークを上回るような長期資金を調達すると，常に過剰な現金預金あるいは市場性のある有価証券を保有することになる．これは，高い流動性や財務的な柔軟性を確保できる一方で，財務上のむだやゆるみ，すなわち財務スラック（financial slack）が生じることを意味する．逆に，長期資金の調達額が必要資金額のボトムを下回るような場合には，企業は常に短期資金に依存しなければならず，資金の返済と調達を繰り返さなければならない．これは，交渉や契約に時間を費やさなければならないだけでなく，資金調達条件の悪化を招いたり，調達できないリスクを増加させる．

9.3　長期資金調達

　長期資金は主に固定資産や恒久的流動資産に対して調達される．これは，大量の資金が長期にわたって拘束されることを意味する．したがって，長期資金では，流動性や支払能力よりも，経済性に重点を置く必要がある．ここでは，長期資金の調達手段として用いられる普通株式と負債の基本的な特徴，長期資金調達において考慮すべきコストとリスクについて述べることにする．

株式と負債

　企業が普通株式（common stock）で資金調達する場合，それに応じた投資家は株主となる．株主は，すべての債権者の請求権が完全に満たされた後に残る残余利益・残余財産に対して，比例的に配分を受ける権利をもつ．この意味で，株主は業績変動のリスクを負担しているということになる．ただし，その責任は出資した金額に限定される．これは有限責任（limited liability）原則と呼ばれている．残余利益は巨額になる可能性があるが，損失は有限責任のため出資額に限定されるため，株式はコール・オプションの性質をもっているといえる．

　株主は，残余利益および残余財産に対する請求権以外に，取締役の選任や定款の変更に関する議決権を含め，企業の最終的な経営権を保有している．しかし，実際には所有権が広く分散しており，また株式持ち合いなどによって法人株主が存在するため，ほとんどの株主はこの権利の行使を実質的に制限されている．ただし，アメリカでは機関投資家による株式の所有，いわゆる株主の機関化が進行し，そうした機関投資家のなかに積極的に株主の権利を行使しようとする年金基金などの投資家も現れている．

　負債による資金調達では，企業は契約に従って，借入の元本と利子を支払わなければならない．その確定している支払が滞れば，債権者は債権の回収のためにさまざまな行動をとることができる．たとえば，債権者が企業の経営権を握ることもあれば，企業を清算（liquidation）することもありうる．その際，債権者は企業の利益・財産に対して優先権をもつ．すなわち，債権者は株主より支払順位が上位にある．

　負債による資金調達は，金融機関からの借入と社債の発行による調達に大別できる．金融機関からの借入は，社債の発行に比べて手続きが簡単であり，機動的に利用できる．特に，メインバンクが存在する場合には，日常的な決済などを通して情報格差が小さくなっていると考えられるため，審査や担保の設定なども円滑に進められると考えられる．最近では，企業の信用度に応じた手数料を支払って，あらかじめ決められた範囲で，緊急時に資金を借り入れることのできるコミットメント・ラインも活用されている．社債による資金調達では，どのような社債を発行するかが重要な選択となる．普通社債のほか，あらかじめ決められた条件で発行会社の株式に転換できる転換社債，あらかじめ決められた条件で発行会社の新株を取得する権利の付与された新株引受権付社債などのハイブリッド証券

も発行されている．これらのハイブリッド証券の場合には，相対的に低い利回りで発行でき，権利が行使されれば償還資金が少なくなるという利点がある．

社債やCPによる資金調達では，格付け（rating）が広く利用されている．格付けとは，個別債券について，元本と利子が契約どおりに支払われる確実性を符号で示したものである．格付け会社は，第2章で示した財務的安定性や収益性を中心に，企業の債務履行能力あるいは支払能力を評価し，投資適格性を判断している．企業は，格付けを取得することによって，発行する証券の信用力を明示するとともに，情報の非対称性に伴うリスクを軽減することで，より有利な条件で資金調達できるようになる．格付けは，金融機関からの借入の条件にも影響を与えるため，より高い格付けを取得できるよう財務体質を改善する必要がある．

株式および負債による長期資金の調達では，市場型の調達か相対型（あいたい）の調達かということも重要な選択である．市場型の調達とは，不特定多数の投資家を対象に広く募集する公募増資や公募による社債発行を指している．相対型の調達とは，特定少数の投資家や金融機関から資金を調達するものである．株式では資本提携などに利用される第三者割当増資，負債では金融機関からの借入や社債の私募発行（private placement）などが相対型の調達にあたる．

資本コスト

第4章でみたように，資本コストとは，資金を提供する投資家側からみると資金の機会費用として捉えられ，その投資機会に資金を投入する際に最低限要求するリターンとなる．これに対し，資金を調達する企業側からみると，調達した資金に対して，何とか満たそうとするリターンとなり，ハードル・レートとして機能する．

これを別の視点からみると次のように捉えることもできる．投資家の要求する最低限のリターンは，リスクを冒さずに獲得できる無危険利子率と，リスクを冒すことに対する見返りとしてのリスク・プレミアムから構成される．ここで問題となるのは，どういうリスクを冒すことになるのかという点である．

投資家をはじめとする資金提供者は，少なくとも次のような3つのリスクを負担すると考えられる（図9.5）．第1に，経営活動から生み出される営業利益や営業キャッシュ・フローが経営環境の変化などによって変動するというリスクにさらされる．これが営業リスク（operating risk）である．第2に，負債を利用

```
資本コスト ＝ 無危険利子率 ＋ リスク・プレミアム
                                    │
        ┌───────────────────────────┤
        │ 営業リスク │
        └──────────┘
        事業あるいはプロジェクト自体がもっているリスク

        ┌──────────┐
        │ 財務リスク │
        └──────────┘
        負債を利用する場合に生じるリスク

        ┌────────────────────┐
        │ 情報の非対称性に伴うリスク │
        └────────────────────┘
        株主と経営者，債権者と株主との間にある情報の非対称性
        によって生じるリスク
```

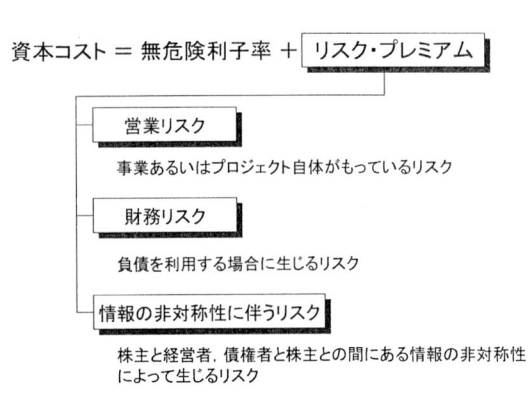

図 9.5 資本コストの構成概念

することによって，営業リスクに追加されるリスクがある．企業の所有者である株主が受け取る残余利益・財産は，営業業績に依存するだけでなく，債権者への支払義務にも依存し，このため営業業績の変動以上に変動が大きくなる．これが財務リスク（financial risk）である．第3に，情報の非対称性（informational asymmetry）によって生じるリスクがある．経営者，株主，債権者の間では，経営執行状況，業績見通しなどに関する情報が偏在している．たとえば，経営者が，その情報格差を利用して自己利益を追求するような行動（opportunistic behavior）をとったとしても，投資家はその行動を把握することができない可能性が大きい．そのため，投資家は資金を提供する際に，情報格差によって損失が生じるリスクをあらかじめ組み込んでリターンを要求するのである．

投資家は，これらのリスクに見合うだけのリターンが期待できなければ，資金を投入することはない．したがって，これらのリスクが大きければ，それだけ資本コストは大きくなり，企業が将来生み出す期待キャッシュ・フローが同じであれば企業価値は小さくなる．そのため，これらのリスク要因をコントロールすることによって，資本コストを引き下げる必要がある．ただし，その過程で，期待キャッシュ・フローに悪影響を与えるならば，資本コストの低下が企業価値の増大に結びつかない可能性があることに注意する必要がある．

営業・財務リスクと資金調達

財務リスクは，負債に対する利子および元本の支払によって企業業績の変動が大きくなることを指すため，負債が増加するほど，その影響度は大きくなる．し

たがって，負債の増加は財務リスクの増大をもたらし，投資家はそのリスクの増大を反映したリターンを要求するようになる．

しかし，資金調達は，財務リスクにのみ影響を与えるわけではない．企業の財務政策は，投資家だけでなく，それ以外の主要な利害関係者である従業員，顧客，サプライヤーの期待や行動にも影響を与える．この影響は，企業の期待キャッシュ・フローに反映され，企業価値を左右することになる．

企業が特定のリスクを過度に負担すると，企業の総リスクは増大し，財務的破綻（financial distress）の確率が高まる．このような状況に直面すると，企業の利害関係者は，その企業の将来見通しに関する期待を変更し，取引関係を見直す．たとえば，取引先企業は，財務的破綻の確率が高まった企業との取引を削減したり，取引条件を厳しくする一方，その企業との取引を維持・発展させるための投資を控えるようになるだろう．また消費者は，そのような企業から製品やサービスの購入，特にアフターサービスやメンテナンスを必要とする耐久消費財の購入を控えようとするだろう．この結果，売上高の減少や営業費用の増加が生じ，企業の期待キャッシュ・フローは減少し，したがって企業価値は減少することになる．

9.4　資本構成の理論

資本構成（capital structure）とは通常，長期の財務構造における負債と株主資本との相対的な割合と，それらの構成要素の相対的な割合を指す．上述したように，企業はさまざまな方法で資金調達できるため，何の制約もなければ自由に資本構成を決定することができる．しかし，すでにみたように，負債の増加は財務リスクを増加させ，また経営者と投資家との情報の非対称性は外部資金の調達コストに影響を与える．企業は，これらの制約の下で，どのように資本構成を決定すればよいのだろうか．あるいは，資本構成はどのような要因によって決定されるのだろうか．ここでは，資本構成を説明する理論であるバランシング理論（balancing theory）とペッキング・オーダー理論（pecking order theory）をみていくことにしよう．

財務レバレッジ

資本構成の理論について述べる前に，財務レバレッジ（financial leverage）の性質を考察し，それが株主のリターンとリスクに与える影響をみてみよう．財務レバレッジとは，企業の総資産あるいは総価値に対する総負債の比率を指す．通常は，負債（D）を総資産（TA）で割った値（D/TA），あるいは負債（D）を株主資本（E）で割った値（D/E）で表される．

この財務レバレッジの性質を考察するため，数値例を用いて収益性およびその変動にどのような影響を与えるかをみてみよう．ここでは，収益性の指標として株主資本利益率（ROE）と1株当たり利益（EPS）を取り上げる．計算の前提条件は表9.1のとおりである．なお，実効税率を40%とする．

表 9.1 財務レバレッジの前提条件

財務状態 （単位）	A	B
総　資　産　（百万円）	6,000,000	6,000,000
負　債　額	0	3,000,000
利　子　率	0.10	0.10
株　式　価　値　（円/株）	2,000	2,000
発行済株式数　（百万株）	3,000	1,500

表 9.2 財務レバレッジと収益性

総資産営業利益率	5%	10%	15%
D/E＝0%のとき			
営　業　利　益	300,000	600,000	900,000
支　払　利　息	0	0	0
経　常　利　益	300,000	600,000	900,000
税　　　金	120,000	240,000	360,000
当　期　純　利　益	180,000	360,000	540,000
ROE	0.03	0.06	0.09
EPS	60	120	180
D/E＝100%のとき			
営　業　利　益	300,000	600,000	900,000
支　払　利　息	300,000	300,000	300,000
経　常　利　益	0	300,000	600,000
税　　　金	0	120,000	240,000
当　期　純　利　益	0	180,000	360,000
ROE	0	0.06	0.12
EPS	0	120	240

9.4 資本構成の理論

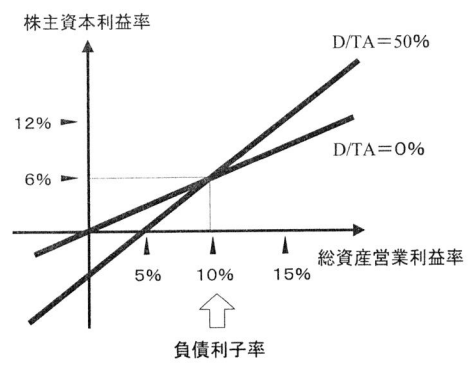

図 9.6 財務レバレッジ

この条件の下で，総資産営業利益率が 5%, 10%, 15% のときの ROE と EPS を計算すると，表 9.2 のようになる．また図 9.6 は総資産営業利益率と株主資本利益率（ROE）との関係を図示したものである．

以上の分析から，財務レバレッジによって，総資産営業利益率が負債利子率を上回っている場合には株主本利益率（ROE）も 1 株当たり利益（EPS）も増加するが，下回っている場合には ROE も EPS も減少することがわかる．すなわち，財務レバレッジは収益性が良好でも劣悪でも，その程度を増幅する．また財務レバレッジは，ROE と EPS の変動性を増大させることがわかる．これは，業績が良好でも劣悪でも，債権者に対する支払が固定されているために生じる．

MM の無関連命題

1958 年，モジリアーニ=ミラー（MM）は，税金や取引コストといった市場の不完全性が存在しない世界では「資本構成が企業価値に影響を与えない」という論文を発表した．これが有名な「MM の無関連命題」と呼ばれるものである．

MM はこれを「企業の市場価値はその資本構成から独立であり，その期待利益を適切な割引率で資本化することによって与えられる」と表現している．

将来における営業利益の期待値とリスク・クラスが同一で，資本構成のみが異なる 2 つの企業を考える．1 つは自己資本のみから構成される企業で，財務レバレッジを利用しないことから U 企業（アンレバード企業，unlevered firm）と呼ばれる．もう 1 つは株主資本と負債を保有する企業で，財務レバレッジを利用することから L 企業（レバード企業，levered firm）と呼ばれる．両社の将来に

おける営業利益の期待値をそれぞれ $\tilde{X}_U$, $\tilde{X}_L$ とすると，上述の条件から $\tilde{X}_U = \tilde{X}_L = \tilde{X}$ が成り立つ．このとき，両社の市場価値 V_U, V_L は，

$$V_U = V_L = \frac{\tilde{X}}{k}$$

と表され，資本構成にかかわらず同じになると，MMは述べている．このとき k は資本コストを表している．

MMは裁定の議論を用いて，この命題を証明している．裁定（arbitrage）とは，財をある市場で低価格で購入し，別の市場で高価格で売却することにより利益をあげるプロセスである．均衡では，同一の資産は，それがどのように賄われるとしても，同一の価格でなければならない．MMは，L企業の負債と株主資本の市場価値がU企業の株主資本の市場価値と異なる場合には裁定機会が存在し，裁定による資金移動が生じてそれらが等しくなることを示すことによって，無関連命題を証明している．

負債の節税効果と倒産コスト

資本構成の理論は，市場の不完全性を導入することによって発展していった．まず法人税が存在する場合を考えてみよう．法人税は株主資本と負債に非対称な影響を与える．負債に対する支払利息は税控除であるのに対し，配当支払および留保利益は税控除ではないからである．

資本構成を除いて全く同一の企業を想定し，負債のないU企業と負債のあるL企業がそれぞれ投資家への支払に利用可能なキャッシュ・フローを求め，資本コストで割り引くと，U企業とL企業の企業価値 V_U, V_L が得られる．ここで，k_e, k_b, τ_c はそれぞれ株主資本，負債のコスト，法人税率を表している．

$$V_U = \frac{X(1-\tau_c)}{k_e}$$

$$V_L = \frac{X(1-\tau_c)}{k_e} + \frac{\tau_c k_b B}{k_b} = V_U + \tau_c B$$

L企業の市場価値は，U企業の市場価値に負債の利用から生じる節税効果の現在価値を加えたものになる．これが均衡におけるL企業とU企業との関係である．MMは，この均衡関係が成立することを，税金が存在しない場合と同じように裁定の議論を用いて証明している．この結果，負債が増加するにつれて税控除が増加するため，企業は負債のウエイトを高めることによって，企業価値を増

加させることができることになる．論理的帰結としては，すべての企業が負債比率を100%に近づけるということになる．

しかし，負債ウエイトが増加すると，企業が債務を履行できなくなる確率が高まる．財務状態が悪化すると，企業は財務的破綻に陥り，極端な場合には債務不履行になり倒産に至ることもある．倒産にはさまざまなコストが伴う．財務レバレッジが大きいほど未払の債務が大きいので，倒産の期待コストは財務レバレッジに比例して大きくなる．

倒産とは，支払能力以上の債務を負った企業が裁判所の管理下におかれる法的な手続きである．このとき，企業は法務，会計，管理に伴う支出という形で直接コストを負担しなければならない．しかし，倒産コストは，このような直接コストばかりではない．むしろ，間接コストのほうがはるかに大きい．間接コストとは，財務的破綻や倒産の脅威が，企業行動や企業の利害関係者の意思決定に影響を与え，企業の売上高，営業費用，資金調達コストなどに悪影響をもたらし，期待キャッシュ・フローが減少することを指す．たとえば，経営者は短期的に利益をあげられない投資を控えたり，製品の品質や従業員の安全性のための支出を削減したりするかもしれない．また顧客や取引先企業は，取引量を減らしたり，取引条件を厳しくしたり，取引に特有な資産への投資を控えたりするだろう．これらの行動により，期待キャッシュ・フローが減少し，したがって企業価値が低下するのである．

以上から，企業は負債による節税効果と倒産コストとのトレードオフに直面していることがわかる．このため，U企業とL企業の企業価値の間には次のような関係式が成り立つ．

　　L企業の市場価値
　　　　＝U企業の市場価値＋節税効果の現在価値－倒産コストの現在価値

情報の非対称性に伴うコスト

株式会社制度の下では，株主が企業の所有者であり，株主が経営者に企業の経営を委託しているということになる．この委託・受託関係にある株主と経営者は，それぞれ固有の利害をもっており，それらは必ずしも一致しない．また企業の経営を受託した経営者は，委託者である株主の利害に沿った行動をとるが，そこには自由裁量の余地があり，自分の利害を優先して行動する可能性もある．こ

れに対し，委託者である株主は，不確実性が存在する下では不可避的に存在する情報の非対称性のために，経営者の業務遂行の成果を，その結果のみで正確に判断することはできない．逆に，情報の非対称性は，経営者が自分の利害を優先する行動を促進する．利害の不一致や情報の非対称性などによって効率的な委託・受託関係の形成が妨げられる結果として生じる機会費用はエージェンシー・コスト（agency cost）と呼ばれている．これは，企業の場合，企業価値の低下という形で現れる．

多くの企業では，所有と経営が分離しており，外部株主と経営者との間には利害の対立が生じ，エージェンシー・コストが発生している．このコストは負債を利用することによって削減できる．第1に，負債を利用することによって，発行される株式が相対的に少なくなり，経営者の持株比率がそうでないときよりも相対的に高くなる．経営者の持株比率が高いほど，外部株主と経営者との利害が一致する可能性は大きくなる．第2に，負債利用によって，経営者の浪費的支出が抑制される．負債の利子および元本の返済は契約で強制され，これが履行されなければ債務不履行となり，さらには倒産に陥ることになる．このため，負債の返済が，経営者に対して強い規律を与える．第3に，企業が負債を利用することによって，債権者あるいは資本市場からの監視を受けることになる．

それでは，企業はなぜ負債を最大限に利用しないのだろうか．それは，負債にもエージェンシー・コストが存在するからである．経営者は，リスクの大きいプロジェクトを選択してリスクを増大させたり，新規に膨大な負債を追加することによって，債権者から株主へと価値を移転することができる．当然のことながら，債権者がこれを黙って見過ごすことはない．債権者は，契約のなかにそうした行動を阻止するための条項，すなわち財務制限条項（financial covenants）を盛り込む．こうした条項を含む契約の交渉および履行にはコストがかかり，これらもエージェンシー・コストとなる．

以上のエージェンシー・コストの議論から，次のように要約することができる．負債のない企業では，経営者と外部株主との利害対立から外部株式のエージェンシー・コストが大きくなる．これを削減するため，株式が負債に置き換えられ負債比率が高まる．しかし，負債比率が高まると，負債のエージェンシー・コストが増加する．この結果，最適資本構成は，株式の限界エージェンシー・コストと負債の限界エージェンシー・コストがちょうど等しくなる点になる．したが

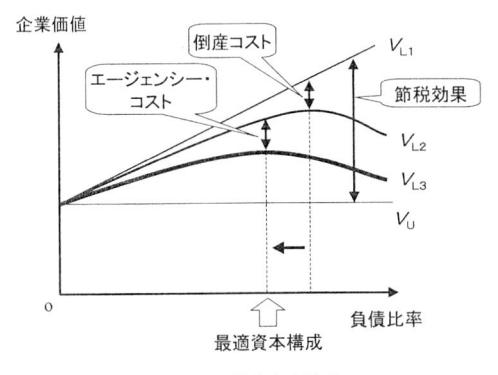

図 9.7 　最適資本構成

って，負債のないU企業の市場価値 V_U と負債を保有するL企業の市場価値 V_L との関係は，次のように修正される．これを図示したのが図 9.7 である．

$V_U = V_L +$ 節税効果の現在価値
　　　　－倒産コストの現在価値
　　　　＋外部株式のエージェンシー・コストの現在価値
　　　　－負債のエージェンシー・コストの現在価値

ペッキング・オーダー理論

　ペッキング・オーダーとは，鳥の社会で，順位の高い鳥が順位の低い鳥をつつくときの順番を指している．ここでは，企業が資金調達するときに観察される資金の選好順序を指す．この選好順序を観察すると，上述したバランシング理論では説明できない規則性があることがわかった．たとえば，ほとんどすべての産業で最も利益をあげている企業が最も低い負債比率をもつこと，企業は頻繁に負債を発行するが株式はほとんど発行しないこと，レバレッジを引き下げる資金調達行動，たとえば新株発行が株価の下落をもたらすことなどが挙げられる．

　これらの規則性はその後における膨大な実証研究で裏付けられ，このような企業の資金調達行動を説明するモデルが提出されることとなった．これが資金調達のペッキング・オーダー理論である．この理論は次のように要約できる．

　① 　企業は外部資金より内部資金で投資を賄うことを選好する．
　② 　企業は，投資を内部資金で賄うことを選好するため，予想される投資金額を考慮して配当政策を決定する．

③ 企業が配当政策を急激に変更するのを嫌がり，またキャッシュ・フローや投資機会の変動を完全に予測することはできないため，内部で生み出されるキャッシュ・フローは投資金額を上回ることも，下回ることもある．上回る場合には，企業は負債を返済するか，市場性のある有価証券に投資する．下回る場合には，企業はまず現金残高を取り崩すか，市場性のある有価証券を売却する．

④ 外部資金を調達する必要があるときに，企業は安全な証券から発行する．まず普通社債を発行し，転換社債，優先株式という順に選択し，最後の手段として株式を発行する．

企業の資金調達におけるペッキング・オーダーに対しては，税金および取引コストによる説明，経営者のインセンティブによる説明，利害関係者理論に基づく説明などが提出されているが，最も有力なものとして情報の非対称性に基づく説明が挙げられる．この説明の基本的なアイディアは，株式が過小評価されていると思われるときに，経営者は株式を発行しようとはしないというものである．このため，投資家は，株式の発行を株式が過大評価されていることを示すものと考えるようになり，株式の発行によって株価が下落することになる．逆に，経営者は，正味現在価値が正の投資機会があっても，株式を発行せざるをえないような場合には，それをあきらめるようになり，過小投資問題が発生する．これらの問題に対する解決法は，企業が，投資機会を賄えるだけの内部資金を蓄積することである．

しかし，ペッキング・オーダー理論にも限界がある．1つは，はっきりした目

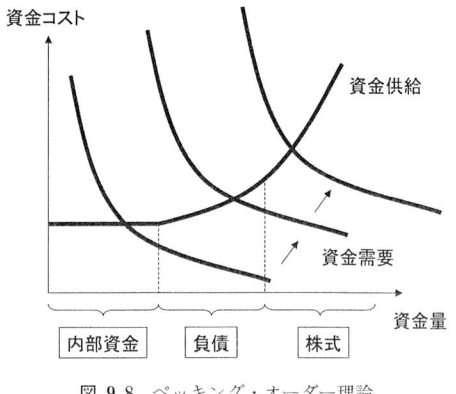

図 9.8 ペッキング・オーダー理論

標負債比率が存在しないことである.これは,株主資本が内部資金と外部資金の両方に含まれるためである.もう1つは,経営者が膨大な財務スラックを蓄積して市場の規律を免れるときに生じるエージェンシー問題を無視していることである.

Column 8 ──

財務リストラと証券化・流動化

　　バブル崩壊以降,日本企業は生き残りをかけてリストラクチャリング(リストラ;restructuring)に取り組んでいる.リストラというと,設備の合理化や人員の削減などマイナス・イメージが強いが,リストラとは本来,企業価値を創造できるような構造に再構築することを指す,きわめて積極果敢な企業行動である.

　　リストラは,事業リストラ,組織リストラ,財務リストラの3つに大別することができる.事業リストラとは,事業の分割・統合・清算・売却などにより事業ポートフォリオを再構築することを指す.再構築の過程で,M&A,戦略的提携,アウトソーシングなどの手段が利用される.組織リストラには,業務プロセスの革新,組織階層の削減,部課制の廃止などが含まれる.財務リストラとは,自己株の取得などによる資本構成の変更,負債構造の変更のような貸借対照表の貸方の調整を指すことが多いが,持ち合い株式の売却など資産効率を改善するための資産圧縮も含まれる.

　　バブル崩壊以降,日本企業は事業の選択と集中を進め,総花主義・自前主義からの脱却をはかっている.事業の買収や売却などは新聞報道などでも大きく取り上げられ,事業リストラに眼が向きがちであるが,企業価値を創造するには財務リストラの役割も大きい.とりわけ,バブルの崩壊などを背景に貸借対照表の傷みが激しい日本企業にとって,含み依存経営からの脱却,資産効率の改善が急務となっており,また金融機関の弱体化によって新たな資金調達源を確保する必要が生じていることもあり,債券格付けの向上などを目指した財務リストラの遂行は,きわめて重要度の高い経営課題といえるだろう.そのなかで,現在注目を集めているのが資産あるいは債権の証券化・流動化である.その理由の1つは,資産あるいは債権の証券化・流動化は,資産を圧縮すると同時に資金を調達できるという特徴にある.また2000年5月にSPC法が改正され,使い勝手が向上したことも,証券化・流動化の増加につながっている.従来はノンバンクによるリース債権,住宅ローン債権などの証券化・流動化が中心であったが,最近では事業会社による売掛債権の証券化・流動化が盛んにな

っている．また本社ビルや小売店舗など不動産の証券化・流動化も増加している．

　証券化の場合には原債権から生み出される収益を利払にあてる証券を発行することによって，流動化の場合には原債権から生み出される収益を再構成して小口化することによって，市場から資金を調達する仕組みである．この仕組みにおいては，信用補完や格付けの取得などを通して，商品性をどれだけ高められるかがポイントとなる．

9.5 配当政策

配当政策とは，利益を株主への配当支払と内部留保とにどのように配分するかを決定することである．内部留保は内部資金の重要な構成要素であるため，配当政策は企業の資金調達戦略や投資政策に影響を与えることになる．

配当のタイプ

多くの企業は，株主に利益を還元する方法として現金配当（cash dividend）を用いている．しかし，配当の形態は現金配当だけでなく，株式分割（stock sprit）や自社株取得（stock repurchase）も挙げられる．

株式分割とは，1株を複数の株式に分割することであり，株主は保有株式数が比例的に増加することになる．株式分割は，株価が急上昇している成長企業が行うことが多く，これには株価を低く抑えることにより株式の売買を活発化させる狙いがある．また株式分割後に1株当たり配当が変更されないことも多く，これは実質的に増配していることになる．

自社株取得は，企業が保有している，あるいは新たに調達した資金を用いて，市場での買付けや公開買付け，非公開の交渉によって，発行済の株式を買い戻すことを指す．資金が企業から株主に移転するため，配当の1つとして位置づけられる．わが国では1994年の商法改正で，取得財源などに関する条件を満たし，自社株を消却する場合に限って認められた．その後，ストック・オプションのための自社株取得も認められている．自社株取得は，資本構成の是正という観点から取り上げられることが多いが，本来的には株主への利益還元手段の1つであることに注意する必要がある．

自社株を適正な価格で取得し消却すると，それに対応して1株当たり利益

(EPS)，株主資本利益率（ROE）は増加するが，株価は変わらない．しかし，取得価格が高い場合には保有している株主から売却した株主に，取得価格が低い場合には売却した株主から保有株主に富の移転が生じる．一般には，1株当たり利益や株主資本利益率の増加および株式の需給をタイトにすることより，投資対象としての魅力を相対的に高め，株価を引き上げることを狙いとして行われることが多い．

配当政策の類型

　投資および資本構成に関する政策を所与とすると，配当は残余（residual）となり，配当政策は残余配当政策とみなすことができる．残余配当政策にはいくつかのパターンがみられる．

　第1が純粋な残余配当政策である．この政策の下では，利益が資本支出を上回る場合にその残余が配当となる．逆の場合には不足額だけ外部資金が調達されることになる．したがって，配当は利益や投資機会の変化によって年々大きく変動する．

　第2が配当平準化政策である．実際の配当支払を観察すると，企業は利益変動に合わせて漸進的に配当を調整するとともに減配を回避しようとする傾向がある．すなわち，多くの企業が中・長期的な視点から配当水準を設定し，残余の変化が永続的であると判断したときに配当を変更するという保守的な政策をとっていると考えられる．

　第3が配当性向安定政策である．これは，長期的に配当が利益から資本支出を引いた残余に等しくなるように配当性向を決定し，それを維持する政策である．この場合には，配当は利益に比例して変動することになる．

　第4は多くの日本企業が採用している額面配当率安定政策である．これは，額面発行増資時代に標準的とされた一割配当（額面価額50円に対して5円の配当）という慣行が維持されてきたためである．この政策の下では，利益変動に対して，配当は固定的であり，配当性向は変動する．ただし，現在では額面配当率にこだわらない企業も徐々に増えている．

　実際に観察される配当政策では，配当額，配当性向あるいは額面配当率という何らかの基準に従い，その水準を安定的に保つという傾向が共通にみられる．安定的な配当政策は一般に，企業と株主の双方にとって予測可能性が高まり，たと

```
            ┌─────────────────────┐
            │ フリー・キャッシュ・フロー │
            └─────────────────────┘
                      │
         ┌────────────┴────────────┐
         ▼                         ▼
┌──────────────────┐    ┌──────────────────┐
│    配当政策       │    │   配当のタイプ    │
│ 純粋な残余配当政策 │    │   現金配当        │
│  配当平準化政策   │    │   ・通常配当      │
│ 配当性向安定政策  │    │   ・特別配当      │
│ 額面配当率安定政策 │    │   自己株取得      │
│                  │    │   株式分割        │
└──────────────────┘    └──────────────────┘
```

┌──────────────┬──────────┬────────────────────────┐
│ 投資家の選好 │ シグナル │ エージェンシー・コスト削減 │
└──────────────┴──────────┴────────────────────────┘
                      │
                      ▼
            ┌─────────────────┐
            │ 企業価値の創造 │
            └─────────────────┘

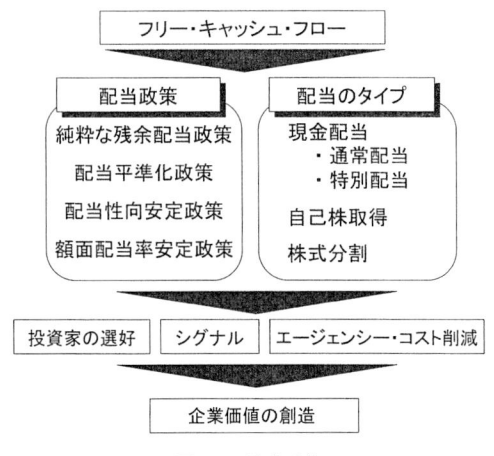

図 9.9 配当政策

えば株主は配当の増加・減少に，企業は内部資金の増加・減少に，それぞれ対処しやすくなるという便益をもたらす．それ以上に安定配当を促進する要因が，減配に対する市場の負の反応である．減配が公表されると，株式市場ではその企業に対する悲観的な見方がひろがり，株価が下落することが多い．企業はこれを嫌い，増配した水準を将来も維持できると確信できるまで，増配を行わないのである．この結果，利益が変動しても配当はなかなか変更されず，また利益水準の上昇に遅れて増配が行われるということになる．

このように，配当政策では，将来見通しの変化が永続的であると判断されたときに配当が調整されるので，配当の変更は見通しが変化したという情報を投資家に伝達することになる．すなわち，配当が投資家へのシグナル (signal) として機能するのである．もちろん，増配は正のシグナル，減配は負のシグナルとなる．

配当と企業価値

モジリアーニ=ミラーは，完全な資本市場の下では，配当が企業価値に影響を与えないことを証明した．これは「配当無関連命題」と呼ばれている．

完全な資本市場の下では，株主は，税金が存在しないため，配当と株式売却益との選択について無差別であり，特定の配当に対する選好をもたない．また取引コストが存在しないため，企業から支払われる配当支払が望ましい水準と乖離し

ていても，株主は証券を売買することによって望ましい配当流列をつくりだすことができる．これは自家製配当と呼ばれている．企業も，配当支払によって投資資金が不足した場合に，コストがかからずに，株式を発行して資金を調達することができる．さらに，情報コストが存在しないため，投資家間および投資家と経営者との間に情報の非対称性が存在しない．これは，配当支払がエージェンシー・コストを削減する手段や優良企業とそうでない企業を見分けるシグナルとして機能しないことを意味する．

このとき，投資政策が配当政策から独立であり，企業価値が投資政策のみによって決定される将来のキャッシュ・フローの流列の現在価値になるならば，この期待キャッシュ・フローの流列が配当と内部留保にどのように分けられようとも，企業価値には何の影響も与えないのである．

しかし，現実には市場には不完全性が存在する．配当や株式売却益には課税され，証券の売買や発行には取引コストがかかり，投資家間や投資家と経営者との間には情報の非対称性が存在する．このような市場の不完全性が存在する下で，配当が企業価値に影響を与えるかどうかに関しては，現在も理論および実証研究が精力的に進められている．

おわりに

　本書を読んでわずかでも財務や会計に関心を深めていただけただろうか．その関心の芽を育てていくことも，入門書を書いた著者に課された使命の1つであろう．そこで，本書の締めくくりとして，関心をもっていただけた読者のみなさんにより深く学ぶための読書案内を厳選して提供したい．これによって，効率的かつ効果的に知識を深めることができ，さらに実務に適用して成果をあげることができれば，著者にとって望外の喜びである．

　本書では紙幅の都合で財務会計についてはほとんど触れることができなかった．財務会計に関する良書として，

　　　伊藤邦雄『ゼミナール現代会計入門（第3版）』，日本経済新聞社，2000年．

が挙げられる．この本には，会計制度にとどまらず企業戦略・企業行動と会計との関係が描かれており，必読書といえるだろう．
　管理会計に関心をもった方には，次に読むべき本として，

　　　岡本　清『管理会計の基礎知識』，中央経済社，1982年．
　　　鳥居宏史『入門管理会計』，中央経済社，1998年．
　　　吉川武男，東海幹夫，木島淑孝『企業経営とコスト』，生産性出版，1993年．

をお薦めしたい．もう少し高度な知識も身につけたい方は，

　　　岡本　清『ソフト・サービスの管理会計』，中央経済社，1993年．
　　　廣本敏郎『米国管理会計論発達史』，森山書店，1993年．

を読んでほしい．

　財務に関心をもった方には，著者のひとりも執筆している

　　古川浩一他『基礎からのコーポレート・ファイナンス』，中央経済社，1999年．

をぜひ読んでいただきたい．これによって，財務の基礎をよりしっかり固めることができるだろう．もう少し高度な知識を身につけたい方には，

　　諸井勝之助『経営財務講義 第2版』，東京大学出版会，1989年．
　　池田昌幸『金融経済学の基礎』，朝倉書店，1999年．

をお薦めしたい．ただし，池田氏の著書を読みこなすには数学的素養が必要である．

　原価計算，コスト・マネジメント，企業評価，リスク・マネジメントなどの各個別領域に関心をもった方には，次のような本をお薦めしたい．

〔原価計算〕
　　岡本　清『原価計算［六訂版］』，国元書房，2000年．
　　木島淑孝『原価計算制度論』，中央経済社，1992年．
〔コスト・マネジメント〕
　　吉川武男，ジョン・イネス，フォークナー・ミッチェル『リストラ/リエンジニアリングのためのABCマネジメント』，中央経済社，1994年．
　　吉川武男，ジョン・イネス，フォークナー・ミッチェル『非製造業のABCマネジメント』，中央経済社，1997年．
〔業績評価〕
　　ロバート・キャプラン，デビット・ノートン（吉川武男訳）『バランス・スコアカード』，生産性出版，1997年．
　　ロバート・キャプラン，ロビン・クーパー（櫻井通晴訳）『コスト戦略と業績管理の統合システム』，ダイヤモンド社，1998年．
〔ポートフォリオ選択および資産評価〕
　　安達智彦，齊藤　進『現代のポートフォリオ・マネジメント』，同文館，1992年．
　　ゴードン・アレクサンダー，ウィリアム・シャープ（日興リサーチセンター訳）『現代証券投資講座』，日本経済新聞社，1991年．
　　津村英文，若杉敬明，榊原茂樹，青山　護『証券投資論』，日本経済新聞社，1991

年.
〔企業評価〕
　トム・コープランド，ジャック・ミュリン（伊藤邦雄訳）『企業評価と戦略経営』，日本経済新聞社，1993年.
　伊藤邦雄『企業価値を経営する』，東洋経済新報社，1999年.
　ベネット・スチュワート（日興リサーチセンター訳）『EVA創造の経営』，東洋経済新報社，1998.
〔デリバティブ〕
　ジョン・ハル（三菱銀行商品開発部訳）『デリバティブ入門』，きんざい，1995年.
　ジョン・ハル（東京三菱銀行商品開発部訳）『フィナンシャルエンジニアリング』，きんざい，1998年.
　池田昌幸『オプション評価と企業金融の理論』，東京大学出版会，2000年.
〔リスク・マネジメント〕
　山下智志『市場リスクの計量化とVaR』，朝倉書店，2000年.

　本書は財務と会計に関する入門書であるが，経営学・経済学を中心とした他の領域における研究成果もたくさん取り入れられている．これは，企業経営のなかで財務と会計だけを切り離して取り出すことができない，そうしてはいけないことを意味している．読者のみなさんも，財務・会計と同時に経営管理や情報の経済学を学んではいかがだろうか．良書はたくさんあるが，本書に直接関連するものに限定すると，次のような本が挙げられる．

〔経営学〕
　マイケル・ポーター（土岐　坤，中辻萬治，服部照夫訳）『競争の戦略』，ダイヤモンド社，1982年.
　マイケル・ポーター（土岐　坤，中辻萬治，小野寺武夫訳）『競争優位の戦略』，ダイヤモンド社，1985年.
　伊丹敬之，加護野忠男『ゼミナール経営学入門』，日本経済新聞社，1993年.
　ポール・ミルグロム，ジョン・ロバーツ（奥野正寛，伊藤秀史，今井晴雄，西村理，八木　甫訳）『組織の経済学』，NTT出版，1997年.
〔経済学〕
　酒井泰弘『はじめての経済学』，有斐閣，1995年.
　梶井厚志，松井彰彦『ミクロ経済学』，日本評論社，2000年.

最後に英語のテキストを紹介したい．財務・会計の領域にはアメリカを中心に何度も改訂を重ねた良書がたくさんある．これらの本は，本書の構想や構成を考える際にも参考にした．英語に自信のある方，英語と財務・会計の知識を同時に身につけたい方はぜひこれらのテキストに挑戦してほしい．

〔会　計〕

 Horngren, C. T., *Introduction to Management Accounting* (11th ed.), Prentice Hall, 1999.

 Horngren, C. T., G. Foster, and S. M. Datar, *Cost Accounting* (9th ed.), Prentice Hall, 1997.

 Blocher, E. J., K. H. Chen, and T. W. Lin, *Cost Management*, Irwin/McGraw-Hill, 1999.

 Deakin, E. B., and M. W. Maher, *Cost Accounting*, Richard D. Irwin, 1984.

〔財　務〕

 Brealey, R. A., and S. C. Myers, *Principles of Corporate Finance* (5th ed.), McGraw-Hill, 1996.

 Ross, S. A., R. W. Westerfield, and J. Jaffe, *Corporate Finance* (5th ed.), Irwin/McGraw-Hill, 1999.

 Damodaran, A., *Applied Corporate Finance*, John Wiley & Sons, 1999.

 Grinblatt, M., and S. Titman, *Financial Markets and Corporate Strategy*, Irwin/McGraw-Hill, 1998.

付表 終価・現価係数

将来価値

	5%	6%	7%	8%	9%	10%	11%	12%	13%	14%	15%	16%	17%	18%	19%	20%
1年	1.0500	1.0600	1.0700	1.0800	1.0900	1.1000	1.1100	1.1200	1.1300	1.1400	1.1500	1.1600	1.1700	1.1800	1.1900	1.2000
2年	1.1025	1.1236	1.1449	1.1664	1.1881	1.2100	1.2321	1.2544	1.2769	1.2996	1.3225	1.3340	1.3455	1.3570	1.3685	1.3800
3年	1.1576	1.1910	1.2250	1.2597	1.2950	1.3310	1.3676	1.4049	1.4429	1.4815	1.5209	1.5341	1.5473	1.5606	1.5738	1.5870
4年	1.2155	1.2625	1.3108	1.3605	1.4116	1.4641	1.5181	1.5735	1.6305	1.6890	1.7490	1.7642	1.7794	1.7946	1.8098	1.8251
5年	1.2763	1.3382	1.4026	1.4693	1.5386	1.6105	1.6851	1.7623	1.8424	1.9254	2.0114	2.0288	2.0463	2.0638	2.0813	2.0988
6年	1.3401	1.4185	1.5007	1.5869	1.6771	1.7716	1.8704	1.9738	2.0820	2.1950	2.3131	2.3332	2.3533	2.3734	2.3935	2.4136
7年	1.4071	1.5036	1.6058	1.7138	1.8280	1.9487	2.0762	2.2107	2.3526	2.5023	2.6600	2.6832	2.7063	2.7294	2.7525	2.7757
8年	1.4775	1.5938	1.7182	1.8509	1.9926	2.1436	2.3045	2.4760	2.6584	2.8526	3.0590	3.0856	3.1122	3.1388	3.1654	3.1920
9年	1.5513	1.6895	1.8385	1.9990	2.1719	2.3579	2.5580	2.7731	3.0040	3.2519	3.5179	3.5485	3.5791	3.6096	3.6402	3.6708
10年	1.6289	1.7908	1.9672	2.1589	2.3674	2.5937	2.8394	3.1058	3.3946	3.7072	4.0456	4.0807	4.1159	4.1511	4.1863	4.2215
11年	1.7103	1.8983	2.1049	2.3316	2.5804	2.8531	3.1518	3.4785	3.8359	4.2262	4.6524	4.6928	4.7333	4.7738	4.8142	4.8547
12年	1.7959	2.0122	2.2522	2.5182	2.8127	3.1384	3.4985	3.8960	4.3345	4.8179	5.3503	5.3968	5.4433	5.4898	5.5363	5.5829
13年	1.8856	2.1329	2.4098	2.7196	3.0658	3.4523	3.8833	4.3635	4.8980	5.4924	6.1528	6.2063	6.2598	6.3133	6.3668	6.4203
14年	1.9799	2.2609	2.5785	2.9372	3.3417	3.7975	4.3104	4.8871	5.5348	6.2613	7.0757	7.1372	7.1988	7.2603	7.3218	7.3833
15年	2.0789	2.3966	2.7590	3.1722	3.6425	4.1772	4.7846	5.4736	6.2543	7.1379	8.1371	8.2078	8.2786	8.3493	8.4201	8.4908

現在価値

	5%	6%	7%	8%	9%	10%	11%	12%	13%	14%	15%	16%	17%	18%	19%	20%
1年	0.9524	0.9434	0.9346	0.9259	0.9174	0.9091	0.9009	0.8929	0.8850	0.8772	0.8696	0.8621	0.8547	0.8475	0.8403	0.8333
2年	0.9070	0.8900	0.8734	0.8573	0.8417	0.8264	0.8116	0.7972	0.7831	0.7695	0.7561	0.7432	0.7305	0.7182	0.7062	0.6944
3年	0.8638	0.8396	0.8163	0.7938	0.7722	0.7513	0.7312	0.7118	0.6931	0.6750	0.6575	0.6407	0.6244	0.6086	0.5934	0.5787
4年	0.8227	0.7921	0.7629	0.7350	0.7084	0.6830	0.6587	0.6355	0.6133	0.5921	0.5718	0.5523	0.5337	0.5158	0.4987	0.4823
5年	0.7835	0.7473	0.7130	0.6806	0.6499	0.6209	0.5935	0.5674	0.5428	0.5194	0.4972	0.4761	0.4561	0.4371	0.4190	0.4019
6年	0.7462	0.7050	0.6663	0.6302	0.5963	0.5645	0.5346	0.5066	0.4803	0.4556	0.4323	0.4104	0.3898	0.3704	0.3521	0.3349
7年	0.7107	0.6651	0.6227	0.5835	0.5470	0.5132	0.4817	0.4523	0.4251	0.3996	0.3759	0.3538	0.3332	0.3139	0.2959	0.2791
8年	0.6768	0.6274	0.5820	0.5403	0.5019	0.4665	0.4339	0.4039	0.3762	0.3506	0.3269	0.3050	0.2848	0.2660	0.2487	0.2326
9年	0.6446	0.5919	0.5439	0.5002	0.4604	0.4241	0.3909	0.3606	0.3329	0.3075	0.2843	0.2630	0.2434	0.2255	0.2090	0.1938
10年	0.6139	0.5584	0.5083	0.4632	0.4224	0.3855	0.3522	0.3220	0.2946	0.2697	0.2472	0.2267	0.2080	0.1911	0.1756	0.1615
11年	0.5847	0.5268	0.4751	0.4289	0.3875	0.3505	0.3173	0.2875	0.2607	0.2366	0.2149	0.1954	0.1778	0.1619	0.1476	0.1346
12年	0.5568	0.4970	0.4440	0.3971	0.3555	0.3186	0.2858	0.2567	0.2307	0.2076	0.1869	0.1685	0.1520	0.1372	0.1240	0.1122
13年	0.5303	0.4688	0.4150	0.3677	0.3262	0.2897	0.2575	0.2292	0.2042	0.1821	0.1625	0.1452	0.1299	0.1163	0.1042	0.0935
14年	0.5051	0.4423	0.3878	0.3405	0.2992	0.2633	0.2320	0.2046	0.1807	0.1597	0.1413	0.1252	0.1110	0.0985	0.0876	0.0779
15年	0.4810	0.4173	0.3624	0.3152	0.2745	0.2394	0.2090	0.1827	0.1599	0.1401	0.1229	0.1079	0.0949	0.0835	0.0736	0.0649

年金の将来価値

	5%	6%	7%	8%	9%	10%	11%	12%	13%	14%	15%	16%	17%	18%	19%	20%
1年	1.0000	1.0000	1.0000	1.0000	1.0000	1.0000	1.0000	1.0000	1.0000	1.0000	1.0000	1.0000	1.0000	1.0000	1.0000	1.0000
2年	2.0500	2.0600	2.0700	2.0800	2.0900	2.1000	2.1100	2.1200	2.1300	2.1400	2.1500	2.1600	2.1700	2.1800	2.1900	2.2000
3年	3.1525	3.1836	3.2149	3.2464	3.2781	3.3100	3.3421	3.3744	3.4069	3.4396	3.4725	3.5056	3.5389	3.5724	3.6061	3.6400
4年	4.3101	4.3746	4.4399	4.5061	4.5731	4.6410	4.7097	4.7793	4.8498	4.9211	4.9934	5.0665	5.1405	5.2154	5.2913	5.3680
5年	5.5256	5.6371	5.7507	5.8666	5.9847	6.1051	6.2278	6.3528	6.4803	6.6101	6.7424	6.8771	7.0144	7.1542	7.2966	7.4416
6年	6.8019	6.9753	7.1533	7.3359	7.5233	7.7156	7.9129	8.1152	8.3227	8.5355	8.7537	8.9775	9.2068	9.4420	9.6830	9.9299
7年	8.1420	8.3938	8.6540	8.9228	9.2004	9.4872	9.7833	10.0890	10.4047	10.7305	11.0668	11.4139	11.7720	12.1415	12.5227	12.9159
8年	9.5491	9.8975	10.2598	10.6366	11.0285	11.4359	11.8594	12.2997	12.7573	13.2328	13.7268	14.2401	14.7733	15.3270	15.9020	16.4991
9年	11.0266	11.4913	11.9780	12.4876	13.0210	13.5795	14.1640	14.7757	15.4157	16.0853	16.7858	17.5185	18.2847	19.0859	19.9234	20.7989
10年	12.5779	13.1808	13.8164	14.4866	15.1929	15.9374	16.7220	17.5487	18.4197	19.3373	20.3037	21.3215	22.3931	23.5213	24.7089	25.9587
11年	14.2068	14.9716	15.7836	16.6455	17.5603	19.5614	19.5614	20.6546	21.8143	23.0445	24.3493	25.7329	27.1999	28.7551	30.4035	32.1504
12年	15.9171	16.8699	17.8885	18.9771	20.1407	21.3843	22.7132	24.1331	25.6502	27.2707	29.0017	30.8502	32.8239	34.9311	37.1802	39.5805
13年	17.7130	18.8821	20.1406	21.4953	22.9534	24.5227	26.2116	28.0291	29.9847	32.0887	34.3519	36.7862	39.4040	42.2187	45.2445	48.4966
14年	19.5986	21.0151	22.5505	24.2149	26.0192	27.9750	30.0949	32.3926	34.8827	37.5811	40.5047	43.6720	47.1027	50.8180	54.8409	59.1959
15年	21.5786	23.2760	25.1290	27.1521	29.3609	31.7725	34.4054	37.2797	40.4175	43.8424	47.5804	51.6595	56.1101	60.9653	66.2607	72.0351

年金の現在価値

	5%	6%	7%	8%	9%	10%	11%	12%	13%	14%	15%	16%	17%	18%	19%	20%
1年	0.9524	0.9434	0.9346	0.9259	0.9174	0.9091	0.9009	0.8929	0.8850	0.8772	0.8696	0.8621	0.8547	0.8475	0.8403	0.8333
2年	1.8594	1.8334	1.8080	1.7833	1.7591	1.7355	1.7125	1.6901	1.6681	1.6467	1.6257	1.6052	1.5852	1.5656	1.5465	1.5278
3年	2.7232	2.6730	2.6243	2.5771	2.5313	2.4869	2.4437	2.4018	2.3612	2.3216	2.2832	2.2459	2.2096	2.1743	2.1399	2.1065
4年	3.5460	3.4651	3.3872	3.3121	3.2397	3.1699	3.1024	3.0373	2.9745	2.9137	2.8550	2.7982	2.7432	2.6901	2.6386	2.5887
5年	4.3295	4.2124	4.1002	3.9927	3.8897	3.7908	3.6959	3.6048	3.5172	3.4331	3.3522	3.2743	3.1993	3.1272	3.0576	2.9906
6年	5.0757	4.9173	4.7665	4.6229	4.4859	4.3553	4.2305	4.1114	3.9975	3.8887	3.7845	3.6847	3.5892	3.4976	3.4098	3.3255
7年	5.7864	5.5824	5.3893	5.2064	5.0330	4.8684	4.7122	4.5638	4.4226	4.2883	4.1604	4.0386	3.9224	3.8115	3.7057	3.6046
8年	6.4632	6.2098	5.9713	5.7466	5.5348	5.3349	5.1461	4.9676	4.7988	4.6389	4.4873	4.3436	4.2072	4.0776	3.9544	3.8372
9年	7.1078	6.8017	6.5152	6.2469	5.9952	5.7590	5.5370	5.3282	5.1317	4.9464	4.7716	4.6065	4.4506	4.3030	4.1633	4.0310
10年	7.7217	7.3601	7.0236	6.7101	6.4177	6.1446	5.8892	5.6502	5.4262	5.2161	5.0188	4.8332	4.6586	4.4941	4.3389	4.1925
11年	8.3064	7.8869	7.4987	7.1390	6.8052	6.4951	6.2065	5.9377	5.6869	5.4527	5.2337	5.0286	4.8364	4.6560	4.4865	4.3271
12年	8.8633	8.3838	7.9427	7.5361	7.1607	6.8137	6.4924	6.1944	5.9176	5.6603	5.4206	5.1971	4.9884	4.7932	4.6105	4.4392
13年	9.3936	8.8527	8.3577	7.9038	7.4869	7.1034	6.7499	6.4235	6.1218	5.8424	5.5831	5.3423	5.1183	4.9095	4.7147	4.5327
14年	9.8986	9.2950	8.7455	8.2442	7.7862	7.3667	6.9819	6.6282	6.3025	6.0021	5.7245	5.4675	5.2293	5.0081	4.8023	4.6106
15年	10.3797	9.7122	9.1079	8.5595	8.0607	7.6061	7.1909	6.8109	6.4624	6.1422	5.8474	5.5755	5.3242	5.0916	4.8759	4.6755

索　引

ア　行

アクティビティ　123
アクティビティ分析　132
後入先出法　43, 58
安全性の分析　24
安全余裕度　98
安全余裕率　99
安定配当　196

イクスポージャー　84
意思決定会計　10
委託・受託関係　12, 156, 189
委託証拠金　86
移転価格　166
移動平均法　43
インカム・ゲイン　67
インセンティブ　156
インタレスト・カバレッジ・レシオ　26
インベストメント・センター　158

売上債権　28
売上高利益率　23
運転資本　151
運転資本管理　178

営業活動　1
営業活動によるキャッシュ・フロー　29
営業キャッシュ・フロー　151
営業損益計算　19
営業利益（損失）　19
営業リスク　24, 100
営業レバレッジ　26, 100
営業レバレッジ率　102

エージェンシー・コスト　190

横断分析　21
オプション　86
オプション評価法　170
オプション・プレミアム　86

カ　行

回帰分析法　96
会計処理方法　14
会計的利益率法　141
会計ビッグバン　15
回収期間　140
回収期間法　140
階梯式配賦法　49, 50
回転期間（回転率）　23
外部資金　177
価格差異　117
拡充投資　137
格付け　183
確率分布　67
加工費　54
加重ウエイト　80
加重平均資本コスト　78
加重平均資本コスト法　169
価値創造（価値破壊）　8
株価キャッシュ・フロー倍率　26
株価キャッシュ・フロー比率　169
株価収益率　27, 169
株価純資産倍率　27
株式価値の分析　27
株式分割　194
株主資本コスト　80
株主資本等変動計算書　20

株主資本配当率　27
株主資本比率　26
株主資本利益率　23
下方リスク　84
借入　178, 182
環境会計　6
勘定連絡図　39
完成品原価　54
間接経費　45
間接材料費　42
間接費　36
間接労務費　43
管理会計　4
管理可能利益　166

機会費用　160
企業会計　9, 12
企業価値創造　173
企業評価　167
基準操業度　116
期待キャッシュ・フロー　150, 172
期待リターン　67, 70, 74
逆選抜　89
キャッシュ・フロー　7, 27
キャッシュ・フロー金融費用比率　26
キャピタル・ゲイン　66
強制投資　137
業績測度　164
業績評価　155
業績評価会計　10
競争優位　4
共分散　70
業務コントロール　155
許容原価　134
金利スワップ　88

繰越コスト　180
繰延資産　17

経営活動　1
経営権　182
経営資本営業利益率　23
経済付加価値　161

経済利益　161
経常損益計算　19
経常利益（損失）　19
継続記録法　43
経費　36, 45
月初仕掛品　55
月末仕掛品原価　54
原価　32
原価企画　133
原価差異　114
減価償却費　29, 151
原価の固変分類　95
原価配賦率　125
原価標準　114
現金および現金同等物　29
現金配当　194
現在価値　62, 142
原資産　86
原料費　54

貢献利益　94, 103, 107, 165
貢献利益率　98
行使価格　86
高低点法　96
効率性の分析　23
効率的ポートフォリオ　72
コスト・センター　157
コスト・ドライバー　125
コスト・ドライバー分析　132
コスト・プール　125
固定資産　17
固定費　93, 95
固定費能率差異　120
固定負債　18
固定予算　116
個別原価計算　38
個別法　43
固有リスク　70
コール・オプション　87
コントロール　34, 90

サ　行

財務会計　4

索　引

財務活動　1, 7, 176
財務活動によるキャッシュ・フロー　30
財務情報　159
財務諸表　33
財務諸表分析　20
財務スラック　181
財務制限条項　190
財務的破綻　185
財務予算　110
財務リスク　24, 184
財務リストラ　193
財務レバレッジ　186
材料費　36, 42
先入先出法　43, 57
先物取引　85
先渡取引　85
サービス・コスト計算　130
残余利益　160

仕掛品　33
自家製配当　197
資金サイクル　27
資金循環　176
資金調達　7, 177
資金の機会費用　64, 77
資金の期間構造　181
資金の時間価値　60, 139
シグナル　196
時系列分析　21
資源ドライバー　125
資産　17
資産価値法　168
自社株取得　194
市場価値法　168
市場ポートフォリオ　74
市場リスク　69
市場リスク・プレミアム　74
実際原価　114
実際原価計算　39, 113
実際配賦　47
実数分析　21
失敗コスト　35
自発的コスト　35

支払能力　24
資本金　18
資本構成　80, 185
資本コスト　77, 142, 145, 161, 162, 172, 183
資本資産評価モデル　75
資本支出　151
資本市場線　73
資本剰余金　18
資本制約　143, 148
資本予算　136
社債　182
収益性指数法　143
収益性の分析　22
収益センター　157
修正現在価値法　170
従属投資　138
柔軟性　145
受託責任　13
純資産　17
純資産倍率　169
純損益計算　19
証券化　193
証券市場線　76
条件付請求権分析　146
少数株主持分　21
乗数法　169
情報の非対称性　89, 190, 192
正味現在価値法　142
将来価値　60
初期投資額　150
新規投資　137
シングル・プラン　117
進捗度　54

数量差異　117
スループット会計　109
スワップ　87

税金等調整前当期純利益　19
清算価値法　168
生産性の分析　23
正常配賦　47
製造間接費　36

製造間接費の配賦 46
製造原価 36
製造直接費 36
製造部門 47
成長性の分析 26
製品別計算 38, 53
制約条件の理論 108
責任センター 157
設備生産性 24
前提投資 138
前年同期比 26
全部原価計算 46

相関係数 70
総原価 36
総合原価計算 39, 53
相互排他的投資 138
相互排他的な関係 146
相互配賦法 49, 52
総差異 117
総資産回転率 23
総資産事業利益率 22
総資本回転率 23
総資本事業利益率 22
総平均法 43
組織的リスク 69
損益計算書 19
損益分岐点 92
損益分岐点比率 99
損益分岐の売上高 98
損益分岐分析 92
損益予算 110

タ　行

貸借対照表 17
対前年比 26
棚卸資産 27
短期資金管理 178
短期利益計画 91, 110

チャージ・レート 125
中核能力 4
直接経費 45

直接原価計算 102
直接材料費 42
直接配賦法 49, 50
直接費 36
直接労務費 43

通貨スワップ 88

デリバティブ 85

投下資本利益率 159
等価年金額 149
当期純利益（損失） 19
当月製造原価 54
当座比率 26
倒産コスト 188
投資活動によるキャッシュ・フロー 29
投資効率 143
投資センター 158
投資プロジェクト 136
投資プロジェクトの寿命 149
独立投資 138
取替価値法 168
取替投資 137

ナ　行

内部資金 8, 177
内部利益率法 144

値洗い 86
年平均伸率 26

ハ　行

配当性向 27
配当政策 194
配当成長モデル 80
配当無関連命題 196
配当利回り 27
配賦 40
ハイブリッド証券 182
パーシャル・プラン 117
ハードル・レート 77
バランシング理論 185

バランス・スコア・カード　162
バリュー・アット・リスク　84
バリュー・チェーン　5
半製品　33

非財務情報　159
非組織的リスク　70
1株当たり利益　27
費目別計算　38,42
費目別精査法　95
標準原価　114
標準原価計算　113
標準偏差　68,83
比率分析　22
品質原価　35

フィードバック　165
付加価値　24
負債　17,182
負債コスト　79
負債の節税効果　188
負債比率　26
不足コスト　180
普通株式　182
プット・オプション　87
不働能力差異　120
部門共通費　47,48
部門個別費　47,48
部門別計算　38,47
プライベート・エクイティ・ファンド　175
プランニング　34,90
振替価格　166
フリー・キャッシュ・フロー　30,151
プロフィット・センター　158
分散　68,83
分散投資　69

平均単位原価　53
平均法　57
平均利益率法　141
ベータ　75
ペッキング・オーダー理論　185,191
ベンチマーク　165

変動費　93,95
変動費能率差異　120
変動費率　98
変動予算　116

補完投資　138
補助部門　47
補助部門費　49
ポートフォリオ　69

マ 行

マネジメント・コントロール　155
マネジメント・バイアウト　175
満期　86

見積財務諸表　111

無危険利子率　75

目標管理　156
目標原価　134
モラル・ハザード　89

ヤ 行

有価証券　178
有限責任　182
有効フロンティア　72
優先株式コスト　79

予算　110
予算差異　119
予定原価計算　39
予定財務諸表　111
予定配賦率　47

ラ 行

ライフサイクル・コスティング　134

リアル・オプション　145
利益準備金　18
利益センター　158
利害関係者　3
利害対立　13

利子率　60, 66
リスク　68
リスク削減効果　69
リスク・プレミアム　75
リスク・マネジメント　81
リターン　66
流動化　193
流動資産　17
流動性　19
流動比率　24
流動負債　18

例外管理　156
レベニュー・センター　157
レモンの原理　89
連結キャッシュ・フロー計算書　29
連結財務諸表　15, 16
連結情報　16
連結損益計算書　20

労働生産性　24
労務費　36, 43

ワ　行

割引キャッシュ・フロー法　169
割引率　62

欧　文

β　75

ABC　122
ABM　122, 132
ACF　149
APV　170

CAPM　75, 79, 80
CFROI　161
CML　73

CVP分析　93

DCF　169

EBITDA乗数　169
EP　161
EPS　27
EVA™　161

IE法　95
IRR　144

M&A　174
M to B　27
MBO　175
MMの無関連命題　187

NPV　142

PBR　27, 169
PCFR　169
PEF　175
PER　27, 169
PI　143

ROA　22
ROE　23
ROI　22, 159

SML　76

TA　109
TOC　108

VaR　84
VE　133

WACC　79, 169

著者略歴

蜂谷　豊彦
1962 年　茨城県に生まれる
1993 年　一橋大学大学院商学研究科
　　　　　博士後期課程修了
1996 年　青山学院大学経営学部助教授
現　在　一橋大学大学院商学研究科
　　　　　教授・学術博士

中村　博之
1960 年　青森県に生まれる
1989 年　一橋大学大学院商学研究科
　　　　　博士後期課程中退
1992 年　富山大学経済学部助教授
現　在　横浜国立大学経営学部教授
　　　　　商学修士

経営システム工学ライブラリー 5
企業経営の財務と会計
定価はカバーに表示

2001 年 10 月 20 日　初版第 1 刷
2021 年 3 月 25 日　　　第11刷

著　者	蜂　谷　豊　彦
	中　村　博　之
発行者	朝　倉　誠　造
発行所	株式会社　朝　倉　書　店

東京都新宿区新小川町 6-29
郵便番号　　162-8707
電　話　03（3260）0141
Ｆ ＡＸ　03（3260）0180
http://www.asakura.co.jp

〈検印省略〉

Ⓒ 2001 〈無断複写・転載を禁ず〉　　　　　中央印刷・渡辺製本

ISBN 978-4-254-27535-3　C 3350　　　　　Printed in Japan

JCOPY ＜出版者著作権管理機構　委託出版物＞

本書の無断複写は著作権法上での例外を除き禁じられています．複写される場合は，
そのつど事前に，出版者著作権管理機構（電話 03-5244-5088, FAX 03-5244-5089,
e-mail: info@jcopy.or.jp）の許諾を得てください．

好評の事典・辞典・ハンドブック

数学オリンピック事典	野口　廣 監修	B5判 864頁
コンピュータ代数ハンドブック	山本　慎ほか 訳	A5判 1040頁
和算の事典	山司勝則ほか 編	A5判 544頁
朝倉 数学ハンドブック［基礎編］	飯高　茂ほか 編	A5判 816頁
数学定数事典	一松　信 監訳	A5判 608頁
素数全書	和田秀男 監訳	A5判 640頁
数論＜未解決問題＞の事典	金光　滋 訳	A5判 448頁
数理統計学ハンドブック	豊田秀樹 監訳	A5判 784頁
統計データ科学事典	杉山高一ほか 編	B5判 788頁
統計分布ハンドブック（増補版）	蓑谷千凰彦 著	A5判 864頁
複雑系の事典	複雑系の事典編集委員会 編	A5判 448頁
医学統計学ハンドブック	宮原英夫ほか 編	A5判 720頁
応用数理計画ハンドブック	久保幹雄ほか 編	A5判 1376頁
医学統計学の事典	丹後俊郎ほか 編	A5判 472頁
現代物理数学ハンドブック	新井朝雄 著	A5判 736頁
図説ウェーブレット変換ハンドブック	新　誠一ほか 監訳	A5判 408頁
生産管理の事典	圓川隆夫ほか 編	B5判 752頁
サプライ・チェイン最適化ハンドブック	久保幹雄 著	B5判 520頁
計量経済学ハンドブック	蓑谷千凰彦ほか 編	A5判 1048頁
金融工学事典	木島正明ほか 編	A5判 1028頁
応用計量経済学ハンドブック	蓑谷千凰彦ほか 編	A5判 672頁

価格・概要等は小社ホームページをご覧ください．